# 编委会

# 十年求是路 百廿育英才

## 浙江大学求是学院校友访谈录

## The Truth-seeking Practice:
## 10 Years of Elite Education in Qiushi College

浙江大学求是学院 编

ZHEJIANG UNIVERSITY PRESS
浙江大学出版社

**图书在版编目（CIP）数据**

十年求是路,百廿育英才:浙江大学求是学院校友访谈录 / 浙江大学求是学院编. —杭州:浙江大学出版社,2019.7

ISBN 978-7-308-19358-0

Ⅰ.①十⋯ Ⅱ.①浙⋯ Ⅲ.①浙江大学—校友—访问记 Ⅳ.①K820.7

中国版本图书馆 CIP 数据核字(2019)第 147805 号

**十年求是路,百廿育英才**

**——浙江大学求是学院校友访谈录**

浙江大学求是学院　编

| | |
|---|---|
| **责任编辑** | 陈　翩 |
| **责任校对** | 闻晓虹 |
| **封面设计** | 春天书装 |
| **出版发行** | 浙江大学出版社 |
| | （杭州市天目山路 148 号　邮政编码 310007） |
| | （网址:http://www.zjupress.com） |
| **排　　版** | 杭州中大图文设计有限公司 |
| **印　　刷** | 杭州高腾印务有限公司 |
| **开　　本** | 710mm×1000mm　1/16 |
| **印　　张** | 21.25 |
| **字　　数** | 380 千 |
| **版 印 次** | 2019 年 7 月第 1 版　2019 年 7 月第 1 次印刷 |
| **书　　号** | ISBN 978-7-308-19358-0 |
| **定　　价** | 128.00 元 |

# 序　言

　　顺应高等教育发展趋势，回应学校人才培养目标，浙江大学于 2008 年7 月成立求是学院，实行"一横多纵"学生教育管理体制，推行大类培养模式下的通识教育。十年来，在全校上下、社会各界的大力支持下，求是学院已经成为浙江大学低年级本科生筑梦求是园的启航地以及一流本科人才培养模式创新的前沿地。

　　"自信、负责、大气、有为"的丹阳青溪学园、"修己、乐知、务本、笃行"的紫云碧峰学园、"学求真理、行求正义、理术兼长、明体达用"的蓝田学园共同组成了求是学院的生活学习空间，记录了求是学子的母校初印象，承载了一届又一届毕业生的浙大记忆。成立至今，求是学院已经涵育五万五千余名浙大人健康成长，他们生活在这里，求学在这里，启迪在这里，成长在这里，在通识教育、专业教育、交叉培养深度融合的人才培养模式下，学习深厚广博的知识、锻炼卓越的能力、培育全面的素质、塑造健全的人格。

　　十年栉风沐雨立德树人，万名展翅雏鹰反哺归巢。他们或是在实验室向未知领域孜孜不倦地探索，或是活跃在社会公益志愿服务的基层一线，或是走出校园奋斗在国家发展的战略前沿……从求是学院出发的浙大学子秉承求是创新的校训，在各自人生新阶段中创造属于自己的灿若星辰的人生，向成为德智体美劳全面发展、具有全球竞争力的高素质创新人才和领导者的目标不懈奋斗。

　　本书记录了十年间在求是学院求学过的优秀学生代表的奋斗故事，他们或是在学术科研、创新创业、社会工作等领域硕果累累，或是在对外交流、志愿服务、文体活动等领域成绩斐然。希望广大求是学子可以从他们身上体悟到做人、谋事、创业的深刻道理，也希望一直以来关心和支持求是学院发展的广大院友、全校师生、社会各界人士都可以通过此书了解求是学院的发展历史。

## 创新创业

## 社会工作

翩然舞青春之风采,温然向世间之美善

从人群中来,到人群中去

## 对外交流

璁璁美玉,玲玲祺然

登泰山而后知天地浩渺

## 志愿服务

业精于勤,心怀浩瀚

聪敏贤能,灿烂如虹

莞尔求是,文质相长

钟情于浙,坚定前行

不忘初心,他在路上

温文尔雅,初发芙蓉

## 文体活动

"百灵鸟"将歌声从浙大唱到世界

浩瀚星海,步履不停

## 其　他

## 附　录

# 学术科研

# 上下求索，张弛自如

## ——访浙江大学动物医学专业 2017 届本科生蔡丽君

**蔡丽君**　女，中共党员。浙江大学动物科学学院动物医学专业2013级本科生，2013—2015年就读于求是学院云峰学园。曾获浙江大学优秀学生一等奖学金、学业一等奖学金、大北农奖学金等多项奖学金，以及省级优秀毕业生、校级优秀毕业生、浙江大学动物科学学院优秀党支部书记、浙江大学动物科学学院优秀共产党员等一系列荣誉称号，并连续三年获优秀学生荣誉称号。曾参加全国"生泰尔杯"大学生动物医学专业技能大赛，并获得二等奖。曾赴美国参加浙大与北卡罗来纳大学（NC State University）组织的全球领导力训练营项目。

读书时期

近照

她将"幸福就是平淡规律"作为自己的生活理念，但在平淡规律中，她活出了自己的精彩，得到了他人的认可，成为许许多多人羡慕和学习的榜样；她不爱发朋友圈，但有着非常好的人缘，开心的事有人分享、难过的事有人分担，总有人站在她的身边，让她感觉并不孤单；她成绩优异，大大小小的荣誉称号和各式各样的奖学金都被她斩获,但她的优秀又不只局限于学业成绩——热爱运动,在社会实践、技能大赛等各类比赛中表现不俗。

她就是蔡丽君。凭借优异的成绩,她顺利考入上海交通大学医学院"临床医学 4＋4 专业",现博士在读。

## 心之所向,素履以往

提到"优秀"二字,绝大多数人总是会情不自禁地把它与"取得了怎样的成就"或者"有什么样引以为傲的表现"联系在一起。虽然蔡丽君谦虚地表示自己只是无数求是学子中很普通的一个,并没有什么拿得出手的成绩,但是看到她曾经获得的荣誉,相信许多人都会为之赞叹。省级优秀毕业生等一系列的荣誉称号是对她大学四年优秀表现的一种肯定,国家奖学金等一系列的奖学金是对她所取得成绩的一种证明。

除此之外,蔡丽君还提到,在求是学院就读期间,她的均绩(平均学分绩点)是专业第一。每一个求是学子都知道,均绩是学校衡量一个学生学业成绩的标准,要保证均绩位居前列,不是学好自己擅长的学科就可以做到的,薄弱的学科也不可以落下。一只水桶能装多少水,并不取决于最长的那块木板,相反,是取决于最短的那块木板,而蔡丽君以她优异的均绩证明,她没有短板。

蔡丽君博士阶段攻读的专业和本科是不同的,这是因为她在本科阶段找到了自己所喜爱的专业,找到了努力的方向。她说明确自己的心中所爱是自己在求是学院最大的收获。"浙大作为一所学科门类最齐全的大学,为我提供了更多的可能。我的身边有许多不同专业的伙伴,理、工、农、医样样都有,和他们相处,我能了解到不同专业所学的课程是什么,区别在什么地方,毕业后又有怎样的前景。这和看招生册上的介绍是不同的,这是一种实实在在的亲身体验。都说'纸上得来终觉浅,绝知此事要躬行',了解专业也是如此,只有真真切切了解过了,才会有自己的感知,才能发现自己喜爱并且适合的专业。"蔡丽君如此说道,"所以我很感谢也很庆幸能在浙大完成自己的本科学业,自由的发展空间以及方便的信息获取渠道让我能多方面关注临床医学,不仅仅是专业知识,也包括临床医学目前在国内的现状等。可以说,我现在的发展离不开求是学院所提供的极大便利。"

## 路漫修远，上下求索

当问起蔡丽君取得这样的好成绩是不是有什么不为人知的秘诀时，她敛去了谦虚的神情，异常坚定地回答："我相信天道酬勤！"

虽然与蔡丽君只有短短几次的线上交流，但和她联系时的常态是这样的："抱歉，这两天一直忙于做实验，没有看见消息，回来之后太累直接睡着了，才没有给你回复，不好意思啊""不好意思，我们已经开学了，白天在上课，没有看见消息，真的抱歉啊"。印象最深的一次是，她因为晚上有事，实在无法挤出时间，要求晚点回复。第二天早上，有一条近700字的消息安安静静地"躺"在对话栏中，而显示的发送时间是凌晨2:29。

蔡丽君似乎一直都在忙碌之中，每天的时间安排得满满当当，很少有空闲的时间。她用自己的日常生活阐释了"天道酬勤"这四个字。天下没有免费的午餐，优秀和荣誉都不是自己送上门的，而是努力的结果。只有一步一步不断地向上攀登，才能站在最高的山峰；只有坚定不移地努力学习，才能获得令人满意的回报。

尽管已经将自己的时间安排得满满当当，蔡丽君却说，自己做的还是不够。采访中她讲了一个在她脑海里留下了深刻印象的故事：好朋友毕业设计的内容需要每隔6小时做一次观察和监测，于是，一个文文弱弱的小姑娘，就直接"住"到了实验室。蔡丽君说她对好友很敬佩，那份认真、那份坚持、那份努力，是值得她好好学习的。

蔡丽君还提到，光有努力是不够的，合理分配时间也至关重要。一天的时间是有限的，自己的精力也是有限的，除了学习之外，学生工作和社交等其他的事情也是大学生活必不可缺的，因此做好时间分配尤其重要。"制订一个属于自己的时间表，是我顺利适应大学生活，以及后来平衡学习和生活最有效的方法。它让我既有足够的时间学习，又有足够的时间做自己喜欢的事情。"

蔡丽君还大方地分享了制作行之有效的时间表的诀窍：先制订一个比较简单、通用的时间表，然后根据自己的实际情况不断变动，不断修改，多年以后它就会变成一个只属于自己的时间表。

## 有匪君子，切磋琢磨

蔡丽君在接受采访时曾经表示，自己并不是一个超级爱读书的学生，而现在回顾她的大学四年，也会发现她其实真的不是一个"两耳不闻窗外事，一心只读圣贤书"的书呆子，她的大学生活多姿多彩。

军训是大学新生入学的第一课，在这重要的第一课上，蔡丽君凭借自己的优秀表现，拿下军训二等嘉奖，证明自己能文能武。

蔡丽君还积极参加学校的各种活动和比赛，她曾在"三好杯"排球比赛、全国"生泰尔杯"大学生动物医学专业技能大赛等赛事中取得优秀的成绩。

学生会工作也是蔡丽君大学生活中浓墨重彩的一笔，在各种各样不同活动中的摸索，不仅让她获得了撰写策划案、组织活动及处理突发状况的能力，也让她学会了如何更好地处理人际关系，更让她遇到了一位良师——云峰学园当时的辅导员。辅导员帮助她慢慢适应了大学生活，每次她在学校遇到解决不了的事情时，辅导员都会及时、真诚地给予她帮助。例如，之前她遇到出国交流与学校培养方案里的暑期短学期时间冲突的情况时，辅导员不辞辛苦地帮她询问了很多老师，最终使她顺利地完成了暑期短学期的学习，也成功完成了出国交流。

蔡丽君说，这些课外活动中，她印象最深刻的要数参加领导力训练营。"在训练营里，不仅学习了领导力的知识，而且认识了不少师兄师姐，他们中的很多人至今都是我很好的朋友，以及非常好的老师。在训练营里，我慢慢加深了对自己的认识，变得更加坚强，更加独立。也因为之前在学校参加了训练营，我在后来的学习过程中有机会到美国参加浙大与北卡罗来纳大学（NC State University）组织的全球领导力训练营项目，在这个项目中我也收获良多。"

"学得认真，玩得认真，好好享受本科的时光，不要后悔。"这简短而真挚的话语是蔡丽君送给学弟学妹的寄语。每个人都应有属于自己的大学生活，不要被学习局限，也不要被榜样局限，去学、去玩，去创造只属于自己的无悔的大学生活。

——文/陈梦媛

# 追梦之旅，创新相伴

## ——访浙江大学信息工程专业 2013 届本科生申俊飞

**申俊飞** 男，中共党员。浙江大学光电科学与工程学院信息工程专业 2009 级本科生，2013 级直博生，2009—2011 年就读于求是学院云峰学园。本科期间曾获得国家奖学金，同时辅修竺可桢学院公共管理专业，获竺可桢荣誉证书。研究生期间参加多项创新创业赛事，获得第十四届"挑战杯"全国大学生课外学术科技作品竞赛国赛一等奖、浙江省赛特等奖以及浙江大学校赛特等奖；发表五篇学术论文，申请十项国家发明专利、一项外观专利以及一项软件著作权。博士期间获得国家奖学金、南都奖学金与三好博士生。

读书时期

近照

他的技术项目曾被《中国青年报》、杭州一套、凤凰网、网易新闻、《广东工业大学报》以及《浙江大学报》等多家媒体进行过专题报道,并入选"启真杯"浙江大学 2016 年度学生十大学术新成果。

2016 年,他受邀赴欧洲参加第 44 届日内瓦国际发明展,他发明的智能 LED 手术无影灯受到评委一致认可并摘得银奖。

2016 年,他参加浙江省"创青春"全国大学生创业大赛,获金奖;同年参加第二届浙江省"互联网＋"大学生创新创业大赛,获金奖。

这就是申俊飞,一名优秀的浙大学子。

## 初入浙大,迅速融入

谈及自己印象最为深刻的一件事,申俊飞的回答十分迅速且肯定。

那是大一的时候,申俊飞刚刚从山西来到杭州。初到求是学院,他对这里的一切都很不熟悉,仿佛什么都没有头绪,环境,天气,什么都与山西大不相同。甚至,大学的课程与高中也相差甚远,每天所上课程的跨度之大也令他焦头烂额。

然而,即使是初来乍到,新生的迷惘也并没有影响他太久。新的环境中,申俊飞的适应能力很快就体现出来了:他主动地参加一些部门活动以及喜欢的社团,在逐步交流中,他认识并迅速结交了一些新的朋友。在一片崭新的地域,有了朋友,就不会再感到陌生。同时,在最初的迷惘过后,他立刻制订了一系列适合自己的计划,并付诸实施。

一次偶然的机会,申俊飞得知,辅导员需要招聘一名办公室小助理。为了增加经验、丰富阅历、锻炼能力,申俊飞毛遂自荐,最终应聘成功。虽然每天的小助理工作占用了申俊飞本该用来学习的一些空余时间,但得失相伴,申俊飞在学生工作中不断取得进步,不断地适应着新环境,不断地适应着新生活。同时,因为每天帮助辅导员处理事务,申俊飞与辅导员的关系也日益亲密起来。在后面的学习过程中,每当有一些有利于学生成长进步的机会时,辅导员总会第一个想起申俊飞,因此,申俊飞也获得了很多锻炼的机会,这便是他得到的最大收获。辅导员待人接物的亲切,也令申俊飞印象深刻。他最想感谢的便是当年的辅导员,直到现在,这份感恩之情仍留存心底。

## 求是创新，引领成长

"只要我们敢于超越、敢于创新，努力扎实地做好每件事，我们就能超越自己。当回过头来，看我们所取得的每一项成绩时，就会发现我们已经超越了自己，也站在了排头。"申俊飞如是说。

在求是学院读书期间，申俊飞经常以"求是人"的身份来要求自己做事求真求是。那时的朴实信念为之后的优秀表现奠定了坚实的思想基础。创新意识则是申俊飞身上的另一种力量，让他能够充分发挥自身潜能。任何一个人的身上都有优势，重要的是能凭借自己的优势，为自己筑起一个与众不同的舞台。创新意识便是申俊飞的舞台。在不断的尝试中，他的视野得以开阔；在不断的尝试中，他的能力得以提升；在不断的尝试中，他攀上了一个又一个智慧的高峰。

## 珍惜缘分，感恩当下

申俊飞说，如果能回到在求是学院就读的时光，他会更珍惜自己身边的朋友。曾经因为繁重的学业，申俊飞与朋友的联系越来越少。在毕业参加工作以后，很多好朋友身处异地甚至异国，以至于很难再见一面，而知心的朋友也越来越少。缘分来之不易，不是所有的人都能相遇，错失的缘分让申俊飞深感遗憾。

申俊飞还想做的一件事，便是向他的辅导员老师道一声感谢。因为辅导员的培养、教导，他才能够拥有如今的才华，才能够获得现在的成就。

## 抓住青春，肆意精彩

大学的社团和组织很多，多参与其中能够锻炼我们的能力，但成绩还是最为重要的。当然，不论做出何种选择，都不要后悔，你所走的每一步都会有收获。

"别再纠结是去自习室还是去社团了，有的时候你会发现，像何以琛那样在社团风生水起的人，学习成绩可能也比你好太多。所以，去做吧！人生路上每一步都不会白走。"这是申俊飞给学弟学妹的寄语。

心中有愿望，才不容易迷失自己。走自己的路，一路向前。

——文／黄义博

# 从容流淌，坚定向前

## ——访浙江大学光电信息科学与工程专业
## 2018届本科生曾望

**曾望**　男，中共党员。浙江大学光电科学与工程学院光电信息科学与工程专业2014级本科生，2014—2016年就读于求是学院云峰学园。曾在浙江大学光电科学与工程学院团委和学生联合会担任学生工作，多次参与学院舞会、新年晚会等活动的组织工作。2014年获得浙江大学学业一等奖学金，2015、2016年连续两年获得国家奖学金。

读书时期

近照

与曾望谈话，感觉轻松自如，从容与自信从他的言语中缓缓流露。就如《道德经》里说到的"上善若水"，水是一种境界，不固执，却始终坚持着自己的方向。

### 初遇浙里，勇往直前

步入大学，曾望来到了一个全新的世界。他直言，过去的他比较内向、胆怯，不怎么敢与同学交流，尤其怕和老师说话。令他做出改变的，是第一个在"浙"里度过的给他留下深刻印象的学生节：作为这一场盛大活动的幕后工作人员，同学们能够在考试周来临的压力面前，一丝不苟地做出策划案并且精准执行，其中蕴含的诚意与匠心，是他在过去的求学生涯中不曾感受过的。

学生节带给他感动，他也想以幕后工作人员而非旁观者的身份参与到这样的活动中。于是他参与了不少学院活动的组织工作，比如舞会、迎新晚会。慢慢地，他变得开朗了，和老师同学交流时自信了许多。

曾望印象最深刻的活动是一次学院舞会。在正式举办舞会前，有几次培训活动，所以活动准备周期比较长，中间出了不少状况，不过社团成员一起努力解决了，在考试周的时候也挤出时间来准备活动。他说，最后活动成功举办的时候，特别有成就感。

参与活动带来的不仅是性格的改变，在活动策划、活动宣传、写新闻稿中，他获得了很多的工作经验，这是很难从课堂中得到的。此外，他在时间管理上也理智了不少。曾望认为，高中时期只要专心学习就可以了，不怎么需要进行时间管理；进入大学后，要学会为各项任务分配好时间，社团的工作有时会比较多，但不应该因此耽搁了学习。

### 路遇知己，弥足珍贵

余光中在《娓娓与喋喋》中说："朋友之间无所用心的闲谈，如果两人的见识相当，而又彼此欣赏，那真是最快意的事情。……真正的知己，就算是脉脉相对，无声也胜似有声。"知己，对曾望在求是学院成长有极大的帮助。

曾望最感谢的人是他的室友邹卓阳，他亲切地称呼他"邹邹"。曾望说，邹卓阳像个大哥哥一样，一直很照顾他，在学习和生活中都给了他很多的帮助，在他做一些决定的时候，也会提供很诚恳的建议。曾望因为比较内向，而且英语发音不准，不怎么敢在人前用英语发言。在大学英语口语考试前，邹卓阳陪他在寝室练习口语，并且一直鼓励他，对曾望的帮助很大。

曾望在组织活动的过程中也收获了许多朋友。他加入的光电学院团学联，有很多对光电专业感兴趣的小伙伴。因为对社团有深厚感情，即使他离开了求是学院,也继续在团学联留任了一段时间。与志同道合的朋友交往,他可以更多地享受大学生活,完善自己的能力。他与这些朋友一起组织活动,一起为同一个目标奋斗,一起"熬考试粥",在大学里找到归属感。在浙大与知己一起前进,是曾望的一份宝贵经历。

曾望说,假如再给他一次在求是学院读书的机会,他会在第一个学年就加入社团组织,积极参加各种活动;另外,趁着自己还是"小鲜肉",多认识些朋友,尤其是其他专业的同学,毕竟离开求是学院之后,和不同专业同学接触的机会就少了许多。

**日积月累,沉淀自我**

在大学第一个学年就拿到学业一等奖学金,并且在接下来两年连续获得国家奖学金的曾望,在大家心里俨然是"国奖大佬"。从一开始,他仿佛就极好地适应了大学的生活节奏。然而他却说,刚进入大学时也有着许多的不习惯。

在浙大兼容并蓄的自由学风之下,新生如果没有一种高度的自律精神,很容易迷失自我。曾望保持了他高中时代坚持学习的心态,并且在此之外积极参加社团活动。他学会了在纷杂的声音中寻找自己的节奏。他能感受到来自长辈的压力少了许多,压力更多地来源于自身。尤其是在思考自己今后的目标和人生规划时,他能够强烈地意识到自己的不足。

曾望坦言:"其实刚进大学时,我是很迷茫的。没有具体的目标,也不知道自己下一步做什么好,而身边的同学好像都有明确的目标。老实说,当时是很焦虑的。不过那时候也没有别的办法,就决定先好好上课,相信车到山前必有路。后来,自己了解的越来越多,也请教了一些同学和老师,慢慢地就开始有了目标和计划,也就适应了大学的节奏。"

"时间管理能力强了不少。"曾望这样总结自己大学过渡期的最大收获。

在专业课的学习上,曾望始终坚持自己的学习计划,坚持自己一开始做出的决定,这让他的专业课基础更加扎实。能够将所选的专业认真学下来,他有一种对自己负责的满足感。当然,在确认专业时他也曾犹豫过。大一时,他向学长组请教了选课和学习时的注意事项;在选择专业时,他又向学长组请教了不同专业的特点。可以说,他最后选择光学专业,是出于内心的热爱。他说,当时感觉光学挺有趣的,而感兴趣最重要。因此,每个人都应该明确自己的目标,选择专业要听从内心的声音,盲目随大流而选一个自己并不喜欢的专业,以后的学习往往会缺乏动力。

　　曾望说:"希望学弟学妹能够在求是学院里开阔眼界,找到自己的人生目标,并向着它不懈前行。"在人生的各个阶段,总会遇到各种十字路口,不知道哪一条路才是自己应该前进的方向。而曾望是一个从容的人,在每一个关乎命运走向的分岔路口,他都能够坚定地选择自己的方向。这份如水般的从容与坚定,将会助他走向锦绣未来。

——文/付诗寒

# 从零开始,矢志不渝

## ——访浙江大学土木工程专业 2012 届本科生黄博滔

**黄博滔** 男,中共党员。浙江大学建筑工程学院土木工程专业 2008 级本科生,建筑工程学院结构工程专业 2012 级直博生,2008—2010 年就读于求是学院。在国内外结构工程领域著名期刊和权威国际会议发表论文 10 余篇,已申请、公开和获授权国家专利 40 余项,部分成果已投入工程应用,获 2014 年教育部技术发明奖一等奖。曾任浙江大学博士生会主席、浙江省学生联合会委员会委员、浙江大学高性能建筑结构与材料研究所硕博党支部书记等职。在浙江大学学习期间,获得博士研究生国家奖学金(3 次)、浙江省"万名好党员"、浙江省优秀毕业生(2 次)、浙江省优秀学生干部、浙江大学竺可桢奖学金、浙江大学十佳大学生等奖励和荣誉,荣获 2014 年度美国"百人会英才奖"。2018 年 6 月,作为毕业生代表在浙江大学研究生毕业典礼上发言。

读书时期

近照

他积极投身科研，先后赴美国、日本、俄罗斯、瑞士以及中国香港等地的高校和研究机构学习、交流和访问。在国内外结构工程领域著名期刊和权威国际会议上发表论文10余篇，已申请、公开和获授权国家专利40余项。

他重视学生工作，曾担任浙江大学博士生会主席、浙江省学生联合会委员会委员、浙江大学高性能建筑结构与材料研究所硕博党支部书记等职务。

在浙江大学学习期间，他获得博士研究生国家奖学金（3次）、浙江省"万名好党员"、浙江省优秀毕业生（2次）、浙江省优秀学生干部、浙江大学竺可桢奖学金、浙江大学十佳大学生等奖励和荣誉。他还作为毕业生代表在浙江大学研究生毕业典礼上发言。

他就是黄博滔。以上的成绩让我看到了他在工作和学习上的严谨认真，电话里的交流则让我感受到了他在生活中的平易近人。

## 从零开始：每天遇见新的自己

高中的我们，是学校中的佼佼者。但人外有人，天外有天，曾经辉煌的成绩到了浙大便显得平平无奇。许多同学因为突然产生的落差而开始自暴自弃。黄博滔认为，应当抱着平和的心态，脚踏实地走下去，大学生活要比高中辛苦一些。问及大学生活的时间安排，黄博滔说，面对许许多多的事情，他只是把心思都花在完成这些事情上，相比其他同学，他玩游戏的时间少得多，因而有更多的时间。

## 谦虚审慎：更期待未来的成就

本以为说说自己已经取得了哪些成就对黄博滔来说不是什么难事，可他第一次的回答仅仅是"暂无"；之后向他询问起原因，他说了几句让我挺无奈却又十分敬佩的话："现在的成就也真的没什么好说，现在认为挺好的成就，等以后再回来看看，可能感觉也就那样，甚至还觉得没什么值得说的。"如此"好汉不提当年勇"的表达也让我感受到黄博滔的谦虚和审慎。

从学生工作到学术科研，他都收获了不凡的成绩。浙大多元化的教育和生活氛围，让黄博滔尝试了很多事情：他积极参加很多学科类的比赛，大三担任了土木工程创新试验班（现为卓越工程师班）的班长，协同老师做了许许多多的学生工作……一点一滴的积累，培养了他的综合能力。

## 积微成著:还需要再多一些努力

每个人难免会感叹"要是怎么样就好了",每个人也都有一些想要改变的过去。如果现在的我们不想在大学留下太多的遗憾,不妨听听学长们的前车之鉴,吸取他人的教训。

"学习更努力一些,积累更厚实一些,视野更开阔一些。"这是黄博滔的经验之谈。

学习更努力一些。——黄博滔回顾了本科的学习生活,他感叹那时候还是可以更加抓紧时间的。

积累更厚实一些。——黄博滔建议本科学习阶段更多涉猎交叉学科、跨学科的知识,这样对之后的发展和成长会有很大的帮助。

视野更开阔一些。——黄博滔希望在求是学院读书的同学们可以让自己的视野更加开阔,多去尝试、多去探索;他也推荐学弟学妹多与学长学姐交流获取经验;本科阶段的学习压力相比研究生阶段还是要小的,他建议学弟学妹多考虑各方面的发展,如科研训练、社会工作、对外交流和创新创业等。探索与尝试中总会走弯路,但为了寻找自己真正的兴趣爱好,时间和精力的付出是十分必要且值得的。

一路走来,黄博滔没有很多的秘诀,靠的就是他从容的内心、不懈的努力和严谨认真的做事风格。他不认为自己比他人聪明多少,一切都是他通过一点一滴的努力得来的。他虚怀若谷,从不留恋过去的辉煌,全身心投入学习和工作。明白自身渺小的他也因此更能获得一片成长的天地。

"没有什么天才和'大神',只有比你更努力的人。"

——文/陈如港

# 大学不只埋首苦读，抬头亦是风景

## ——访浙江大学自动化（控制系）专业 2017 届本科生柯沛

**柯沛**　男，浙江大学控制科学与工程学院自动化专业 2013 级本科生，毕业后于清华大学计算机系深造，2013—2015 年就读于求是学院云峰学园。曾获唐立新奖学金、浙江大学优秀学生、国家奖学金（2 次）、学业一等奖学金（3 次）、优秀学生一等奖学金等奖项和荣誉。曾获浙江省大学生物理创新竞赛一等奖、第六届全国大学生数学竞赛（非数学类）决赛一等奖、美国大学生数学建模竞赛一等奖等奖项。曾参加浙江大学本科生科研训练计划（SRTP）中的精馏过程建模与控制方案设计项目以及含交互的图像补全系统科研项目。

读书时期　　　　　　　　　　　　　　　　　近照

从高中进入大学应该怎样过渡？本科毕业后自己应该何去何从？

柯沛和无数人一样，都曾为回答这两个问题而迷茫无措。在艰难的过渡与无尽的探索中，柯沛并没有自我放逐，而是在自己感兴趣的领域孜孜不倦、上下求索，最终他收获的不仅是优异的成绩，更是出色的自我管理能力、清晰的目标和丰富的经历。

## 从最短暂的迷惘中完成过渡

迷茫是无数大一新生的"通病"，因为相比于高中较为枯燥单一的学习生活，大学生活显得五彩斑斓，无数的选择摆在面前，让人无所适从。

高中到大学的过渡，在柯沛看来，重点在于学习方法和个人目标的过渡。

学习方法的过渡是所有同学都会面临的问题。初入大学，新生会感到知识的广度、深度完全是高中阶段不能比的。柯沛认为，大学的学习过程应当由思考主导，课上听老师讲授后的思考和课后自己回顾教材时的思考都非常重要。新知识虽然多，但是多数思维方法早已在高中课程或竞赛中掌握，因此，需要花更多时间把其中的联系想透彻，而非盲目动手实验和做题。而个人目标的过渡主要指个人定位的变化。高中阶段的目标较为单一，而在大学，可选择道路非常多，需要尽早将个人目标从考试取得高分转移至更长远的目标上。问及刚上大学时是否有明确的目标，柯沛摇了摇头："刚上大学的时候目标很粗略，只是想着本科后继续读书。大三刚开始的时候曾经随大流想过出国，考过托福和GRE(美国研究生入学考试)，直到大三春夏的时候才将目标最终定在国内的 AI 方向硕士或博士。"寥寥几句，讲明了他从迷茫到有清晰的人生规划的心路历程。在柯沛看来，如果目标是学术界，那就应该看看现在学术界关注的问题，并利用课余时间进入科研环境；如果目标是工业界，便需要尽早了解工业界目前需要什么样的人才，并抓住实习等机会进行亲身体验。如果还没有明确的目标，就要利用周围的各种资源尽可能多地了解信息，以尽快明确自己的位置。"如果你能在离开求是学院之前完成个人目标的过渡，那么祝贺你，已经在人生的道路上正式起航！"柯沛如是说。

## 以最具包容性的思维投入学习

作为工科生，柯沛最引以为傲的还是数学。与众不同的是，出于对数学的喜爱，他会尝试对每门数学课程的知识框架进行梳理，关注不同课程的知识之间可能存在的潜在联系，从而更深入地理解知识的本质。在"线性代数(1)"课程的小论文中，柯沛独出心裁，用参数观点阐述了正交变换的本质，实质上是尝试从几何的观点来解释代数知识，这是线性代数课程中未提及的知识。他说："现在回想起来，那仅仅是几何学中最基础的形式推导，但当时的我确实从中更深入地理解了正交变换和正交矩阵。我觉得数学能力的积累往往就是在不断的融会贯通中进行的，当然融会贯通的基础自然是课上听讲、课下认真完成作业这样看似不起眼的工作。这种工作的积累再加上自己发现知识间联系的意识，便会逐渐完善数学的基础框架，并最终使数学成为解决问题、研究问题的有力工具。"

确实，只有足够的知识积累，才能让自己的大学生活充实起来，厚积而薄发，人生更精彩！

## 将最擅长的科目做到极致

一说到数学，柯沛心中就有抑制不住的激动。大二时，他代表浙江省参加了全国大学生数学竞赛的决赛，这是他进入本科后第一次有机会走出学校和全国各地的优秀学子交流。

他若有所思，又把一个传奇的自己娓娓道来："之前的我一直将自己封闭在课程学习中，对自己的未来和定位考虑甚少。这次经历给了我一次'抬头看看'的机会，我利用竞赛前后的空余时间和本校、外校的同学及本校的带队老师交流了许多关于未来的想法，这或许是我第一次认真考虑自己的前途。我十分庆幸能在离开求是学院前的最后一学期抬头看到学校外更为广阔的蓝天，这对我之后的人生选择影响深远。"他的话总是那么简洁明了，却引人深思。

对于在数学上造诣颇深的柯沛而言，最难忘的自然是数学老师，尤其是离散数学课程的张三元老师。据说离散数学还是本科课程中最早使用全英文教材的课程。也许是触碰了记忆深处的那湾清泉，柯沛的眼睛仿佛在放光："张老师为人随和，数学功底非常深厚，虽然上课时也会因为讲不清一些基础知识被大家吐槽，但是总能带来一些数学思想，让人深受启发。那个学期我还选修了必修课程常微分方程、通识课程数学与人类文明，这几门听起来完全不相干的课程被张老师带来的数学思想串成了一条线，这是我第一次感受到自己在接触一个完整的理论框架，而非独立的一门门课程。离散数学作为专业课程，难度和知识量都远大于同期的大类课程，但是在张老师的引领下，这门课程让我真正了解到了计算机科学家眼中的数学，这让我对数学的认知更为深刻，亦为我之后的学习、发展奠定了坚实的基础。"

当发现各门课程之间的内在联系时，就不会像以往那样觉得它们深不可测,原来这就是学霸之道!

## 让更活跃的自己融入社会

人无完人,学霸的大学生活也难免存有遗憾。柯沛说,虽然在求是学院学习的两年间取得了较为不错的成绩,打下了坚实的专业基础,但直至今日他依然后悔没有在那时融入更大的社交圈中。

曾经的他将个人能力看得很重,认为只要个人能力足够强就能解决大多数问题。直到本科毕业走入科研领域后,他才逐渐意识到交流、合作的重要性。人终究是社会中的人,无论是选择科研还是走上工作岗位,都不可避免地要融入群体中,与人交流、合作的能力和自身素质同样重要。

他说,如果时光能倒流,他一定会尝试将更多的时间投入社会工作中,尝试将自己从封闭的书本中解放出来,尝试融入周围的社交圈,和更多的人打交道。

大学是我们从学生时代步入社会的垫脚石,知识水平的提高固然重要,能力的培养也不可或缺,结交更多优秀的同学,必能使自己的未来人生路更平坦更宽敞。鉴于自己缺乏人际交往经验的遗憾,柯沛真诚建议:"埋头苦读的同时一定记得抬头看看,周围的风景或许比书本更加精彩!"

——文/胡玉屏

# 摘下标签，去探寻身上的无限可能

## ——访浙江大学信息工程专业 2018 届本科生李梦圆

**李梦圆** 女，中共党员。浙江大学信息与电子工程学院信息工程专业 2014 级本科生、2018 级直博生，2014—2016 年就读于求是学院云峰学园。曾获浙江大学十佳大学生、ISEE 新人奖等荣誉称号。连续三年学业综合成绩排名年级第一，获得了竺可桢奖学金、唐立新奖学金、浙江大学优秀学生奖学金等一系列奖项。第一作者论文被美国电气和电子工程师协会（IEEE）主办的个人、室内和移动无线电通信国际会议（PIMRC 2017）接收，并作为口头论文宣读。

读书时期

近照

她是学霸:连续三年学业综合成绩排名年级第一、权威研创论文第一作者、竺可桢奖学金获得者、浙江大学十佳大学生……她在浙大获得的荣誉,每一项都瞩目万分。她又是"非典型学霸":浙大 DMF 玉泉街舞社社长、G20 峰会最高级别志愿者、浙江省图书馆义务助理、拥有 160 个志愿者小时数……她的志愿者经历比起其他人也是如此浓墨重彩。集所有这些成绩于一身的李梦圆仿佛是从小说里走出来的人物。

## 规律作息,让每一分钟精确高效

在刚进入浙江大学的第一年,大多数人还没有准备好迎接大学丰富多彩的生活时,李梦圆就已经调整好状态。凭借高中寝室生活中养成的自律作风,她快速适应了大学学习生活,又在此基础上为自己制订了严格的计划。

谈到学习经验,她认为"学会利用时间"是关键所在。她善于利用琐碎时间来完成自己每天定下的小目标,并坚持在完成后就寝。她认为,有规划的日程安排让自己时刻保持着严谨、认真的态度。同时,李梦圆也建议大家把自己的生活安排得紧凑一些,不要让自己太闲,也不要让自己有拖延症,因为拖到后面时间安排的变数很大,所以尽量赶在前面做完事情,这样就可以留出时间玩一玩或者做一些别的事情。

此外,针对较难的科目的学习,李梦圆给出的建议是"学会自己总结"。上课认真听老师讲课是一个方面,课后的自学是另外一方面,二者是相辅相成的。她以自己学三极管的经历来说明:刚开始有一些不太明白的知识,但其实老师也知道同学们困惑的难点,所以也会重复多遍,因此上课认真听讲是必要的,尤其是专业课,要全程都紧绷着,如果在学习过程中漏掉了一个环节,一定要努力跟上;课后要自己总结一下知识点,不管是当天上完课还是在期末复习的时候,都可以梳理一下知识点再开始做题。尤其是最后复习的阶段,一学期学下来知识点是很多的,不列一个提纲的话,非常容易混乱。而这个提纲也很有讲究,不是说把前面的目录抄一遍就可以了,而是要厘清知识点的前后关系,比如说这一节先介绍三极管的基本接法,是为后面的知识点做一个铺垫。这样复习就能形成一个完整的知识体系,难度固然存在,但如此认认真真学下来,就会有所收获。

除了学业方面,李梦圆认为大学主要的变化是在朋友圈。在大学里,班级不再像高中那样凝聚,更多时候她是一个人。后来她加入了一些社团,在社团中结识了不少志趣相投的朋友。但她也建议我们，要理性地选择加入的社团和参加社团的数量，合理地评估自己的能力，有时候也要学会放弃，不求数量而是注重质量地完成每个任务。

问及如果重回求是学院，会做出什么改变时，李梦圆想了想说，应该会更加合理地安排自己的时间，不仅在学习和学生工作方面付出时间，也要花时间培养自己的兴趣爱好。在大学，如果只是一味学习的话，就和高中没有什么区别了。如果希望在大学做到全面发展，那就不仅仅要在专业上表现优秀。李梦圆十分喜欢舞蹈，舞蹈也是她释放自己情绪的一个很好的方法，通过舞蹈适度地转移注意力、释放压力，其实学习效率会更高。此外，李梦圆还提醒我们一定要多注意锻炼身体，身体是革命的本钱。

### 摘下标签，做一个特立独行的学霸

很多人不选信电学院专业的原因就是专业课程较难，但李梦圆分享了张朝阳教授的看法："如果一个专业的课不难，那么大家就都能来做这件事，这个专业就没有优势、没有核心技术。所以正是因为信电的课程难，这才证明信电有核心技术。"因此在大一面临专业选择时，李梦圆毫不犹豫地选择了旁人口中"很难的专业"。她认为，有难度的专业才能学到真正的"干货"，而浙大的学生应该逆流而上。有人质疑，认为信息工程这个专业不适合女生学习，也有人因此而觉得李梦圆有些"另类"。对此李梦圆表示："只要认真，没什么专业是女生不能学的。这些传统的言论其实就是社会为女孩子贴上的标签，而我不会去在乎它。"李梦圆还说，当时还有另外一位老师说："如果你想学真正的通信，还是要来信电。"比如她曾学过的一门专业课叫"信息论"，刚开始学的时候觉得难，可当她融会贯通之后，发现这些理论真的很"漂亮"，这是学信息工程专业的人真正应该学并且应该了解的一门课，但是信电学院其他专业就都没有这门课了。

李梦圆还强调了目标的重要性，这个目标可以是长远的，但是要由短期的小目标组成。努力过，即便没有达到预期的目标，也不必遗憾；但是如果根本就没有努力过，再回想起来时，只会叹惋自责。这个遗憾可能来得很迟，可能是多年之后才能切身感受到。而制定目标要基于对自己想要的东西的清晰认识，李梦圆的目标一直在变：大一的时候想要好好学习，弥补一下高考时的遗憾；到大二的时候明白不能只学习，还要有较丰富的大学生活，所以她开始参加社团、出去旅游；大三时她想做一做科研。她考虑事情一般特别长远,做的每件事情都是思考之后的选择,比如她当时报名参加美国加州大学戴维斯分校的暑期科研交流,主要是因为她觉得会对申请出国比较有利。

## 学会放弃,一切都是最好的安排

托尔斯泰说过:"选择构成了人生。"

李梦圆也充分肯定了选择的重要性:首先要知道自己想要什么,而这个"什么",是没有好坏之分的,这是每个人自己决定的,而为此做出的每个选择都是有利有弊的,更重要的是要对这个选择负责。

"一切都是最好的安排。"这些年来,李梦圆一直特别感谢妈妈在她高考没考好的时候和她讲的这句话。现在回想起来,确实一切都是最好的安排。特别是到了大四,大家会觉得出国或保研,不仅关乎是否升学,更是关系到人生方向,很多人因为这个事情特别纠结,李梦圆当时也是。但是她后来就想明白一个道理:其实每个选择都是有利有弊的。当两个选择同时摆在她面前,如果一个只有利没有弊,又或者只有弊没有利,那就根本无须纠结,因为不管选择了哪一个,都意味着放弃另外一个的一些好处。选择和放弃几乎是同时的。但关键是在选择之后调整好自己的心态,比如有人会在选择了 A 之后,把 A 的弊端无限放大,只看到 B 的好处,这样,一旦出现意料之外的情况,就会十分后悔。李梦圆觉得后悔一段时间是可以理解的,但是要适度。莎士比亚也曾说过,适度的悲伤是理智的,过度的悲伤就有点愚蠢了。这其实是一样的道理。

在分享了不少学习经验和大学里的思想感悟之后,李梦圆希望大家能够珍惜在求是学院就读的宝贵岁月,努力向着自己的目标奋斗。大学是没有预置路径的广场,没有人知道更好的风景在何处,所以每做出一个选择时,不要深陷于对过去的懊悔,而是要拥抱未来的收获与感动,要相信,一切都是最好的安排。

——文／胡　妍

# 山花烂漫，精进不休

## ——访浙江大学电子信息技术及仪器专业
## 2016 届本科生罗海林

**罗海林**　男，中共党员。浙江大学生物医学工程与仪器科学学院电子信息技术及仪器专业 2012 级本科生，2012—2014 年就读于求是学院云峰学园。曾担任工信大类 1201 班班长、电子信息技术及仪器专业 1201 班团支书、云峰学园学生会干事等学生工作，是云峰学园领航工程学员。曾获浙江省社会实践活动先进个人称号、浙江大学优秀学生共产党员荣誉称号、唐立新优秀学生标兵奖学金。2015 年带队参加第三届全国虚拟仪器大赛并获得全国一等奖，2017 年率队参加华为"创想杯"校园开发者大赛并获得全国第三名。

读书时期（左二）　　　　　　　　　　近照

　　"不好意思，一早上都在实验室，没能及时回复。"视频的另一端，仍身着白色实验服的罗海林笑容温暖，给正月的寒风增添了一分春的气息。他一边整理一边讲述他的故事。

## 迷茫之余,别忘记精进不休

刚入大学的新生们,一边享受着自由与主宰权,一边又为前进道路的迷茫而忧愁。罗海林也曾有过这样的困惑,"刚开始常觉得一事无成很正常,但千万别让这个感觉继续,不然这个平庸的状态会让你'泯然众人矣'。在迷茫时,我们所该做的就是去认准自己的兴趣点,并将它做到极致"。显然,罗海林做到了属于自己的极致。他特别感谢邵顿老师在他刚入学时的指点与帮助,邵老师为他指明了前进的方向,每次与邵老师交谈后,他都能从挫折的阴霾中走出。邵老师待人处事的方式,特别是对待学生工作认真负责的态度,也对他产生了很大的影响,为他之后的工作和生活树立了很好的榜样。

问及如何解决现在同学们"普遍迷茫"的问题,他指出,一定要在课余时间多去了解各个专业,了解自己。不要被各种琐事追着,打乱了自己的思绪,而应该主动出击,寻找自己所困惑的东西。当遇到困难时,多与家长和辅导员交流,也可以求教于同一专业的学长学姐,了解他们的求学历程是怎么样的,毕业后走上了什么样的道路,从事什么样的行业。他还给我们推荐了职业测评这个方式,通过测评我们也许可以对自己适合做什么有大概的了解。"如果尝试过很多仍然没有效果,那就立足当下,全身心投入学习,做最好的自己。"

## 不忘初心,为新征程做足准备

"上大学之前的暑假其实我上网查找了很多资料,因为自己是山里出来的孩子,当时也不怎么会用电脑,于是在那个暑假恶补了很多电脑技能,包括 PPT 制作、视频制作、音频剪辑等技能。"当谈到如何从高中生活过渡到大学生活时,罗海林如是说。实践证明,这些充足的准备为他入学初期特别是加入学生社团和学生会后的快速融入与学习新的技能打下了坚实的基础。

当然,在学习过程中时常提醒自己不忘初心也很重要。大一的一整个学年,罗海林坚持了自己在高中便养成的好习惯:早睡早起。这个说起来容易的习惯,坚持整整一年却着实不易。"在寝室里,每天我都会第一个起床,接着晨读背大学英语,第一个到早课的教室。"这样的坚持,让罗海林很快适应了大学生活,并让他收获了令自己满意的成绩。

同样地，本科的学习时光，也为之后的道路做了铺垫。被问及若能重新回到求是学院读书，会有怎样的变化时，他回答，"一定会更加努力学好专业课程，因为不管之后的道路怎么走，拥有充足的知识是人立足于社会的必要条件。大学所学的，是一种技能，决定着今后自己在社会上所能创造的价值"。此外，他认为应该把空闲时间都用来丰富书本以外的知识，拓宽自己的知识面。特别是，应尽早通过在线的课程学习来提升自己的实力。网络是一把双刃剑，正确充分地利用网络，将会给我们带来无穷的财富。

### 乘风破浪，在浙里收获成长

大学是学生步入社会的一个过渡期，我们从自己的小世界走出，接触外面的世界与更加优秀的人。在这里，机会无处不在，任我们挑选。机会对于每个人都是平等的，却又不相等，关键在于能否很好地把握机会。罗海林在面临诸多机遇时曾胆怯过，担心自己无法出色完成，但他并没有让这一状态持续，而是选择积极报名参加各类活动，在活动过程中多做准备，克服自己心理上的紧张情绪。"机会需要自己去争取，在这些过程中，能力也就慢慢培养出来了。这是我在求是学院云峰学园求学期间，扮演云峰学园学生会干事、领航工程学员、班级班长等不同角色的过程中所领悟到的。其间，我会有很多机会去表达自己、展示自己。其实只要认真去对待，许多事都可以出色完成。"

他说起 2015 年参加的全国虚拟仪器大赛。虽然他认识到产品在某些硬实力方面还不及他人，但最终获得一等奖。他说这得益于他在高压下的展示能力，特别是在决赛现场能够清晰地将产品的特色展现出来。罗海林最有成就感的事情当属 2017 年他带领着几个小伙伴参加华为校园开发者大赛并取得了全国第三名的好成绩。全国赛上群英荟萃，能够参加比赛的都是来自各地的优秀人才。强大的压力没能将他打倒，反而被他转化为前进的动力，他冷静地面对各种压力，不断学习。"这个过程中收获最大的就是快速学习能力、团队协作能力以及展示能力。"他停顿了一会儿，"很多人问我大学学习需要具备哪些能力，其实没有什么是必备的，抓住机遇，多去体验，很多能力就在我们的学习与实践过程中悄悄走近了。"他一直在向我传递这样一条信息：能力的培养没有捷径，把握住机会往往能取得意想不到的收获。

## 把握当下，去遇见更好的自己

被问起大学期间印象最深的一件事时，他谈起了在大一结束后的暑假，与云峰学园领航工程的小伙伴组队去陕西西安开展社会实践活动的经历。从最初的确定主题和地点、立项申请，到活动考察、总结反思、交流评比，团队每一位成员都积极参与，相互之间配合默契。"我们为着同一个目标而奋斗，相互之间可算是拥有战友情了。"他玩笑式地说。大学期间的情谊虽不像中学时那般纯真，但这份情谊中多了责任与成就，一样很美好、很精彩。

"在这里，你们的人生真正开始了，在自我教育、自我管理、自我成长的自由环境中，你们不得不去决定自己的生活。务必要紧抓学习，因为它更注重知识的应用与自学习惯的养成；在踏入社会前的最后一程，我们要在这里学会做人、学会做事。希望学弟学妹们多跟学长学姐交流，因为他们要么是你的前车之鉴，要么是你的奋斗榜样。学长学姐曾有过与我们类似的学习经历，立场也与我们相似，我们可以在众多相似之中找出不同。但绝不可盲目跟随，因为只有选择了适合自己的路才是最明智的。"

——文／裴夏雨荷

# 努力，也是一种天赋

## ——访浙江大学信息工程专业 2017 届本科生任金科

**任金科** 男，浙江大学信息与电子工程学院信息工程专业 2013 级本科生，2017 级直博生，2013—2015 年就读于求是学院云峰学园。本科阶段成绩保持专业前三，获美国大学生数学建模竞赛一等奖，获浙江大学优秀学生一等奖学金、国家级人才培养基地一等奖学金、阿姆科技奖学金、浙江大学研究与创新一等奖学金等奖项，被评为浙江省优秀毕业生。两篇 TOP SCI 论文（第一作者）已录用发表，两篇 TOP SCI 论文（一篇第一作者，一篇第二作者）在审稿中，另外有四篇通信领域旗舰会议论文被录用和发表，一篇 SCI 论文和一篇国际会议论文在审稿中。

读书时期

近照

记得小时候,孩子们总是会被问:"长大了要做什么啊?"答案总是五花八门:"啊,我要当科学家!""我,我要飞到太空上去!""我要当发明家,发明一种永远也不会坏的门把手!"但随着他们的慢慢长大,这些发言似乎渐渐变成了遥不可及的梦,回答也变得单一:"只要能考上一本就好啦!""不知道,不要挂科吧。""先努力地跨过离自己最近的坎就好啦!"

但是这样的努力,是真正的努力吗? 是回答"长大了要做什么啊?"这个问题而做出的必要努力吗?

相比他人"早早夭折"的科研梦,任金科将对科研的热爱揉进了一点一滴的探索与努力中,在科研路上,他无疑走得更远更坚定。

## 最明媚的目标是未来可期

目前正在攻读博士学位的任金科在大学四年里成绩始终排在专业前三。问及学习方法,任金科想了想说:"高中时期的思想比较单一,唯高考是从,无须考虑其他,只要一门心思学习,考到高分,进入一所好的大学就行。可是到了大学,基本上没了来自外界的约束,加上社团、组织的'诱惑'增多了,很容易就会迷失,可是大学却是决定人生方向的很重要的时间段,是规划未来的好时机。"

那应该怎么做呢? 首先就是要定好目标,明确自己究竟要做什么。比如任金科早就想好自己今后要走科研的道路,所以他在大一、大二期间拒绝诱惑,以学习为主,每日睡前都会规划好第二天的时间安排,把整块的时间都投入学习中,至于琐事,便安排在一些零散的时间段去完成,争取时间利用的高效化。大一、大二阶段,任金科主要还是在图书馆和自习室里度过的,成绩自然相当出色。

但他也坦言,如果能重新回到求是学院就读,自己会在课余时间多锻炼身体,毕竟健康的体魄是实现一切抱负和理想的基石,他还会适当地参加一些社团活动,增加一些兴趣爱好,也锻炼一下自己的领导能力、交际能力等综合素质。劳逸结合更有益于人的长期发展。

## 最高效的方法是孜孜不倦

任金科的科研能力十分出色,但谈到目前的成就时,他显得十分谦虚:"说到成就也算不上,目前主要是做了一些科研,两篇 TOP SCI 论文(第一作者)已录用发表,两篇 TOP SCI 论文(一篇第一作者,一篇第二作者)在审稿中，另外有四篇通信领域旗舰会议论文被录用和发表，一篇 SCI 论文和一篇国际会议论文在审稿中。"

"科研"二字在普通人心中似乎总和"白大褂""显微镜""看不懂的算式""一天到晚摇试管"这样略显枯燥的画面挂上钩。求学路上，通过考试体现个人能力的评价体系让多少学子一次次直面失望，科学家的梦想也离他们的生活越来越远。

那么任金科呢？早早就有了科研目标的他，又是如何在科研的道路上稳步前进的呢？

任金科的回答是这样的："起初只是对科研有一点好奇，但后来随着不断地深入和了解，兴趣也就越来越大了。其实天赋和努力是相辅相成的，我觉得两者各占一半，有天赋，加上后天的努力，再加一点小运气，才能做好科研。"

在任金科看来，首先要认真学习每一门课程，打好理论基础，不能得过且过，尤其是数学课程。理工科类的学术研究需要很强的数学基础，随着科研的不断深入，他现在对这一点更加深以为然。其次，他常常关注自己感兴趣方向的最新研究进展，对前沿领域保持一定的了解，这样不仅可以拓宽知识面，同时也可以激发科研兴趣。最后，尽早进入实验室学习。任金科在大一下学期开始接触信电学院的老师，还在求是学院就读时便进入实验室。正是因为本科阶段熟悉了科研的方式方法，他现在做科研更加得心应手。可以说，在求是学院就读时打下的良好基础让他的科研之路走得更加顺利。不论是学习还是科研，都需要用努力去浇筑，任金科分享了他的人生格言："如果一个人的努力还没有到拼天赋的程度，更应该重视的还是坚持不懈的钻研。"

## 奋斗岁月

回忆起在求是学院就读的那段时光，任金科说最想要感谢的一个人是与他同一个专业的学长王鑫涛。从课程选择到必修课程的学习技巧等，他都给予了任金科不小的帮助。比如在选择一些由多位老师开课的课程时，因个别老师特别受欢迎，不少同学最后很可能选不上课程，王鑫涛建议任金科保守、理性地去选课，适当地避开那些非常受欢迎的老师的课程。

此外，令他印象最深刻的一件事是参加美赛。因为在赛前和队友花了相当大的精力进行准备，看了很多数学建模相关的书与历年的优秀文章，也与不少经验丰富的老师进行了交流,在整个准备过程中他获益良多。而正式比赛的那几天,他更是达到了全身心投入的状态,几乎是废寝忘食地去揣摩问题,整个过程下来,任金科不仅深刻了解了对实际问题进行数学建模的完整流程,也加深了对 Python 语言的学习和理解,掌握了英文写作的技巧。总而言之,从准备到正式比赛,到最后拿到了比赛的一等奖,都为他后期的学习和科研奠定了坚实的基础。而整个过程中少不了的,还是不懈的钻研和努力。

网上流行过一句发人深省的话:"以大多数人的努力程度之低,根本轮不到去拼天赋。"任金科能够进入浙大并走上科研道路取得优秀成果,个人天赋是一方面,但更重要的是他一直以来的不懈努力,能够长时间投入一个未知的领域进行研究与学习。

最后以任金科送给学弟学妹的一句话作为结尾:"切勿犹豫迟疑、拖延怠工;点滴积累,厚积薄发,在努力中成为最好的自己。"

——文/胡　妍

# 热土上播种，阳光下行走

## ——访浙江大学应用生物科学(农学)专业 2013 届本科生沈秋芳

**沈秋芳** 女,中共党员。浙江大学农业与生物技术学院应用生物科学专业 2009 级本科生,作物学专业 2013 级直博生。2009—2011 年就读于求是学院云峰学园。曾担任浙江大学农业与生物技术学院兼职辅导员、农学本科生党支部书记、求是学院云峰学园本科生第十一党支部副书记等职。曾获国家奖学金、唐立新奖学金、浙江大学优秀学生一等奖学金等,获浙江省优秀毕业生、浙江大学优秀研究生干部、浙江大学优秀研究生等荣誉称号。多次在国内外学术会议上作报告,参加 2015 年中国作物学会学术年并获优秀学术报告奖,参加第八届长三角作物学博士生论坛并获学术报告一等奖,参加浙江大学—东京大学联合前沿生命科学研讨会并获最佳海报奖。

读书时期

近照

作物学博士生沈秋芳,年末依旧留在紫金港校区静谧的农业生命环境大楼实验室中,夜以继日地进行着科研工作。今年(2018 年)是她博士毕业的最后一年,她在百忙之中抽出时间接受了我们的采访。也许是学术科研型人才的特质,沈秋芳的采访答复,严谨中透着细腻,又不失俏皮灵动。她对每个问题都进行了详尽耐心的阐述,字里行间可以感受到她对母校的真挚情感,对学弟学妹们的细心指点。

## 他们,改变了我的学业轨迹

沈秋芳坦言在求是学院印象最深的一件事,便是在军训过后递交了自己的入党申请书,成为一名光荣的入党积极分子。她回忆说,当时应用生物科学(农学)大类 14 个行政班(约 440 人),其中前 3 个行政班划归一个党支部,有十多个高中就入党的党员,加上 6 名积极分子,共 20 多人组成了一个党支部。在当时,沈秋芳所在的党支部成员都十分优秀,他们担任学生干部,同时积极参与学园以及学校的各类活动。更加令人称奇的是,他们的学业成绩都十分出色。沈秋芳向我们举了一个例子:第一个学年,她所在的党支部就有 3 名同学获得国家奖学金(全年级共 7 人),各类奖学金获得者比例超过 70%。而当时的她,还只排在前 200 名(前 132 名左右获奖),是少数没有拿奖的党支部成员之一。在同伴们耀眼的光芒下,那时的她觉得很惭愧,也感觉到自己的渺小。她深刻意识到学习的重要性,认识到自己有很多需要改进的地方。思想上的转变改变了她接下来的学业轨迹,甚至可以说是她求学历程中的转折点。第二个学年,通过努力学习,她的学业成绩排名已经上升到学院 54 名(约 150 人),但依旧没有如愿拿到奖学金(前 45 名获奖)。沈秋芳坦言,要感谢那时候不服输的自己,在持续努力之下,第三学年她的成绩终于名列班级第一,拿到了本科阶段第一次学业一等奖学金。虽然她刚进入大学时成绩并不突出,但大学学习是一场持久战,坚持学习,必能厚积薄发,所以她本科阶段的学习成绩一直都在走上坡,绩点从 3.92(大一)、4.23(大二)提高到 4.52(大三)、4.82(大四)。"大学入党除了改造思想,还让我有机会向优秀学生学习,保持学生队伍的先进性。"沈秋芳如是说。

在求是学院读书期间,沈秋芳遇上了许多良师益友,要感谢的人实在太多。但在学园生活中,她最想感谢的一个人,是当时的辅导员汪烨鹏老师。其实,汪老师是和沈秋芳那一届学生一起进入学园的。他是一名"海归",却选择于 2009 年 8 月进入求是学院工作,正式成为一名辅导员,负责学生的大小杂事。沈秋芳是他的学生助理之一，在当时，他也是沈秋芳所在党支部的书记，后来沈秋芳又成为党支部副书记，所以和汪老师在工作上的接触比较多。沈秋芳回忆说，汪老师给予学生很多支持、关心和发挥能力的空间，鼓励学生学好英语，他个人的国际化视野也影响了学生。后来她的博士生导师张国平教授也是如此，直接带动了她学习英语的积极性，引导她为出国开展学术交流等做足了准备。在沈秋芳读完本科继续攻读博士的时候，汪老师被调到海宁国际校区，从此便离开了学园，但在海宁国际校区，汪老师可以更好地推行国际化教育理念。

关于学习英语，沈秋芳热心地给出建议，希望对学弟学妹有所帮助。"英语口语提高需要多加练习，没有偷懒的捷径。"对于大一、大二学有余力的同学，沈秋芳推荐外语学院开设的课程"英语会话技巧"，这门课程比较实用。"另外，我在博士阶段很多场合需要用到英语口语，很多 App 提供了帮助，比如英语流利说、百词斩，都是不错的英语学习 App，亲试有用。"她还建议："寒暑假时间较长，可以适当看一些英文经典影视作品，对理解英语国家的礼仪文化和社交很有帮助。"

## 有幸遇见一群好室友和好伙伴

问及初入大学如何适应从学习到生活各个方面的变化，沈秋芳说每个人对这个过渡期的适应性都是有差异的，但对于她而言，几乎没有所谓的过渡期。这得益于她的一帮好室友和好伙伴。"在熟悉校园生活的过程中，室友绝对扮演了重要角色。当时我们寝室关系十分和谐，大家虽都是本省的，但是都是从地方上过来，又都很友善、包容，彼此关心。"一起吃饭、一起自习，讨论学习、畅谈生活，就这样靠着相互陪伴和默契配合，她很快就适应了大学生活。

帮助沈秋芳适应大学生活的还有社团里的伙伴。"当时我只报名了一个社团，幸运的是，它也选择了我，那就是三农协会。因为是五星级社团，所以报名的人很多，面试很激烈。我没有多少把握，但对我而言，选择来浙大读农学，也注定了我这个农村来的孩子更需要多方观察和了解'三农'，所以毅然报名。"在三农协会，有这样一群志同道合的小伙伴，通过走访农村、调研农民、深入山区、支农扶贫，让她对三农的认识从理论走向了实践，也激发了她学习农学的兴趣。"即便现在离开协会、室友分别，毕业后走向东西南北，但我们的朋友圈中总有每个人的鲜活身影。"

## 掌握全方位的学习能力至关重要

作为一名在科研上有所追求的在读博士生，沈秋芳科研成绩突出、工作认真负责，曾获国家奖学金、唐立新奖学金、光华奖学金等多项奖学金和优秀研究生干部、优秀团干部、优秀研究生等荣誉。然而，她认为真正让她感到满足的，并不是这些奖学金或荣誉，而是她掌握了全方位的学习能力。"真的，与以往的高中学习有太多的不同，大学需要的不仅仅是学业这一单方面的学习能力，还需要有思考、观察、执行、总结等等全方位的能力。"她进一步解释，"比如，我现在是一名农学博士生，专业学习是必需的，但是学业成绩只是第一年的'数字'总结，而我需要频繁运用的英语写作和口语表达能力，需要掌握的分子生物学实验理论知识和操作能力，及时了解科研新动向需要具备的信息获取能力和知识更新能力，等等，都是学习成绩无法体现的。"

拥有全方位的强大学习能力，并不是一蹴而就的。有的时候，榜样的力量不容小觑。"在求是学院读书时期，身边优秀的同学、共产党员和老师就是我直接可以接触的学习榜样，通过互相学习和互相帮助，每次向优秀的人靠近一点点，都让我觉得有所成长。"沈秋芳建议我们，"初入大学，不在乎走得有多快，不去计较太多得失。每次都能有所进步，是你们在早期学习阶段更应关注的一方面，它值得称道。"

## 青春无悔，把握方向，大胆向前

一路走来，大学生涯多多少少会有一些遗憾，沈秋芳也不例外。但她说，青春无悔，就算重新回到在求是学院就读的时光，自己的方向大体上也不会发生很大的转变。她会选择把英语学习得更加扎实，再多学习一门语言，而不会盲目地去报语言辅修班。另外，还会加强体育锻炼，坚持跑步，在锻炼中锤炼个人意志。她还强调了学习平台的重要性，例如竺可桢学院开设的一些辅修强化班都是培养专业素养、开阔视野的不错选择。

最后，沈秋芳寄语学弟学妹："珍惜身边的人、事、物吧！它们都将成为你修行路上的指路牌。"珍惜青春韶华，踏实学习与工作，终会有所收获。沈秋芳是那种在热土上播种、在阳光下行走的人，也印证了那句话：一分耕耘，一分收获。

——文／傅雨婷

## 看今朝雄鹰展翅，凌岳一览众山小

### ——访浙江大学园艺专业 2015 届本科生王岳

**王岳**　　男，中共党员。浙江大学农业与生物技术学院园艺专业 2011 级本科生，2011—2013 年就读于求是学院云峰学园，毕业后进入浙江大学农业与生物技术学院攻读果树学博士学位。曾于 2012—2013 学年获评浙江大学优秀学生干部；于 2013—2014 学年获浙江大学学业二等奖学金，获评浙江大学优秀团员；于 2015—2016 学年获评浙江大学优秀研究生、浙江大学优秀团员、浙江大学农学院优秀共产党员、浙江大学暑期社会实践先进个人；于 2016—2017 学年获岑可法一等奖学金，获评浙江大学三好研究生、浙江大学优秀研究生。

读书时期

近照

对于现于浙江大学农业与生物技术学院攻读果树学博士学位的王岳而言，2018 年是他在浙江大学生活的第七个年头。他在浙里，风雨兼程，点滴成长。已落脚科研道路的他既仰望星空心怀梦想，又脚踏实地不骄不躁。当初羽翼未丰的雏鹰，已然成为展翅雄鹰高飞在自己的领空。而求是学院，正是当年懵懂的雏鸟梦想起航的地方。

## 师恩难忘

说起最想感谢的人,王岳第一时间想到了恩师孙崇德教授。孙崇德教授作为王岳的行政班班主任、专业班班主任、本科生科研训练计划(SRTP)导师、毕业设计导师和博士生导师,一路陪伴王岳成长。

"孙老师博学多闻的才华和创新实干的精神值得我永远学习。"王岳说。

谈到孙崇德教授,王岳想起了许多往事,而印象最深的一件事是,在从"2＋2"的"学园＋学院"培养模式转变到"1＋1＋3"培养模式的过程中,学园和学院之间相互合作、紧密联系,专业选择和新的班级组建在很短的时间内完成,学园辅导员和学院辅导员之间交接顺畅,让同学们从一个家到了另一个家。更令王岳惊喜的是,他的行政班班主任和专业班班主任都是孙崇德老师。孙老师是一位非常认真负责的老师,班级组建之初就带领专业班的所有学生去园艺系的实验室,介绍园艺系的科研情况,使同学们对专业的认知度和认可度都大幅度提升。在这之后,孙老师定期组织班级活动,积极参与班级文化建设,走到同学们的生活中去,同学们很快对彼此熟悉起来并建立了深厚的感情,一个崭新的富有凝聚力的集体在孙老师的努力下诞生了。

大家齐心协力,获得了五四红旗团支部等集体荣誉,一起完成了SRTP项目,在最后的毕业设计和推免中,孙老师带领的班级有三分之一的同学留在本校继续深造。而这样的结果与孙老师一点一滴的充满热忱的努力是分不开的。王岳在孙老师身上收获的,不仅仅是卓越的专业知识,更多的是对待生活、对待工作的那份热忱。

师恩难忘,王岳永远不会忘记是谁带领着他叩响一座座知识宝藏的大门,不会忘记是谁用认真而又坚毅的目光穿越一切阻碍给予他前行的力量,不会忘记是谁在用他自己的生活态度,潜移默化地滋润着天下桃李。

## 友情难忘

初入求是学院,同学们会有很明显的不适应,对于远离家乡、跨省来到浙大的王岳来说更是如此。对新环境的陌生感,对家乡的日益思念,崭新的生活中面对未知的强烈迷茫,都曾是他甩不开的梦魇。

所幸,他遇见了这样一群人,给予了他快乐、勇气和力量。

多彩的学生活动让他很快融入新的大家庭,他遇到了很多知心朋友,其中有很多是浙江甚至是杭州本地的同学，这些当地"老炮儿"带着来自异乡的王岳熟悉了杭州的地理风情和民俗文化，不仅让他感受到了温暖，还使他很快适应了杭州的水土并爱上了这个"第二故乡"。

在学习方面，全然不同于高中的学习模式曾一度使新生乱了阵脚，而除了老师以外，学长组的学长学姐们更是能够体会新生"转型之路"的艰难。王岳回忆，当时学长组的学长学姐们对他们这群"小鲜肉"可谓关怀备至，从手把手教他们选课到课本的借用，再到之后的学习中的答疑解惑，学长学姐们将自己的学习经验和生活经验分享给他们，使他们很快获得了一些"生存技能"并迅速适应了大学的学习。

在王岳看来，自己的成长离不开这一群优秀的伙伴，他们志同道合又都心怀梦想，他们欢笑着踏浪前行，走向属于他们的时代。

## 漫漫科研路

在本科阶段的实验课上，王岳初步接触了用一些专业仪器对果实品质进行分析评价，这让他初尝动手实验的乐趣。老师的悉心指导和引领，则让他坚定了对园艺专业进行深入学习和研究的信念。"在求是学院读书期间，学园和学院的老师给了我们很多专业选择和科研方向的建议，也有学长学姐和师兄师姐带我们了解自己的学科和研究内容，让我受益匪浅。"王岳一边回忆一边说。

而现在，王岳已经找到了一个很好的科研平台进行科研工作，有杰出的导师带队，可以在自己和团队的努力下对一个基本的科研现象进行阐释。然而科研道路并非一路坦途，其间经历的困惑迷茫和承受的巨大压力只有自己知道。但是每当得到一些有意义的实验结果，感受到自己在科研中一点一滴的努力对果树学的发展起到了或多或少的作用，王岳心中便充满成就感，就是这种成就感支撑他走过满是荆棘又开满鲜花的漫漫科研路。

## 对学弟学妹说

"学习是大学期间最重要、最幸福、让人收益最多的事情，其他的所有活动和娱乐都建立在扎实的专业基础上。"王岳说出了对学弟学妹的寄语。和所有优秀的浙大学子一样，学习在王岳眼里有着不可动摇的地位。大学生作为这个时代的弄潮儿，其对社会责任的承担和个人理想的实现都需要建立在扎实的专业知识的基础上，而学习也是大学生的主要任务，引领我们通往丰富的知识宝库。一颗热爱学习、向往学习、享受学习的心，永远是支撑我们前行的不竭动力。

王岳就拥有这样一颗赤诚而火热的心，对他来说，学习是重要的，只有学习才能让他不断更新。就像细胞一样，不断地新陈代谢，才能展现出生命的基本特征。学习是幸福的，当一个人感受到自己不断充盈，感受到自己做的每件事情都充满意义，感受到自己每分每秒的生命都拥有质量的时候，他就是幸福的。即使没有鲜花和掌声，只是在不为人知的土地上默默奋斗，他依然是幸福的。幸福的来源是那样简单，不过是找到了自己愿意为之奋斗一辈子的理想并恰好拥有可以不断实现它的能力。学习不仅让一个人收获丰盈的知识，更让人学会了品尝和享受孤独，学会了忍受苦难和挫折，在黑暗里寻找光明的眼睛，学会了与自己对话、自我反思并寻找漏洞。而娱乐与放松不过是为了更好地学习，它是服务于学习的。

这番话，是一个在无涯学海中无悔前行的学子对踩着他脚步前进的后来人的无限希望，也是对他自己的无限希望；是一只在蓝天中自由翱翔的雄鹰俯瞰大地，看着求是学院的巢穴中懵懂的雏鹰们，就像看见自己的曾经时，唱响的自由之歌。

——文／曾灿煦

# 蓓蕾初绽，锦年芳华

## ——访浙江大学茶学专业 2016 届本科生张蕾

张蕾  女，中共党员。浙江大学农业与生物技术学院茶学专业2012级本科生，2012—2014年就读于浙江大学求是学院云峰学园。毕业后进入浙江大学公共管理学院攻读硕士学位。曾于2013年获庄晚芳茶学优秀学生奖学金，于2014年获第二届全国大学生茶艺大赛个人赛金奖、唐立新奖学金，于2015年获浙江大学十佳大学生荣誉称号、浙江大学一等奖学金，于2016年获浙江大学竺可桢奖学金。

读书时期

近照

既有深厚的知识积累，又有自己的热爱和追求，张蕾不仅在学业上收获了累累硕果（本科阶段曾获得唐立新奖学金、浙江大学十佳大学生荣誉称号、竺可桢奖学金、浙江大学一等奖学金等），在自己感兴趣的茶艺领域也收获颇丰,曾获得庄晚芳茶学优秀学生奖学金,还在第二届全国大学生茶艺大赛个人赛中荣获金奖。

或许是与茶相处得久了,只言片语间,张蕾流露出如茶一般的气质来,纯净清新的声音和带着暖意的微笑,无不让人联想到清晨时分山谷间朦胧的雾霭和淡淡茶香。

说起在求是学院生活的点滴,张蕾拾起了很多珍贵又美好的回忆。

## 我也曾是懵懂少年

初入新的环境,张蕾和大部分新生一样,兴奋中又带着一丝迷茫,懵懵懂懂地踏入求是学院,站在求是园里迎接她的,是一个温暖的新家庭。要说一个自己在求是学院最感激的人,张蕾无法回答,她认为自己遇到的每个人都在她的生命里扮演了重要的角色,只不过留下了不同的东西,带来了不同的影响。

张蕾最先提到了自己的辅导员老师。辅导员亦师亦友,有时候还担任了父母的角色。辅导员是张蕾在求是学院接触最多的长辈,也是她最为熟悉的师长,他们的付出与关爱,值得同学们永远感恩。学长组向新生传授自己的经验,比如选课、选组织与社团、选专业,引导新生协调学习和生活,他们甚至还贴心制定学校周边的美食攻略,张蕾因此很快适应了大学生活。张蕾说她大学里几乎所有的欢乐,都被室友和同班同学承包了,一起上下课、一起吃饭、一起出校门探索周边小吃……日子单纯又美好,让人生出无限的怀念来。到今天,她仍然感激那些年朋友们的陪伴。

"我还要感谢所有传授过我知识的老师们,无论是专业课老师还是兴趣拓展类通识课的老师。同时,感谢学校这个平台,提供了足够的空间和资源,让我能学习自己想学的东西。"张蕾说。

茶与健康、中国茶文化等课程都是张蕾当年十分感兴趣的课程,在这些课程的学习中,张蕾加深了对茶的认知、了解和喜爱,对茶学的这份兴趣也为她之后选择茶学专业奠定了良好的基础。能够学习自己感兴趣的东西,张蕾觉得十分幸运。

说到在求是学院最难忘的一件事,张蕾回忆起了多年前的一场"百团大战"。近百个社团在文化广场进行纳新活动,她当时非常认真地从第一个社团的展位走到最后一个,遇见喜欢的社团就填报名表,茶社、戏曲协会、魔方社、舞蹈社……一路下来,她竟然报了十个社团,初入新校园的张蕾像一个第一次来到海边的孩子,看着海滩上五光十色的贝壳而忘记了自己来看海的目的,忘情地捡起贝壳来。什么都往自己怀里塞的张蕾在不久后就感觉到了自己的十个社团和三四个任职的重量,过多的社团活动和焦头烂额的生活让她不得不做出取舍,于是她先后退出了自己不算太喜欢的社团,只留下了茶社和戏曲协会,这样才逐渐平衡了学业和学生活动。

想起那次"百团大战"时自己的"任性",张蕾哭笑不得:"感觉那个时候自己就像个什么都想要的孩子。但是回忆起来,社团真的带给我很多收获,也让我在大学中有了比较大的转变。很惊喜,在社团里认识了很多朋友,学会了很多技能和本领。"

## 与茶结缘

张蕾最自豪的一个方面就是自己的茶艺了,这个茶学专业的姑娘在初入求是园时就与茶结下了不解之缘。张蕾对中华传统文化有着独特的情结,茶艺中有太多中华文化的积淀,自然就对张蕾产生了强烈的吸引力。而在求是学院,张蕾找到了很多的空间去发展自己的爱好。

在开学伊始的"百团大战"上,茶社是张蕾报的第一个社团,也是张蕾参与度最高的一个组织。在学业相对繁忙时,张蕾也没有放弃对茶艺的热爱,依然比较积极地参与茶社的活动,也学到了很多茶文化、知识和技能。

在之后的选课过程中,张蕾毫不犹豫地选择了很多有关茶学的通识课程,在还没有开始接触专业课的大一,她就因为对专业本身的兴趣而主动提前了解了很多关于茶学的内容。此时,"茶"已经在她的心里播下了一颗种子,越来越强烈的喜爱让她明确了前行的方向。

初入大学时,张蕾感觉到从高中到大学环境瞬间变得宽松了,学习强度也大大降低,但她并没有迷失自我。已经被茶学深深吸引的她,希望在大二确定专业时掌握足够的主动权,能够有资格选择自己喜欢的专业,这成了她大一学习的重要动力。

大一扎实的基础和学科成绩让她离茶学专业的大门越来越近。在大二开始确认专业时,张蕾非常细致地了解了茶学专业的相关内容,向学长学姐和老师咨询,还在老师的带领下深入实验室和研究生实验室参观,了解茶学专业学生的真实生活,了解茶学专业未来的发展方向和前景。经过这一系列详细的了解后,张蕾真实地感受到了自己对茶学与日俱增的热爱,于是她坚定地选择了自己所爱。在多年后的今天,张蕾回望过去,认为自己做的无疑是正确的选择。所有的成功者身上都有这样的特性——热爱自己的事业,在他们踏上这条道路之前,他们就已经知道前方或许并非坦途,但是他们依然有足够的信心和勇气去选择它,只因为一份寻不到由来的热爱。

时至今日,选择跨专业读研的张蕾或许并不会从事与茶学有关的职业,但是现在的她认为自己最有成就、最引以为傲的一个方面依然与茶有关,茶赋予她的气质和内涵也深深地融入她的血脉,表现在她的言行举止中。当她展示茶艺时,她能够给观者带来美的享受,让他们在馥郁的茶香中穿越中华上下五千年的历史,接受春日里第一场春雨的洗礼。

## 对学弟学妹说

"你的气质里包含你走过的路,读过的书,爱过的人。"这是张蕾送给学弟学妹的话。正如同张蕾自己一样,爱茶,便沾染了一身茶香。"你读一本书,或许不多久你就忘记了其中的内容,但是它总是存在的,存在于你的气质里。"张蕾说。在求是学院的点点滴滴也同样融入张蕾的气质中,敬业的辅导员使她成长,教会她感恩;丰富多彩的课余学生活动和相知相伴的伙伴们让她懂得合作和享受生活的多彩;那些她品过的茶更是流淌到她的血液中,赋予她不忮不求、宁静旷达的心性。

带着茶香味的张蕾将带着她的梦想和坚持继续前行,而这缕清新的茶香将留在她身后的道路上,留给一代又一代求是学子。

——文／曾灿煦

# 人生在勤,不索何获

## ——访浙江大学计算机科学与技术专业 2018 届本科生周君沛

**周君沛** 男,浙江大学计算机科学与技术学院计算机科学与技术专业 2014 级本科生,2014—2016 年就读于求是学院云峰学园。经过选拔进入浙江大学工程教育高级班。曾获竺可桢奖学金、优秀学生一等奖学金、国家奖学金(2 次)。曾受邀参加 2017 年中国计算机大会(CNCC 2017)。

近照

成绩优异,成就斐然,这并不完全取决于天赋,后天的努力同样重要,尤其是在大学期间,许多同学不再像高中那般闪耀,而是愈显黯淡,而一些优秀的同学则光芒依旧。周君沛,便是其中之一。

## 和"工高班"的故事

浙江大学工程教育高级班,每年4月从全校理工科专业逾5000名一年级本科生或五年制二年级本科生中选拔,在遵循自愿报名、公开竞争、择优录取原则的基础上,每届招生40人。在如此之多的学生中进行选拔,竞争十分激烈,能够通过选拔进入工高班,也是优秀学生实力的体现。

问及印象最深的事情,周君沛毫不犹豫地说:"参与工高班的选拔是我最难忘的一件事情。我和我的小伙伴一起参加选拔,经过了一轮又一轮的面试,和其他小伙伴一起完成选拔实践,一路过关斩将,最终成功入选工高班,结识到了很多的朋友。现在想来,过程实在很辛苦,留给我的印象也是最为深刻的。"

工高班带给了周君沛不一样的学习经历,也让他结识了一群志同道合的朋友。"印象最深的人当然就是和我同在工高班的朋友们。大家都很优秀,互相鼓励,互相帮助,关系和谐。"

## 摆正心态,才能走得更好

对于如何适应高中到大学的过渡期,周君沛感触颇深。"在高中时经常有一种说法,就是到了大学之后就解放了,就可以随意玩了。"周君沛说,"到了大学之后,发现并非如此,每天依然有很繁重的功课,社团也会有很多事情,能拿出来自由玩乐的时间并不多。当然,我也是提前和一些学长学姐们沟通交流过,提前做好了准备,才没有浪费时间在玩乐上。最开始我也是很迷茫的,但和其他人沟通交流后,发现其实别人也是如此。与其关注自己是否迷茫,不如更多地注重自己的目标的确立与实现。"

进入大学前对大学自由的学习生活无比憧憬,进入大学后却发现并没有想象中的美好,巨大的落差带来的失落感使得一些新生选择自我堕落,沉迷于玩乐,荒废学业。因而,初入大学,最重要的还是调整好心态。"心态要放好,告诉自己到大学来不是来玩的,要好好把握自己宝贵的时间,做一些有意义的事,比如参加一些社团。我当时除了社团活动,还会去参加一些党支部的工作。摆正好心态后,要有自己的追求和长远的规划,这样才能更好地适应大学生活。"

### 优秀，并不是说说就能做到的

每个学生都有一个当学霸的梦想，然而是否为实现这一梦想而付诸行动则是另外一回事。"我最引以为傲的成就，就是能静下心来做事吧。"周君沛笑着说，"为此我付出了很多，毕竟当时也有选专业的压力，我们这一届的专业细分时间是在一个学期上完之后，如果想选到一个好的专业，就要有好成绩。可以说，这也是督促我好好学习的一个因素。另外，在求是学院期间，选课比较自由。我选了一些感兴趣的课程，了解了很多自己感兴趣的东西；也做了一些科研，发现了自己的兴趣所在。"

完善自我并不限于在学校，在假期也可以做很多有利于自己未来发展的事情。"大二、大三的假期，我分别参加了社会实践和去国外进行科研项目交流。其他的几个假期虽说也有玩乐的时候，但更多时间花在了准备英语等级考试上，花在了准备出国上。最近我在忙毕业设计相关的事情。时间不应该浪费，每分每秒都应该得到充分的利用。"

### 未来，还需自己把握

就读信息类专业的学生起初都会学习 C 语言，但无论是工作中还是做科学研究，仅修读 C 语言都是不够的，还需要修读其他的编程语言。"学哪些编程语言还是要看个人具体情况。拿 Java 和 Python 来说，如果选择偏科研的深度学习方向，可以学习 Python，但大公司的业务往往还是会涉及 Java 重构；如果选择后端开发的方向，可以学习 Java。当然 C/C＋＋也是很重要的，学好后再去掌握其他编程语言会轻松不少。"周君沛说。

谈及最为遗憾的事情，周君沛如是说："在求是学院期间，很多事一定要试着去做，很多事一定要坚持去做。我现在觉得当时自己对身体的锻炼还不够多。现在科研压力很大，每天都在电脑前，感觉身体情况不太好。大一的时候并不忙，但我没有抓住机会好好锻炼身体，实在是很可惜的一件事。当然，我最希望学弟学妹在求是学院求学期间能把握好浙大这一个平台的资源，做更加优秀的自己。"

周君沛，用朴实无华的话语和自己的经历，诠释了何为"人生在勤，不索何获"。人生之路漫漫，更应该上下而求索；心态如舵仪，还须扶正再前行。

——文／胡浩铖

# 静水沉心，勇敢前行

## ——访浙江大学光电信息科学与工程专业
## 2017 届本科生朱炳昭

朱炳昭　男，浙江大学光电科学与工程学院光电信息科学与工程专业 2013 级本科生，现康奈尔大学应用物理专业博士生在读。2013—2015 年就读于求是学院云峰学园。曾获国家奖学金（2015、2016 年）、唐立新奖学金（2017 年）。

读书时期　　　　　　　　　　　　　　　近照（左）

在与朱炳昭交谈的过程中，能感受到他心里似乎永远涌动着一种永不满足、永远前进的力量。相对于富有浪漫色彩的理想家，朱炳昭更适合被形容为脚踏实地、一步一个脚印的现实主义者。

## 金石之言，一路同行

朱炳昭最感谢的人中，一个是他的班主任许迎科老师。许迎科老师为人温和，待人真诚，是个很亲切的人。北方人来到阴雨连绵的杭州，多多少少都有不适应。幸而有这样一位亲切的班主任，成为他的人生导师，给予他重要的指引和建议。问及详情，他说，这些建议太多了，而时过境迁，有些经历现在回头看也许是小事，但对当时的他来说确实是解不开的结。

朱炳昭现在就读于康奈尔大学，令旁人称赞又羡慕。在他当时纠结于出国与否时，许迎科老师对他说过这样一句话："你要是想出国拿一个洋学位，觉得错过机会以后想起来会遗憾，那就去读。"简单说来就是听从自己的内心。在当时，过多的外界因素扰乱了他的心绪，让他一时无法看清自己的目标。过去的人生路线一直是框定好的，而求是学院告诉你，人生不是选择题，而是一道解答题，答案由你自己去书写。在许迎科老师的一番话之后，朱炳昭终于坚定了自己的选择——出国开阔视野。

他还感谢学长组。在大学的规划和选择上，学长组给过当时的他很多建议。

从日常生活中的小选择到一些可能决定人生走向的大事的决定权，从高中到大学，我们也许都有过这种迷茫感受。也许其他人告诉过我们前进的方向，而我们却忘了听从自己内心的声音，以为人生不过是选择题，我们只需要从五花八门的答案中、从别人为我们设计的选项中，找到最正确的一个，就可以解决问题。在浙里，我们应该认真聆听自己内心的声音，去书写自己的答案。

## 静水沉心，冲破塔尖

只身一人从北京千里迢迢来到杭州，不论是生活环境的突然改变，还是身份的骤然转换，都带给朱炳昭极大的不适应。但他说，即便如此，他还是要敢于尝试，敢于和不同的人接触，哪怕会有挫败感。厉害的人很多，但是正是因为如此，才能以人为镜，明白自己应该追求什么。

在大二寒假回家的路上，朱炳昭丢失了他的钱包。车票、身份证、银行卡、校园卡等，全部都不见了，能够证明身份的东西都没有了。他从车站匆忙赶回学校，抱着微弱的希望找到了辅导员和楼长，他们帮他重新买到了回家的车票，辅导员很热心地帮他开各种证明的补办材料，楼长和宿管阿姨帮他四处找钱包，还借了500元钱让他先买车票回家。终于能够归乡的他，在浙里也找到了一份家的温暖，归属感油然而生。也正是这样一种归属感，让他安心在求是学院大胆地发展自己，与前辈讨论困惑自己内心的问题，找到属于自己的方向。

他学会从不同课上认识的同学身上，从学长学姐身上，以及高年级时遇到的导师和工业界人士身上，慢慢切入新的生活。与他交谈的过程中可以感受到，他是一个沉静的人，而他一度以"静水沉心"为座右铭。

也许正是得益于这一份沉静的态度，他在瓶颈期也能不断突破自我。进入求是学院后，他能够冷静下来，思考自己想要什么、还差些什么。以此不断突破自我，站在另一个新的高度审视自己。

定义一个人的成功有很多种方式：学业上的名列前茅，某种技能上的登峰造极，某项工作上的硕果累累……在浙里，你有太多走向成功的方式。朱炳昭却一直坚定地以专业知识为重，不断提升自己。诚如古人言，"术业有专攻"，静心向着一个目标前进才可能在这个方面有所成就，而朱炳昭，在他的专业上取得了令人满意的成就。

## 正视缺陷，勇敢前行

朱炳昭谈到，升学之后越来越发现自己存在非常多的问题。以前的他是佼佼者，进入大学后却发现自己没有想象中那么好。后来他渐渐意识到，生活本就是不断自我否定的过程。于是他说，他现在最满意的，并不是所取得的丰厚的学业成就，而是他在自我否定后，还能欣然接纳自己的能力。即使是取得了如此优秀的成绩，他也始终认为自己"眼界狭隘，急于求成"。当然，他不曾放弃寻找解决问题的方法。

也许聪明并不能用来形容他，他是充满智慧的。如果说学业上的优异可以凭借天分和努力获得，那么坦然接受自我的心态则是很多人达不到的境界。朱炳昭的字典里似乎没有"马虎"二字，不论做什么，即使是日常生活中的小事，他都要仔细思考。我们也许能够学会谦虚、学会在骄傲丰盈时自我否定，却往往败于不能自我接纳。《阿甘正传》中提到这样一句话："他与世界和解了。"阿甘不是个聪明人，他连普通人的智力都达不到，但他学会了与世界和解，他是个有智慧的人。在自我否定后，还能够愉快地接受自我，这就是智慧。

朱炳昭说，如果再次回到求是学院，他会尝试更多不同的东西，比如：多参加社会实践，了解社会现状；在学习上尝试进入几个不同的领域，更多地了解自己，发现自己的兴趣。

朱炳昭寄语学弟学妹："临别赠言，幸承恩于伟饯；登高作赋，是所望于群公。"沉静如他，始终保持着谦逊之心。与此同时，他也对我们抱有极大期望，希望我们能够有所作为。

此刻，大洋彼岸的朱炳昭正怀着他的理想勇敢前行，在专业上用心钻研，书写属于他的灿烂人生。

——文／付诗寒

# 当子归时，仍是少年

## ——访浙江大学信息工程(光电系)专业 2013 届本科生子菲

  **子菲** 女，中共党员。浙江大学光电科学与工程学院信息工程专业 2009 级本科生，2009—2011 年就读于求是学院蓝田学园。2013—2018 年，在浙江大学理学院物理系光学直博，并于 2015—2016 年赴加州大学伯克利分校联合培养。曾两次提名校十佳大学生，曾获唐立新奖学金、国睿奖学金、舜宇奖学金、优秀社会工作奖学金、优秀社会实践奖学金、优秀文体活动奖学金、浙江大学留学奖学金等奖学金。在本科期间，她就发表了 SCI 论文 1 篇。直博阶段，参与了国家重点基础研究发展计划 973 项目、863 项目，为项目主要学生负责人。已发 SCI 论文 4 篇，EI 论文 4 篇，专利 1 篇。曾获第六届两岸三地博士生学术论坛优秀口头报告、第三届全国大学生艺术展演一等奖、第八届音乐舞蹈节器乐组一等奖等业余活动奖项。

读书时期

近照

看到子菲的厚重履历，可能很多同学都会和我一样打心底产生一股崇拜之情。明明可以靠脸吃饭，她却沿着自己既定的方向勇攀物理的高峰。学习、科研暂且不谈，艺术素养、学生工作也是样样出色，无愧于"双一流"大学生之名。

## 在转型中成长

如果说子菲在追求梦想的道路上执着前行着，那么在求是学院两年的美好岁月就是这条路上一个重要的转折点。子菲分享了她适应从高中到大学的过渡期的经验。

首先是学会和室友相处。大学之前从未住校的子菲，与室友相处融洽。她认为，作为一个成年人，要学会为人处世，与周遭交好。其次是把握大学的学习节奏。大学课堂和高中课堂的相似之处在于都需要抓住课堂上 45 分钟的教学内容，不同的是大学讲究自主学习，比如自主安排时间、自主发掘问题等，可以针对自己薄弱的环节或者感兴趣的部分做深入研究，和老师交流。在大学里，可以加入一些自己喜欢的或者与自己发展方向契合的社团，在社团中找到自己的角色，培养能力，开阔眼界。最重要的是，尽快找到自己的发展方向。

子菲在求是学院度过了两年精彩的时光。在蓝田学园学生会组织、参演和主持的各种活动中、在各种大类课上认识的人，她都印象深刻。而印象最深的一件事，是入校军训时因为在连部工作表现突出、在合唱比赛中担任指挥并取得好成绩，获评军训一等功，也因此转为预备党员。说起这件让当时的自己心潮澎湃的光辉事迹，子菲的语调中洋溢着小女孩般纯真的喜悦。

初入大学的新鲜感过后，种种困惑也随之而来。因为加入社团过多，子菲一度为时间、精力无法合理分配而苦恼。当时蓝田学园的书记曾超老师专门找她聊天，教她平衡学习和文体活动的方法。后来她选择专业时，曾老师同样提供了指导。子菲也希望借此机会表达对曾老师的感激和祝福。

## 在求索中坚持

在求是学院接受的教育帮助子菲打下了坚实的基础，这成为子菲直博生涯中的科研资本。她认为英语是一种能力，大学期间她坚持每天阅读英语，还买了许多的英文原著。

正是过硬的综合素养和英语能力，让子菲在加州大学伯克利分校的联合培养中受益良多。不同于很多同学出国的目的仅限于增长见闻,子菲在交流期间紧紧把握自己的研究方向,做了不少扎实的研究。短短一年里,她在 SCI 期刊上发表了 2 篇论文(1 篇与他人合作)。子菲说,国外的学习生活在自主性方面比国内更强,并且有很多鼓励学生展现自己的机会。比如在小组讨论以及讲座中,发言代表的是一种态度,一言不发可能会让别人觉得不礼貌;外国人很随性,也很注重分享,只要有想法就应该说出来,把这当作一个锻炼的过程,不要害怕说错,因为大家会帮助你把想法完善。表达和变通是一项非常重要的生活技能。

## 在回望后前行

问到如果重新回到在求是学院就读的时光会做出哪些改变时,子菲说她会更珍惜每一个遇到的人和每一次机会,给自己的人生和未来定下更明确的小目标,然后继续像今天这般坦然前行,不辜负青春和韶华。

采访最后,子菲寄语学弟学妹:"愿所有归途都通向你来时的路。当子归时,仍是少年。"祝愿优秀的子菲在人生的旅途中初心不改,坦然前行。

——文／童智威

# 结缘科研路，文章诉衷肠

## ——访浙江大学计算机科学与技术专业
## 2014 届本科生邹楚杭

**邹楚杭** 女，浙江大学计算机科学与技术学院计算机科学与技术专业 2010 级本科生，辅修竺可桢学院工程教育高级班。2010—2012 年就读于求是学院云峰学园。2013 年入选 UCLA-CSST 暑期科研项目（美国加州大学洛杉矶分校暑期本科生研究培训项目），赴海外研习。目前正在美国伊利诺伊理工大学攻读博士学位。曾获国家奖学金、宝钢优秀学生特等奖学金、何志均奖学金、浙江大学研究与创新一等奖学金、浙江大学优秀学生一等奖学金，获评浙江省优秀毕业生、浙江大学优秀毕业生、浙江大学十佳大学生、浙江大学三好学生、浙江大学优秀学生干部等荣誉称号，获美国大学生数学建模竞赛一等奖、竺可桢特优荣誉证书等荣誉。曾担任浙江大学心平奖教金评委会本科生代表、共青团浙江大学第十九次代表大会代表。

读书时期

近照

这么多的奖项令人叹为观止，而在邮件的字里行间表现出的，是一个温柔大方、知书达理的邻家大姐姐。

## 循序渐进

很多人第一次了解到邹楚杭的履历和她所获得的奖项时，第一反应都是惊羡。而这样的成就，都是平时生活中一点一滴的积累得来的。

高中到大学的过渡期是许多大一新生无所适从的时期，对此，邹楚杭谈到，她其实并没有花太多力气在适应大学校园上，这得益于两个方面。邹楚杭初中和高中就读于杭州外国语学校，学习环境相对宽松自由，所以她在高中时就摸索出了适合自己的学习方法，并在大学中继续灵活运用。另外，高中毕业后的那个暑假，她完全没有荒废，天天去浙江图书馆预习大一的课程，这对入学后她快速适应大学课程有一定的帮助。

邹楚杭对云峰学园浓厚的学习氛围记忆深刻：同学们会组队去自习室，或温习当天所学的内容，或预习后续的课程。正是这一个又一个和同学们在自习室度过的夜晚，为邹楚杭之后的学习打下了扎实的基础。

在求是学院云峰学园就读期间，邹楚杭利用课余时间参加了丰富的社会活动，在为人处世方面积累了不少经验，沟通能力也有很大提高。作为班长，她积极主动参与班级建设工作，并迅速成长起来，在与人交流方面更加得心应手，也培养了各方面的工作能力。

在求是学院的两年里，邹楚杭在学业、社会活动方面都过得很充实，为她之后在计算机学院的学习和在科研方面的深造铺就了道路。

## 课余活动

常言道，腹有诗书气自华。邹楚杭深厚的文学底蕴，来自阅读的一本又一本书和她一次又一次的写作实践。作为一个自小饱读诗书的工科女生，邹楚杭除了将理性思维发挥到极致以外，还拥有同龄人所没有的深邃思想和令人赞叹的思想光芒。

邹楚杭对新闻写作有着浓厚的兴趣，并在这一领域开辟了一番天地。军训期间，她作为二团四连小记者进行了很多次采访，后经云峰学园辅导员刘帅老师推荐，进入浙大党委宣传部校报记者团。"我在校报记者团里参与了30余次采访活动，其中大多是学校知名校友、优秀教师和团队的专访。"邹楚杭说。在浙大党委宣传部校报记者团中，她既充分施展了自己的才华，以浙大人之口宣扬了正能量，更培养了日后做科研所需要的能力——沟通能力和逻辑能力。她为高等教学名师奖获得者、信息学部主任刘旭教授撰写的专访稿甚至被报送至教育部，用于宣传和表彰刘旭教授作为光电子学教学改革带头人的卓越贡献。邹楚杭写的各篇专访文笔精妙，广受好评。她以笔为器，诉心中所想，宣脑中所思。

在担任浙大校报学生记者团副团长和校新闻社副社长期间，她勤奋工作，将自己的采访感悟和体会与大家共享，力求打造一篇篇精致的新闻稿件；在计算机学院老师和辅导员的支持与帮助下，她还牵头组建了学院新闻网络中心，以中心首位主任的身份，带领团队成员完成优秀班主任采访这一大型活动。

邹楚杭还参加了跆拳道协会，大一时候拿了"树人杯"首届长三角地区高校跆拳道邀请赛 50 公斤级第三名。作为一名跆拳道黑带选手，她会腾出时间进行训练，锻炼身体，放松心态，真正做到了劳逸结合。

### 师恩难忘

谈及今日所取得的成就，邹楚杭最想感谢的是药学院的汤谷平老师。她把汤老师视为自己科研道路上的引路人。

大一上学期，邹楚杭修读了汤老师的"化学与人类文明"课程。在课堂上，她表现突出，加之她对本科生院时任院长陈劲的个人专访又偶然被汤老师看到，汤老师对她的逻辑思维、沟通表达能力和语言组织能力给予了认可。之后，汤老师推荐邹楚杭去浙江大学 CAD&CG（计算机辅助设计与图形学）国家重点实验室修习，可以说，邹楚杭是极早进入该实验室的本科生。在实验室修习期间，邹楚杭以第一作者身份在 EI 期刊发表论文 1 篇，也因此有机会入选 UCLA-CSST 暑期科研项目（美国加州大学洛杉矶分校暑期本科生研究培训项目），赴海外研习。从选择计算机科学与技术专业，到后来出国深造，都与本科阶段的实验室修习经历紧密相关。而这一切，又都是缘起于汤谷平老师的引荐。

### 情之所起

对于科研，邹楚杭始终保持着一颗热忱的心。

邹楚杭对求是学院印象最深刻的地方，是进校后再细分专业的政策，因为这让她找到了自己真正的兴趣所在——计算机科学。2012 年，邹楚杭有幸被选为美国计算机协会(ACM)知识发现与数据挖掘特殊兴趣组会议(SIGKDD,国际数据挖掘界顶级会议)志愿者。作为98名志愿者中为数不多的在校本科生,她目睹了学者们精彩的科研成果分享与激烈的学术讨论。这次经历也让她深刻认识到,做科研不仅需要在实验室里扎实苦干,还需要通过人与人之间的交流来碰撞出思维的火花。而她在云峰学园所参加的各种活动以及她本身所擅长的写作、采访都赋予了她这种能力。因此,无论是在实验室还是在课堂上,她都十分活跃。在学校谭建荣院士的"计算机图形学"课程上,她就以组长身份带领组员开展二维图形裁剪的研究工作,共同提出了一种基于窗口局部特征的编码技术。

在后来的学习中,邹楚杭真正做到了"不忘初心"。

## 寄语来者

对学弟学妹,邹楚杭有七字寄语——"真情妙悟著文章",它来自杨振宁、范曾、莫言在北京大学关于科学与文学的一场对谈。虽然相当简短,但非常完美地解读了治学的三部曲。先是得真情,即找到对一件事情真实且浓厚的兴趣所在,然后是妙悟,有了它才能够得到最后的硕果:著文章。"真情妙悟著文章"道尽了科学研究必经的过程,也是邹楚杭从求是学院开始的并且将一直持续下去的道路最真实的写照。

——文/陈佳祺

## 高在思想，磊在行动

### ——访浙江大学机械电子工程专业 2015 届本科生高磊

高磊　男，中共党员。浙江大学机械工程学院机械电子工程专业
2011 级本科生，2011—2013 年就读于求是学院蓝田学园。曾于 2011—
2012 学年获浙江大学优秀学生三等奖学金，于 2012—2013 学年获浙江
大学优秀学生一等奖学金、新加坡科技工程奖学金、浙江大学优秀学生
干部荣誉称号，于 2013—2014 学年获浙江大学优秀学生三等奖学金、浙
江大学优秀学生干部荣誉称号、浙江大学社会工作奖学金、浙江大学千
普华液奖学金本科生二等奖、浙江大学 FESTO 奖学金本科生奖，于
2014—2015 学年获浙江大学优秀毕业生荣誉称号。

读书时期

近照

高在思想,磊在行动。

优秀的高磊学长学习勤奋刻苦有目标,生活丰富精彩多欢笑。他习惯挑战自我,享受尝试的过程;他特别珍惜朋友,真诚对待身边人。他不会亏待自己的爱好,也不忘感恩自己的老师。他希望学弟学妹能努力踏实地享受当下,选择有意义的事情勇敢尝试。

"与单纯理论研究相比更喜欢相对实际的工科",坦率流露的心声,恍若一不带口音的东北大汉的畅谈;"哈哈哈""work hard",不时出现的俏皮话,好似一清秀俊俏小哥的打趣。"暗想玉容何所似",高磊的性格通过通信工具显示出来,他的故事正随着他的性格深入我们脑海。

## 学习有方

问及如何适应大学学习模式,高磊给出了简洁明了又意味深长的回答——work hard。他说,多花时间,尽力而为,老话在理,"笨鸟先飞","早起的鸟儿有虫吃"。是的,经验来源于实践。他说刚开始学微积分时感觉吃力,于是8点开始的微积分早课,他通常是7点左右到,到了教室后坐在第一排,开始学习。

没有目标的学习可怕吗? 这个问题的答案很明白。学习是该有目标的,但是如果没有明确的长目标,短时间内也无须害怕,毕竟大学刚刚起步。"但是短期目标必须得有",他说,最简单并且最直接的短期目标就是做好自己该做的事,不落于人后。

正是心中的学习信念与脑中的学习方法,使优秀的高磊大二时的均绩高达4.61。这不是如有神助,而是人的自助。

## 课余有笑

高磊不仅学习刻苦,而且能够平衡学业与课余生活,在投入大量时间学习的同时积极参与课外活动。他加入当时的机械学院团学联(团委指导的学生组织),认识了很多现在关系仍很亲密的朋友。他们会举办一些文体活动:篮球赛,跟机械相关的"机械动漫节","月轮之约"舞会(和法学院联合举办),等等。他说,这些活动带给他与人合作做好事情的快乐。

在他看来,平衡学生工作与学业的秘诀在于清楚自己想要什么。他坦言,大二时加入团学联是觉得大一在学业上投入太多,没有看到大学生活的多彩,因此做了一个尝试,结果也令人满意。他从学生工作中获得了很多,比如友情、合作的精神和处理事情的能力。

当然，他也会留时间发展自己的爱好。摄影与唱歌是他的兴趣所在。"只算大二一年的话，我会说 6 分在学业，6 分在业余爱好和社团。在 10 分制中，我给自己 12 分。"

## 尝试有益

"不太有信心，但是只希望尽自己所能去争取一把"是高磊面对国家奖学金评选时的真实心情。他说自己离国奖只有一步之遥——当时他的成绩排名专业第三，要与排名第一的同学竞争。面试前他想着尽力而为，面试结束后他从容镇定。谈话中，他表示争取国奖的过程是他印象最深的获奖经历，毕竟自己勇于尝试过。

他还体验了国外的学习生活。带着"开阔眼界"和"学习知识"两个目的，他见识了国外的科研和生活环境，渐渐地能够很自然地用英语处理很多事情。这都是他的尝试，尝试有益。

## 处世有礼

正如对待学业的那般用心与投入，高磊在待人接物上也非常真诚。他认为对朋友最重要的一点是真诚。只有对朋友付出真心，朋友才会相应报以真情。看得出高磊是一个重感情的"小哥哥"，投桃报李，他的行为将换来更多的真心朋友。

生活的色彩是自己涂上的，所以要认真对待自己的生活，尽力兑现自己承诺的事情。学业上的目标、答应他人的约定等，都应给予重视，对自己负责。高磊秉持着这一原则，成功地度过了在求是学院的学习生涯。

## 感恩有心

优秀的学生需要优秀的老师指点，在高磊心中分量最重的老师是梁君英老师。梁老师是高磊的英语老师，给了他精神上的鼓励。高磊还记得自己当年的既尴尬又幸运的处境。他曾因英语口语的结巴在竺可桢学院面试中失利，也曾因之前的阴影而在大学英语课上不敢多说话，但是结课时，梁老师的一句话照进他长着苔藓的心底——"闷闷的工科生，但是能从微笑的眼睛里看到希望"。

现在回想起梁老师，高磊还不住地强调"真的是堪用'灵魂的工程师'来赞美的老师"。一句话能改变一个人,同样,因一句话能永远记住和感激一个人,这是师生情的力量,这是感恩心的期盼。

## 学长有语

作为学长,作为求是学院的过来人,高磊急于说出自己对学弟学妹的寄语。

一定要专注,专注在自己选定的方向上。

在大学如鱼得水的同时再加入一个感兴趣的社团。

要比原来的自己更努力一点,努力得更"聪明"一点,掌握努力的技巧,少走一些弯路。

努力踏实地享受当下的大学生活,这样就挺好,没有人能预测未来。

大学很多彩,选择几件有意思的事去做吧。

这一条条寄语,是高磊的经验之谈,必有可观者。

"高"在思想,他目标明确,志向坚定;"磊"在行动,他待人重情,接物得体。带着心中的真情,携着感恩之心,高磊在宽松自由的大学校园里活出了理想的自己。

——文/胡一川

# 成功不必在我，功力必不唐捐

## ——访浙江大学临床医学（五年制）专业
## 2017届本科生葛起伟

**葛起伟** 男，中共党员。浙江大学医学院临床医学专业2015级本科生，目前正在攻读内科学博士。2015—2017年就读于求是学院蓝田学园。曾13次获奖学金，四年学业累计成绩年级第一；参加全国高等医学院校大学生临床技能竞赛并获二等奖。

读书时期

近照

今年24岁、内科学博士在读的葛起伟身上光环不少。在外人看来离成功仅半步之遥的他，却这样定义人生：成功不必在我，而功力必不唐捐。

胡适在1932年写给大学毕业生的这句话，在80多年后成了葛起伟的最爱。"我不一定功成名就，但努力绝不会白费。努力的意义在于给他人带来帮助，于我们医学生而言，更是如此。"

### 学习知识,解决问题

初入蓝田的葛起伟并没有想象中的那么成熟笃定。

他坦言:"在大一上结束的时候,我其实是很迷茫的。"迷茫来自于对学科和专业的认识。低年级的临床医学知识往往以记忆为主,而葛起伟认为记忆的知识是廉价的,会解决问题才是宝贵的。他常常问自己:"在临床医学的专业框架下我究竟能做些什么呢?"

他在大一下修习的一门课程"生物医学工程导论"中找到了问题的答案。这是一门典型的学科交叉课程,覆盖生物信息学、医学图像、图像处理、生理信号处理、生物力学、生物材料、系统分析、三维建模等十余门学科。正是这门课程多学科融合的特点给了葛起伟以启发。临床医学的发展方向应当是利用其外在的汇聚能力,以各种学科来解决临床医学的问题,也就是学校所提倡的"医药+X"。

走出迷茫的葛起伟,在往后的学习生活中显得游刃有余:大二参加英语百科知识竞赛,同伴说他是找文献资料的好手;大三参与国家级大学生创新训练项目"一种新型长链非编码RNA的功能鉴定及对乳腺癌调控机制的初步研究";大四参与国家自然科学基金项目"缺氧对维甲酸诱导基因-I介导的抗病毒免疫应答的调控及机制研究"。本科五年,他参加的各类志愿服务累计时间长达194小时。

9个月前,葛起伟刚刚拿下了一个意义非凡的奖项。由他和另外两名同学组成的浙江大学代表队在第八届全国高等医学院校大学生临床技能竞赛总决赛上获得团体二等奖。这是浙江大学自参赛以来的最佳成绩,也算是葛起伟和他的队友们为浙大建校120周年献上的一份隆重的校庆礼,他们对此十分自豪。对于葛起伟而言,这次比赛的意义不仅仅在于对自己临床技能和思维的肯定,更在于比赛锻炼了他在医患沟通、团队协作和心理素质各方面的能力,同时也让他对医德医风、人文关怀有了更深的认识。在今后的学医道路中,他将更加注重这些方面的锻炼和提高。

始终把知识作为解决问题的工具,葛起伟埋下的种子终有一天会发芽。

### 要点理想,谈点情怀

葛起伟认为,在中国学医得要点职业理想,谈点职业情怀。

医学生的苦众所周知。大量的记忆性知识,常年与实验室做伴,放弃休息时间在医院坚守，不被看好的医疗环境，这些都让医学成为家长们最不愿意让孩子读的专业之一。但葛起伟始终保持着对医学的热情，每天早上八点到医院实习，下午五六点离开。他说，每当在病历本上签上自己名字的时候，心中就会有一种成就感和责任感。"其实病历属于法律文书，它会存档很久。不要小看一张病历纸，也许将来它就会在法庭上作为证据。"

医者仁心，所谓理想，在于救死扶伤；所谓情怀，在于尊重生命。"责任"二字，葛起伟始终铭记在心。在读博士期间，葛起伟正进行关于胃肠道肿瘤早期发现与干预的研究。比起学术上的成就，他对这项研究的公共意义更为自豪。"发现一例早癌，挽救一个家庭"，葛起伟希望能通过自己的研究，让更多癌症病人在患病早期得到救治，从而减轻家庭的经济负担，也延长癌症病人的生命。

葛起伟的目标是做一个对得起自己良心的医生。"不一定要做什么名医，但要为病人解决问题；不一定要变得显达，但要对得起自己和别人。"

关于职业道德，他想告诉临床医学的学弟学妹：医生是一个伟大的职业，救死扶伤是我们的心愿，更是我们的荣幸与职责。作为未来的医生，我们的路途也注定是不轻松的，有太多太多需要我们学习的东西。基础知识的掌握，创新能力的培养，临床技能的训练，临床思维的养成，专业英语的丰富……医学生的生活注定是充实的。医学是一门特别需要沉淀的学问，不能急躁和马虎。踏踏实实地探寻与跋涉，才能一步步地积累各种知识，掌握各项技能，最终实现自己作为一名医生的价值。

## 珍惜相遇，学会感恩

葛起伟在求是学院中印象最深的人，除了同班的好友、敬爱的师长，还有蓝田学园三舍的楼长——"网红"郭正发大伯。

郭大伯戴着老花镜伏案工作的样子，中气十足的嗓门，都让葛起伟记忆犹新。郭大伯总在门口小黑板上用工工整整的字迹，更新着大大小小的事项；学生进出他都会嘘寒问暖，为提着行李的学生推开弹簧门；雨天为学生提供干毛巾擦拭自行车座；学生找他办事，他总是尽可能地提供方便。

他还会每年收集毕业班同学不准备带走的东西，清洗、分类、贴标签，让有需要的同学免费领取。"暑假提前返校时，看见过楼长带着阿姨们，忙碌了好多天，把收集的纸篓、晾衣架、鞋子等洗刷干净、晾晒妥当，那种为同学考虑的认真劲儿，让人心头一暖。"

　　他始终记得 2012 年浙大新生开学典礼上,郭大伯曾经这样对新生讲:"宿舍就是你们的第二个家,四年一千多个日日夜夜,我们与你们朝夕相伴,为你们做好服务。"而郭大伯的的确确就是这样做的。

　　用心对待生活的葛起伟总说,学习知识并不是在大学中唯一重要的事。当我们许多年以后回想起来时,就会发现,原来我们在大学生涯中所遇到的每个人,所经历的每件事,都是我们的宝贵财富。所以要从心底感激在大学里所遇到的人,哪怕是自己所讨厌的人——他们就像一面镜子,一面照出自己的不足的镜子。

　　回首自己在求是学院的生活,葛起伟说:"年轻真好,可以不断试错。"他希望学弟学妹们能够多接触各种各样的事物,而不是窝在寝室;去多尝试,比如社团、学生会的学生工作,比如相对自由的志愿者工作、支教,或者富有挑战的科研训练。每件事都值得回忆,每个人都值得感激。

　　"凡有所学,皆成性格",葛起伟把这句话改成了"凡有所学,必有所长"。学过的,见过的,努力过的,失败过的,都会在成长的道路上留下痕迹。那些宝贵的经历将为日后的发展带来不可磨灭的影响,葛起伟这样告诉自己。所以,要敢于尝试、敢于挑战,不要拘泥于一时一地之得失,比如绩点的高低、学习所带来效益的多少与会不会浪费时间等。

　　"成功不必在我,而功力必不唐捐。"我们每个人都是普通人,努力不一定会带来自身的成功,但努力绝不会白白浪费,还可能会给他人带来一点点的帮助。对于医学生而言,更是如此。

——文 / 陈紫雯

# 抬眼见旷野，其中有佳禾

## ——访浙江大学药学专业 2015 届本科生吴佳禾

**吴佳禾**　女，中共党员。浙江大学药学院药学专业 2011 级本科生，药学院直博生，2011—2013 年就读于求是学院蓝田学园。2011—2012 年度获评浙江大学三好学生，2013—2014 年度获评浙江大学十佳大学生，2014—2015 年度获国家奖学金。

读书时期

近照

当三好学生、十佳大学生和国家奖学金同时聚焦在一个人身上时，大家会用上"优秀"一类的词来称赞她。可是"优秀"只是一个普通的形容词，让我们更感兴趣的，应当是优秀的人身上的种种具体而又光辉闪亮的特质。我们仔细观察并刻画出了这些特质，期待它们能成为我们黑夜里的萤火、航海途中的灯光和平凡人生中的星辰。

## 出门见南山,引领意无限

吴佳禾来到大学求学,已然有七载。回望来时的道路,起点在蓝田。那时候求是学院的培养年限是两年,她所在的大类也不是药学类而是医学试验班(医药大类)。

问起她在蓝田学园学习的两年里印象最深的一件事时,微信聊天窗口显示了很久的"typing"字样。本以为她会讲述一个意义重大的事件,然而,她只从岁月洪流中取出了一个沾染了离别情绪的场景。

"印象最深的事情,大概是大二结束时拍离园照。当时我所在的医药大类里,大部分人都选择了临床,包括一些平时关系比较好的同学,但是我决定去药学院,这就意味着要和好朋友们分开。"过了几秒,聊天窗口里又跟着弹出了下一条消息,"当时我内心很不舍"。

站在即将驶往大三的渡口,内心种种留恋都指向了在蓝田度过的两年。这是和同学一起做各种实验和社会实践项目的两年,是接触不同通识课和有趣的同学们的两年,也是在学长学姐的帮助下快速转变成大学生的两年。

吴佳禾还特别提到了一位最想感激的学长,"他姓朱,是 2009 级医学七年制的,也是我高中的直系学长"。她开始追忆这位学长对自己全方位的帮助,尤其是他所提供的关于专业、生活和社团组织三个方面的指引。"首先,大概是高三的时候,我刚开始用新浪微博,然后那时我对学医很感兴趣,虽然已经不记得怎么关注他的了,但我记得我咨询了他很多问题,例如'浙大医学院的实力如何'等问题,他耐心细致地回答了我。后来高考成绩出来了,我知道自己进了医药大类。开学前我和这个学长聊了很多有关学校生活的问题,他的回答让我感到既新鲜又期待。开学后他推荐我去参加医学院学生会,我进了学生会后才知道他还是我所在部门的老部长,再后来我也成了这个部门的部长,非常奇妙。"可以想象此刻她在手机的另一端笑了一下,"总之,在这一过程中,这个学长给了我很多帮助和指引,让我快速适应了大学的生活节奏,并且找到了喜欢的学生组织。"

相信凡是在求是学院学习过的浙大学子,都可以由吴佳禾的这番话联想到自己的学长组,甚至还可以找到一些自己刚进大学的影子。

学长组是参与浙江大学"本科生学长辅导制"的高年级学长学姐们组成的团队。求是学院各学院会根据"学长辅导计划"遴选一批优秀的高年级学生,他们帮助新生适应大学生活,辅助新生参加学校各类新生教育活动,及时向学园反映新生适应情况,有针对性地帮助新生解决在思想、学习、心理、生活等方面遇到的问题。除了上课学习以外,求是学院还引导新生去思考别的东西,就像站在迪臣中路上望见远方隐约的群山轮廓一样,新生也在这段时期内暗暗描绘未来人生的蓝图。

## 心中与之然,托兴每不浅

大学是一个需要不停地做出选择的地方,对于通过大类招生进入浙大的学生来说,恐怕最重要的选择之一就是决定自己的专业方向。在专业选择这方面,吴佳禾也有过纠结和迷茫。

作为医药大类的学生,吴佳禾和绝大多数同学一样,曾经有过一个学医梦。当时和吴佳禾同一届的学生,有一些人是因为大一、大二的绩点不够高才选择了药学,但是吴佳禾的成绩是有选择余地的。为什么她还是在学医与学药的抉择中选择了后者呢?说起来,这与社会医疗环境有关。吴佳禾坦言,当时社会上医闹问题比较突出,医患关系显得尤为紧张,这确实动摇了她学医的信念,加上她觉得药学也是一门很有意思的学科,于是就成了一名药学生。她后来选择了药物制剂专业,目前正在从事抗菌方面的研究。从被采访时流露出的状态看,吴佳禾未曾后悔自己当初的选择,她喜欢现在的研究工作。

其实,做出什么样的选择固然影响很大,做出选择以后的坚持和不动摇也同样重要。我们会发现,那些一路辉煌的人,从来都不是优柔寡断的人。所以,与其摇摆不定,不如早做决定;与其百般纠结,不如积极寻求出路。

吴佳禾把自己优异的学业成绩看得比较淡,她谦逊地表示,自己到现在为止还没有取得过什么学术成就。当问起"最引以为傲的一个方面是什么"时,她沉思了一会儿,再一次给了出乎意料的回答。

"非常幸运的是,我遇到了一个好导师——高建青老师。从他身上我真的学到了许多,不仅仅是科研方面的东西,还有做人做事方面的道理,他始终在言传身教。所以,我最引以为傲的一个方面是我从小到大都没有被强迫去做什么事情,也可以说是一直在按照自己的兴趣往前走。比如小时候,爸爸妈妈都是让我自己做决定;进了大学,浙大也提供了一个宽松自由的环境;到了现在,导师也是,他不会强迫我去做什么课题。不过我得承认,其实我做出过错误的决定,但是我会努力去承担它的后果,谁说这不是一种成长呢?"

接着,吴佳禾特意强调了一个似乎被科研人员忽略的方面:待人接物的能力。她解释,做科研的人绝不是一般人眼里那样,一天到晚都待在实验室的象牙塔里；相反地，研究生做课题会涉及如何与别人合作，或者是去别的地方做测试，这些场合都要求有很强的沟通能力和团队合作能力，如果处理得不好，可能项目会陷入停滞。而且，研究生的任务不只是做研究，课题组有大大小小的事情需要参与，对自身综合能力的要求比较高。这方面的能力却不是光靠心领神会就可以提升的，需要锻炼很多年才能到达较为得心应手的境界。可见，吴佳禾"高级白领"的外号不是轻松得来的。

## 有时白云起，天际自舒卷

与选择相伴出现的，是机遇。

虽然大学里从不缺机遇，但是并非每个人都能发现且抓住这些机遇。

关于怎样适应从高中到大学的这段过渡期，吴佳禾给出的关键词是"主观能动性"。譬如针对课堂反应，"高中是老师说，学生听；大学里更多的是老师讲一些，剩下的课堂交由学生们做展示或者小组讨论。从讲课方式单一的高中课堂变成需要学生自己把握控制的大学课堂，发挥主观能动性是十分关键的。"

吴佳禾还寄语给学弟学妹：浙大是一个适合你放手一搏的地方，千万不要错过机会了。

回顾过去，要是可以再次回到在蓝田求学的那两年岁月，她说，"我没有什么想要改变的地方，因为我对自己目前的状态很满意。如果一定要说点什么的话，那也只能是遗憾当时没有结识更多有趣的灵魂，毕竟后来很少会在同一间教室里遇到来自天南海北、不同专业的却又同样满怀梦想的年轻人"。这话虽然意在劝勉，但流露出来的那种坦然面对当下的积极心态亦值得我们借鉴。如何才能在回首往事时，不为过去虚度光阴的愧疚所累？我们都应该认真思考这个问题。

赫尔曼·黑塞（Hermann Hesse）曾经说过，"我可以胡思乱想，想象自己一定要去北极等等，但只有愿望真正发自内心，成为我的真心时，我才有足够强烈的意愿去实现它"。同样地，通过发现身边优秀的人群所共有的那些特质，我们会渐渐把这些特质内化为前进的能量，找寻自我成长的道路。

——文／曹　滢

# 优秀没有定式，儒心自在天成

## ——访浙江大学能源与环境系统工程专业
## 2016届本科生熊儒成

  **熊儒成** 男，中共党员。浙江大学能源工程学院能源与环境系统工程专业2012级本科生，现为浙江大学硕士生，2012—2014年就读于求是学院蓝田学园。曾任浙江大学能源工程学院学生会副主席；本科期间曾负责重型货车尾气处理装置的科研项目，参与了能源工程学院和瑞典皇家工学院的双硕士联合培养项目；曾获全国大学生节能减排竞赛一等奖；曾带领校排球队夺得了全国运动会大学男子排球第五名。

读书时期（右一）        近照

  微信上发来的信息配上恰到好处的表情包，仿佛一个和善阳光的邻家哥哥在和你面对面交谈。

### 因为他爱上阅读

  问及大学生活中难忘的人和事，熊儒成几乎是不假思索地发来信息，说："在大一的蓝田名师活动中我认识了能源学院的邱利民老师。记得邱老师来和我们做交流的时候，随身还带了一本书，中途休息的时候老师就在翻看。后来问老师，他说虽然很忙，但一直保持着阅读的习惯。"这仅仅是大学生活中不起眼的一个瞬间，却成为他最难忘的一件小事。在他看来，正是和邱老师的一番交谈，他才爱上阅读，在书香氤氲中学习工科知识。在访谈过程中，熊儒成也多次提到了老师对他的帮助，他将自己在本科期间取得成绩的很大一部分原因归于四年中遇到的老师们。因此，熊儒成向我们强调了与老师交流的重要性。大学，是学业与人生的重要转折点，而老师是我们前行路上始终闪烁的明灯。

他说，如果有幸重回蓝田学园学习，他希望自己少想多做，多看看一些有意思的书，多学一些不同领域的课程，让自己更多地沾染人文气息，这样才能塑造完整的人格。如此看来，读书，便是接触自身领域外知识的一种方式，拓宽自己的思路；爱上阅读，内心也就变得充实和丰富。

## 也曾迷茫

刚进入大学的你，是否会感到无助和迷茫？是否会因为学生会的繁忙事务感到时间不够用？是否对突然改变的学习方式深感迷惘？熊儒成也曾如此困惑过、迷茫过。但在求是学院的不断学习中，在和学生会的学长不断讨教的过程中，他认识到了问题的关键——学习氛围。"我有一个学期也考得特别不好，后来上了专业课以后，经常和几个很厉害的同学每天一起上课自习，这是很有促进作用的。"在他看来，大学的课程其实并没有想象中那么难，如果处在一个良好的学习氛围里，是可以取得理想成绩的。而学生会的事务在作为能源学院学生会副主席的他看来，"其实并没有很矛盾"。就算平时学生工作很忙，只要注意效率，及时调节状态，保证自己每天都有时间处在一个良好的学习环境里（去图书馆或者和室友一起学习），大学生活是可以井井有条的。

## 从跟风到热爱

谈及科研，熊儒成很谦虚："最早接触科研是大二的本科生科研训练计划（SRTP），还是跟风做的。说起来我还是非常感激能源学院给本科生提供了良好的科研氛围和支持。"从大二到本科毕业，熊儒成从跟风开始，一路摸索科研这条路，直到最后获得全国大学生节能减排竞赛一等奖。

"首先是动手能力的积累，大一上过工程训练、机械制图及 CAD 等课程，虽然都不算太难，但只要认真学、认真做，都能在一定程度上培养动手能力和解决问题的能力，对科研是有很大帮助的。"熊儒成从特别基础的 SRTP 开始，研究中国钢铁行业的排放清单和情景分析，初步了解科研工作的状态。在之后的学习过程中，除了抽出时间去实验室，他还找了学长学姐交换意见，在思维碰撞中找到亮点和火花。慢慢地，在节能减排竞赛中，"想各种各样的点子，然后找适合的队友和导师，经历了学术上、时间上以及人际问题处理上的种种困难，最后才完成了一个作品"。在他看来，做科研早已摆脱了当时的"跟风""试一试"的心态，而成为学习生活中不可或缺的一部分，成为一种乐趣。在这个过程中，他收获的不仅是知识水平的提升，更是能力的锻炼和阅历的增长。

## 阳光多彩的生活

熊儒成在采访中还提及自己大一生活中有一段时间受了比较严重的伤，给生活和学习都带来了许多困难，自己情绪也一度低落。当时他所在学生会的两位学长在生活上、精神上都给了他比较多的鼓励，伴随他走过那一段时光。"有一句话我一直没有忘记，现在我想送给我自己：'愿一生快乐的来源都是对知识和自由的追求。'"正是这句话鼓励他不断汲取知识，不断在生活中寻找那一点点"小确幸"。

旅游也是熊儒成的爱好之一。细细浏览他的微信朋友圈会发现，里面有很多他游历名山大川的照片，也有不少生活角落的捕捉。优秀的定义并非一味地读书，而是通过种种方式让自己的视野变得广博。和大自然的贴近放松了他的身心，也给他的生活平添了一抹亮色。

说到课余生活，熊儒成提到了体育运动。不同于当前很多同学出于应付课外锻炼的"打卡"行为，熊儒成是一位排球运动爱好者，并经常去运动场练习排球。2017 年的全国学生运动会上，熊儒成和他的排球队队友们为学校夺得了男子组第 5 名的好成绩。他说，运动是介于学习和生活之间的一部分，能够更好地连接学习和生活，让人得到心灵上的放松和身体上的锻炼。

## 对学弟学妹说

对学弟学妹们，熊儒成精练地说了几句话：

"第一，优秀是没有定式的，希望你们都能找到自己真正喜欢的事，并为之努力奋斗。"他提到他的心里"从小便有了能源的种子",从事一项自己真正喜欢的事情,才能将每个细节都做得尽善尽美。第二,如果自制力不够的话,建议多和认真的同学接触,形成共同努力的学习氛围。第三,在大学里要有底线和原则,比如不翘课、不迟交作业是绝对不能打破的底线。"

谈话中,他也提到自己接下来一段时间的规划。一年的瑞典之行给了他很多感悟和历练,因而他近期在不断积累,准备在下一学期写论文总结自己过去的工作,并投入新一轮的学习与科研工作之中。

不是所有人都能将自己的人生活成我们大多数人认可的历史,有些人终其一生也很难让自己与历史产生些许关联。但我们只要找到所爱的东西,并为之努力奋斗,自己的人生本身就是一部炫彩的历史。一如熊儒成所言,"优秀是没有定式的",相信这个优秀的大男孩,将携着自己所热爱的,为了更优秀的自己,一路前行。

——文/蒋　炜

# 以己之初心，易汝之昌荣

## ——访浙江大学工程力学专业 2012 届本科生徐可可

**徐可可** 男，中共党员。浙江大学航空航天学院工程力学专业 2008 级本科生，航空航天学院 2012 级直博生，2008—2010 年就读于求是学院蓝田学园。曾获 2012—2013 学年丁皓江奖学金、2014—2015 学年博士研究生国家奖学金、中国航天学科奖学金，获浙江大学三好研究生、优秀研究生等多项荣誉称号。

读书时期

近照

这个世界上有一些人，他们虽然沉默，但是他们能把这种沉默化为坚韧的力量，一心一意地向着常人难以企及的高峰攀登。他们用简练的话语带给别人深刻的思考，用有力的行动诠释着生而为人的最大价值。当我们有幸去接近、了解他们时，也会因为他们不经意间流露出来的小小的可爱而会心一笑。

也许在其他人眼里，徐可可是一个不折不扣的学霸。他于 2008 年进入浙江大学求是学院蓝田学园工学大类就读，2010 年进入浙江大学航空航天学院，两年后获得了直博的资格。通过对自己日复一日不曾松懈的严格要求和刻苦学习、研究，他获得了 2012—2013 学年丁皓江奖学金、2014—2015 学年博士研究生国家奖学金、中国航天学科奖学金、三好研究生、优秀研究生等多项荣誉。然而面对这些，他并不愿过多地诉说背后的汗水和台前的荣光。对于他这样一位研究流体力学的科学工作者来说，这些辉煌已成为过去，未来在航空航天领域发动机制造领域需要面临的挑战和机遇，才是令他津津乐道的话题。

### 不惧挑战共从容

他向我们大致解释了他在读博期间的研究内容："我的专业是流体力学，做的是数值模拟仿真，对流体流动和传热过程进行模拟，为具体工程实践提供一些参考，数值模拟越精确越好。"提及读博期间的研究成绩，徐可可也只是轻描淡写地说："读博期间我的成果主要就是提高了模拟精度，并模拟出了更符合实际的数值结果。"

然而，这个过程并不是一帆风顺的。他也坦言，在读博后期也曾感到迷茫和无力，感觉到了自己能力的极限，"但是后面与导师和实验室师兄交流沟通，慢慢地、一点点地走出来，所以我特别感谢导师在此期间的指导以及包容"。

其实当初他选择进入航空航天学院学习，并非偶然，而是与国家的命运息息相关。2008—2009 年，国家对航空航天领域的投入逐渐增大，中国商用飞机有限责任公司、中国航发商用航空发动机有限责任公司相继成立。当时在航空领域，特别是航空发动机领域，有着很大的挑战，但相应也有许多机遇。通过与不同学长学姐的交流，他逐渐有了自己倾心的目标。而一位老师的一番话，更加坚定了他进入航空航天学院的决心："这个行业具有特殊性，需要国家和人才的投入，目前国家愿意加大力度投入研究，说明了中央政府的决心。有了国家的支持，研发出国产发动机一定只是时间上的问题。"不过他也表示，自己的决定与喜欢研究的性格密不可分："研究发动机很难、非常难，但是做这么有挑战性的一件事，我感觉很有意义。"

## 兼收并蓄非无用

徐可可也提到，目前的研究工作虽然需要运用大量的专业知识，但是在求是学院就读期间的许多课程，也起到了重要的基础性作用。"数学和 C 语言都应用很广，大二时候学过的 CAD，现在工作了也要重新捡起来用了。"研究工作进行到后面，学科之间的界限会逐渐模糊，他认为跨专业学习或了解一些其他专业的知识是十分必要的。

尽管在求是学院期间那些有规律、有计划的生活已经在他的脑海中渐渐淡去，但是说到那些"长知识"的通识类课程，还是勾起了他的回忆。"我记得我学过茶文化、哲学史，还有集邮与文化。集邮与文化让我印象比较深刻，老师教我们通过收集邮票看出各个时代的一些特色，还有可以做虚拟邮集在网络上集邮。"

大一、大二两年的刻苦和勤奋，令徐可可在学习上没有留下遗憾。但是缺少了加入社团和组织的经历，多少让他感到一些后悔。"进入大学，就和高中的紧张气氛完全不同了。在大学里有很好的学习机会，不仅仅是知识，还包括各种社交能力的锻炼和提升。我觉得要花时间去做一些有意义的事情，还要尽量找到自己喜欢的方向，并有意识地往这个方向去发展。"

"那如果你能回到过去，你会想加入什么社团或组织呢？"

他思考了一下，给出了一个与我们的猜想完全不一样的答案：话剧社。他给出的理由是觉得很有趣、很好玩。然后他又开玩笑道："不过我估计他们是不会要我的。"

## 不忘初心得始终

采访的最后，问他有没有什么寄语想要送给求是学院的学弟学妹。他犹豫了一下，回答了很简单的四个字——"不忘初心"。"那学长的初心是什么呢？"这一次，他没有犹豫，给出了一个坚定而诚恳的答案："研制出中国首台商用航空发动机。"

其实对于徐可可来说，这并不是一个遥不可及的梦想，而是一个朴实而有望实现的目标，是他的热爱，是他存于心底的一隅净土。

"不忘初心，方得始终"，这简简单单的八个字，是很多人的座右铭，我也从不同人的口中听到过，但是从来没有一个人的承诺，让我觉得如此郑重而纯粹。当我们的文明逐渐被物质追求所包裹，热血和理想成为矫情的代名词，"不忘初心"似乎成了一种口号式的标语，成为被人嗤之以鼻的存在。但是徐可可说出这四个字，似乎是一种沉默而庄重的承诺，就像他最初进入航空航天领域时老师对他说的"国家需要你们"那样意味深长，亦如在科学的求是路上每迈出一步的艰辛与沉重。

自18世纪60年代工业革命在英国拉开序幕起，科技发展便以日新月异的速度呼啸前行。而直到1988年邓小平提出"科学技术是第一生产力"后，中国的科技发展才逐步进入正轨。当我们享受着东方巨龙腾飞带给我们的自豪和幸福时，总有像徐可可这样的一群人，坚守着最纯粹的初心，为了祖国科技的发展做着开疆拓土式的研究。

也许他们并不是什么特别伟大的人，诚如徐可可所说，"做科学研究也有很心烦、很累的时候"。但正是这种"不忘初心"的科研精神，成就了他们的伟大，成为他们身上最令人动容的存在。

──文/刘启星

# You Won't Know What Life is Until You Try

## ——访浙江大学港口航道与海岸工程专业 2016 届本科生徐弋琅

**徐弋琅**　男,浙江大学海洋学院港口航道与海岸工程专业 2012 级本科生,2012—2014 年就读于求是学院蓝田学园。于斯坦福大学获得硕士学位,目前在麻省理工学院攻读博士学位。

读书时期

近照

You won't know what life is until you try.

### 深夜回想,远隔重洋,昨日重现

　　与所有的大学一年级新生一样,徐弋琅在刚踏入校园时对自己的专业目标与兴趣也不明确。尽管当时的工学大类可选的专业有很多,同时他也听了一些专业宣讲会,但局限于当时的视野,受制于了解的程度,徐弋琅并不能很好地作出判断。这也导致那段时间徐弋琅的心情并不是太好,时常焦虑。但徐弋琅依然积极地做着调整,并不因此而停滞不前,他不仅努力踏实地在课堂上跟随老师的讲课节奏,还在课下认真看书,理解书中的知识点。最终在学期末,徐弋琅不仅取得了优异的成绩,他的学习方法也被大家学习和借鉴。他说,大学应当以自主学习为主,并不像高中,有班主任这样的角色去督促和管理大家。在大学里,大家应该自我约束、自我管理,不懈怠。在浙江大学这样竞争激烈的环境中,如果目的只是取得高分、高绩点,那么多刷题、多做练习册即可。但他建议,不要仅仅满足于取得高分或者高绩点,在吃透课本知识的基础上,可以进一步了解一些前沿问题,一些课本中并未涉及的、最新的知识点,这些都有助于帮助大家建立一个系统的、完备的知识体系与脉络。

### 难忘的人,难忘的事,铭记心间

很多人因为不满意自己所学的专业,从而影响到自己的学习和生活,甚至改变了自己的人生方向。而徐弋琅却因为一个人而改变了原来对于海洋学专业的认识。

在大二开学前,徐弋琅路过紫金港海洋学院楼,正巧看到了刘海江教授的门是打开着的,他想到了心中对于海洋学专业的焦虑,于是就敲门去询问老师是否有时间聊一聊,帮助他解除心中的焦虑。刘海江老师听完后耐心而热情地给他介绍了港口航道与海岸工程专业,让他系统而又完整地了解了专业课程的设置和未来专业所涉及的发展方向。刘海江教授的解答让徐弋琅茅塞顿开,对自己的专业有了全新的了解。后来经过审慎而又仔细的考虑,徐弋琅最终选择进入海洋学院,开启了在海洋学领域的学术道路。对于刘海江教授,他时刻怀揣着感激与尊敬,尊师重道在他的身上得到了很好的诠释。在徐弋琅大二的本科生科研训练计划(SRTP)项目中,刘海江老师刚好担任他们组的导师;在徐弋琅大三申请浙大与美国伊利诺伊大学香槟分校"3+2"本硕联合培养项目时,刘海江教授也十分热情地给予指导;大四申请出国时,刘海江教授给他写了推荐信。徐弋琅在美国的时候,也时常与刘海江教授交流学术信息,长此以往,获益良多。

### 兴趣不断,静心沉潜,成就不断

爱迪生从小爱好实验,最终成为大发明家;王羲之从小爱好书法,最终成为大书法家;达·芬奇从小喜欢画画,最后成为画家;而凡·高对艺术的追求高过一切,即使在神志不清的时候也没有忘记画画,即使在死前也不忘多作一幅流芳百世的画。所以说兴趣是成功的基础。徐弋琅的本科毕业论文研究的是杭州湾内的潮波演变。后来到了斯坦福大学,他掌握了新的工具与知识,于是又用新的方法对这个问题做进一步的探究,机缘巧合,凭借着这段经历,他成功被麻省理工学院录取。对同一件事情多次实践需要的是一颗安稳、务实的心。想要沉下心来,所需要的就是对所做的事情拥有极大的热情与兴趣。

徐弋琅也谈到他认为对做学术有帮助的一些基本的积累,比如:在大一、大二时期,养成自主搜集信息并进行整理的习惯;对于自己参与的每件事,都提前做很多的功课和规划,也就是不打无准备之仗。

### 重中之重,英语最重,不忘努力

已留学多年的徐弋琅,谈起浙江大学本科阶段的学习时,认为最重要的反而是我们从小学到大的英语。十几年前,社会上就流传着这样一句话:未来几年人类必须掌握的三大技能是英语、驾驶、计算机。在本科申请国外学校时,徐弋琅的英文水平已经非常出色了。如今正攻读博士学位的他仍然对自己的英文水平不太满意。他认为,对于英语,要积极学习,背单词、读文章、听听力都是必不可少的,即使是在国内,大学生学习英语也是极为重要的;同时,托福、雅思和GRE(美国研究生入学考试)等越早考越好,这样在真正用到这些的时候,能够更加从容、更加自由。

### 合理安排,提前准备,胜利在望

合理安排自己的学习内容,不仅是督促自己在规定的时间节点完成学习任务,更多的是为了保证学习的效率。不管是学习还是申请留学,徐弋琅都会提前规划。多搜集信息,多与人交流,提早规划,充分准备,不要拖延,这是他一直坚持的。

### You won't know what life is until you try

这是徐弋琅的座右铭。自古成功在尝试,不尝试永远都不会成功。

人生的意义在于不断地尝试。这一刻的放弃和改变,也许就是迈向新生活的门槛。谁又知道,门外的风景是什么样的呢? 若是美好,叫作精彩;若是糟糕,叫作经历。人生中没有任何一段路是白走的,每一步都算数,不是让你得到，就是让你学到。

　　一只站在树上的鸟儿，从来不会害怕树枝断裂，因为它相信的不是树枝，而是自己的翅膀。很多时候，我们与其羡慕别人顺风顺水，抱怨自己周遭险恶，不如在成长的路上不断努力。只有让自己强大起来，才能获得最大的安全感。

——文／王泽宇

# 待到雪融之日，便是蜕变之时

## ——访浙江大学材料科学与工程专业 2017 届本科生郑雪绒

　　**郑雪绒**　女,中共党员。浙江大学材料科学与工程学院材料科学与工程专业 2013 级本科生,保送本校化学系硕士,2013—2015 年就读于求是学院蓝田学园。曾获浙江大学学业一等奖学金,获评浙江大学优秀毕业生、优秀学生干部、优秀团干部等荣誉称号。曾任材料科学与工程学院团委挂职团干、材料 1301 班班长、材料科学与工程学院学生会干事。

读书时期

近照

联系到郑雪绒的时候,她还在学校忙于实验室和组会的工作当中。几天之后,在临近年关的一个下午,郑雪绒用亲和的语气向我们讲述了她的故事。

## 乌龟虽慢,终会抵达

一开始谈及学业,郑雪绒用"乌龟"来形容自己,她说自己在浙大的学业之旅就是一场"龟兔赛跑"。

五年前的她和我们大多数人一样,初入求是园,扑面而来的都是拥抱自由、独立生活的喜悦。但不同的是,她心里从一开始就没有松懈过,并没有因为掉入自由的海洋而忘乎所以,而是时不时提醒自己"大学是新的征程,不管过去如何,都要重新开始努力"。正是有了这样的信念支撑,大一的她没有参加任何社团和学生组织,而是将大多数精力投入孜孜不倦的学习当中。尽管天赋和基础都不是特别出色与扎实,她最终还是凭借着这一股子韧劲,在大一拿下学业三等奖学金。在接下来的几年中,她更是不忘初心,不懈努力,相继拿到了学业一等奖学金和浙大优秀毕业生称号。

说到学习方法,郑雪绒谈了两点。一是态度认真,"这是支撑我走到今天的一个重要的品质,它提高了我的学习和任务效率"。二是自律,"我在大学期间从来不玩游戏和追剧,不点外卖,不喜欢熬夜,中午会午休。这样就能省出来一大把时间用在学习、科研和学生工作上了"。

朴实的道理却是真理。世上本没有那么多天才,郑雪绒用自己的经历向天赋并不出色的同学们展示了一条通往优秀的道路。其实这条路一直都在,但正如郑雪绒所言,"多数情况下,意愿比能力更为重要"。

## 无用有用,暗藏智慧

身为工科生的郑雪绒在处事态度方面也有自己的独到之处。"我印象最深刻的是大一时在通识核心课'哲学意识'课上章雪富老师所讲的'哲学是无用的'。"

正是这门通识课,让郑雪绒体会到了思考和与他人讨论的乐趣,在回答老师的提问和与同学们的辩论中,她逐渐将"无用论"的智慧延伸到了学习、生活的各个方面。她说:"我们如果能把一件事当作'无用的'但仍然愿意去做,那就能放低姿态,静下心来踏踏实实做事情。"

这对于急功近利者来说是无用的,甚或是荒谬的,但对于处于本科阶段、正积累人生经验的学生来说，却是难能可贵的大智慧。郑雪绒也希望自己在将来漫长的学术科研道路上继续保持这种态度，慢慢进步，以求厚积薄发。

### 热心班级，收获友情

在学业上取得优异成绩的同时，郑雪绒也积极投入学生工作当中。在厚重的履历中，她曾经有多个头衔——材料学院团委挂职团干、材料1301班班长、材料学院学生会干事，曾多次荣获浙江大学优秀学生干部称号。

提及这些，她却说她最骄傲的是作为班长把材料1301班建设成为一个团结优秀的班集体。"即使是最为忙碌的大三、大四，班上的小伙伴们依旧能够团结起来，在诸如材化高新年晚会、毕业晚会的舞台上奉献出我们最精彩的演出。"说到这，她一向平稳的语气中陡然多了一分骄傲。

班级建设，对于很多人来说并不是特别重要的工作，作为班长的郑雪绒将它做到了优秀，也证明了无论在何种平台之上，只要我们能尽己所能，全力以赴，就能收获我们想要的东西。"在别处我收获的可能只是随时会褪色的奖杯和终究会被遗忘的荣誉，但在班级里，我倾注的是感情，收获的是团结友爱的小伙伴。"她如是说。

### 严于律己，活得精彩

作为同龄人中的佼佼者，郑雪绒用自律与理性在四年的时光里开辟了自己的疆土。作为天资平凡的普通人，初入大学时的勤奋学习为她打下了坚实的基础，让她在这四年中始终名列前茅；作为材料学院的学生，她积极参加科研训练，不仅在本科阶段就小有成就，也发掘了自己对于科研事业的兴趣；作为一名优秀的学生干部，她在各个角色中都取得了不俗的成绩。"在我回首大学生活的时候，脑海中会浮现出很多经历，不仅是学业上的，还有学生工作、竞赛等方面，足以称得上是丰富多彩，这些事情比追剧、打游戏要有意义得多。"郑雪绒这样评述自己的大学生活。

不是每个人都要义无反顾地把自己装进学霸的笼子里，对于学业和工作的平衡，不同人可以有不同的侧重，根据自己的目标而定。但无论如何，保持一个相对不错的成绩，可以为自己赢得更多的机会和更高的平台，也能让自己的大学生活更加精彩。

## 星辰大海,征途在望

说起未来的规划,郑雪绒并不是像大多数人所想的那样,一头扎进科研的事业中。"做科研是一个比较自由的工作,是我喜欢的一种类型,每天时间可以自己安排,做自己想做的实验,而在工厂或企业中会受到很大限制。但做科研是我在研究生初期的想法,以后也会根据形势做必要的修正。"

及时根据个人情况和客观形势对前进方向做出调整,也是人生规划的重要部分。

## 人生寄语,与君共勉

对学弟学妹们,郑雪绒也有很多想说的:

一是不要沉湎于高中的辉煌,能考到浙大确实很棒,但这已经成为过去,过去是不存在的,存在的只有此刻,请从此刻开始新的征程。

二是珍惜在浙里的时光,多想想竺校长的"两问",充分接受浙大的培养和熏陶。如果毕业后你发现,拥有浙大人的气质和精神是你最自豪的事情,那你就成功了。

三是"追求真理,兴道于邦"。这句话在大一时曾鼓舞过我,现在也送给学弟学妹吧。

同时,作为材料学院曾经的学生,她也希望材料学院的学弟学妹能培养自己的兴趣,保持好奇心和想象力,好好学习材料科学,和学校一起把材料学科建设成为世界一流学科。

采访结束后就是新年了,郑雪绒也迎来了一年中难得的休息时间。作为研究生的她,前方还有很长的路要走,正如她一路走来的那样,她也将继续优秀地走下去。

窗外大雪纷飞,但正如她的名字一样,待到雪融之日,便为蜕变之时,因为属于她的春天终有一天会到来。那么,属于你的春天呢? 或许它正在皑皑的白雪下沉睡着,等待着你去唤醒呢。

——文/王建平

# 靠自己飞翔的人

## ——访浙江大学飞行器设计与工程专业
## 2015 届本科生彭玉酌

**彭玉酌** 男,浙江大学航空航天学院飞行器设计与工程专业 2011 级本科生,2011—2013 年就读于求是学院蓝田学园,2015—2017 年就读于流体工程研究所硕博班。曾荣获国家奖学金、航天学科奖学金、应怀樵奖学金。目前任职于航空工业第一飞机设计研究院,是一名载荷设计助理工程师。

读书时期

近照

曾经颓靡过,曾经胆小过,但始终怀着心中那个不变的梦想,一步一步成长。后来的他成为一个懂得如何好好生活的人,时刻散发出青春阳光的魅力。现在,他成功站在了最接近梦想的地方。

## 最初勇敢

采访彭玉酊时，很容易就从他的话语中感受到他的活泼风趣，轻松的话语时常给我们一种他只是一名大学生的错觉。不过令人意外的是，这样活泼风趣的他，在步入大学之前却是一个极内向的人，不爱说话，更不爱主动交朋友。"我意识到面对新环境，自己唯有改变才能做得更好。"彭玉酊回忆着当年，解释说，"唯有直面自己的弱点，才能真正克服弱点。"

于是怀着这般勇于挑战的心情，他一进入大学就选择了主动去转变——从竞选班干部开始。不过，当他好不容易鼓起勇气去发表竞选宣言时，面对一群陌生的面孔，心中再次涌起的紧张又促使他选择了退缩，以至于忘记了早已准备好的演讲词，他近乎是挣扎着一般演讲完。与其他人自信的精彩发言比起来，他"肯定是没有希望了"。

可是最终票数出来，彭玉酊高票当选。

或许从这一刻开始，他的人生就注定开始了一种转变。勇敢的他凭着胸中的志气迈出了稳稳的一步。如他所说："我还有什么理由不自信一点变得更好呢？"

## 也曾颓废

即使如今已经工作了，彭玉酊的住所里依旧放着他尤为珍爱的一把吉他，哪怕这只是一把老旧的吉他，哪怕平日的忙碌根本不允许他去触碰这把吉他。

据说，大一、大二时的彭玉酊并不能算一个称职的学生：成天窝在寝室，一点上进心也没有，或者说他根本就找不到任何能够让他产生兴趣的事情。

所幸在彭玉酊的人生轨迹中，一直有着姐姐的陪伴，也就是那把吉他的赠送者。

"我姐可能早就意识到了我的问题，但她并没有批评我。"

相反地，彭玉酊的姐姐选择了在他生日时送他一把极为昂贵的吉他（相当于她当时两个多月的工资）。她只是说，希望彭玉酊以后能弹出好听的曲子给她听。

也就是这么一句简单的话语，让作为弟弟的他"差点就哭了"。看着这把吉他，又想到家里人对他的极大信任和支持，这一次，他选择了彻底改变。

回到学校，彭玉酊基本就没有再玩过任何游戏了。他每周都给自己制订计划并且认真执行。他不再像当初那样成天躺在寝室里，而是坚持每日都在图书馆学习。回到寝室有了空闲时刻，就自学吉他。长久下来的不懈努力，让彭玉酌收获了国家奖学金、航天学科奖学金、应怀樵奖学金等荣誉，他真正改变了。

当然，他也早早地用那把吉他给姐姐弹起了自学练就的曲子。

当询问他现在的吉他水平如何时，似乎可以感受到他眼中闪烁着一丝羞涩的温暖，"虽然现在吉他也没有弹得多好，但姐姐改变了我的生活轨迹和学习态度，让我学会了对自己负责"。

## 求是塑人

彭玉酌认为求是学院的培养对他日后的生活有着很大的影响，因此他对成为一名求是人深感自豪。在他的心中，求是学院有着一个特殊的形象。"我把它形容为成长的催化剂。你遇到的人、你做的事都会潜移默化影响你的思维和特质"，因为大学阶段正是一个人的塑造期。

彭玉酌觉得大一、大二所学的知识确实是很容易就会忘掉，他想起最初学的工程制图，时常让他感到头大。不过这些基础知识对自身综合认知能力的发展却有着很大的作用，"在这些方面，努力就会有所不同"。

他又是一个相信机遇的人。"我恰好在这个最需要引导的年纪和一批人一起来到了求是学院。我可以很明显地感受到他们的朝气蓬勃与意气风发。"

个性化学习是求是学院的特色之一，在培养计划内，学生能够自由选择感兴趣的课程和老师。"虽然通识课不可能讲得非常精深，但对学生享受浙大多学科资源优势确实是特别有利的。因为高中物理的启蒙，我对天体物理非常感兴趣，还记得大一凭兴趣修了一门宇宙学的通识课，而正是由于这门通识课的学习，我现在还保持着阅读《时间简史》这类科普书的兴趣爱好。"

彭玉酌对于这个体系的思考远远不止这些。

作为过来人，他不仅看到一部分人更快地学会独立，学会自我突破，也看到一些人因此丧失斗志，只剩下迷茫。"这些都要求学生具有很好的自我管理能力。因此，既然学校成立求是学院进行大类教育，学生就应该努力配合，避免将这两年当成逃避压力、放纵自我的两年，而应该深入认识自我，挖掘自身潜力，打好学问基础和职业基础。"彭玉酌如是说。

## 计划自律

对于刚迈入大学的我们来说,学习模式等方面的转变使我们在短时间内很难适应,不少人因此面临心态调整的困难。彭玉酮认为,从高中到大学的过渡是特别重要的。"高中时一切以学业为重,其他的事都有人为我们安排好,我们不用思考和分心。然而在大学,一切都不一样了,没有人整天监督我们,没有人告诉我们该怎么学、该怎么安排时间,而且很多人都被告知高考结束就轻松自由了。其实我认为大学的轻松可能只是心态上的轻松,时间上绝对不能放松,只不过时间并不都用来读书而已。"

我们都明白,上了大学就意味着必须对自己的未来负责,需要面对充满差异化的社会。适应就意味着改变。彭玉酮也觉得慢慢适应很难,于是他选择了"逼自己"。他总是会想好自己下一个阶段应该做什么,制订一个计划,然后逼着自己去按照计划执行。"久而久之成为习惯就好了,人都是在自己逼自己的过程中提高的。"实际上,他喜欢这种有计划的感觉,不会慌乱,"感觉信心满满"。

不同于一些制订计划却总是找借口推脱的同学,彭玉酮从不给自己找借口,因为"有了借口就会有放弃的冲动"。他也不会明确地去找寻一个所谓的动力,只是单纯地"自己强迫自己",因为在他看来,"寻找动力实际上是示弱的表现"。

## 活在当下

就像一开始所提到的,选择飞行器设计这个专业,只是因为彭玉酮从小就是一个军事迷。他追寻着自己的梦想来到了求是学院,明确目标,不断在这一方面有所收获。2017 年从流体工程研究所硕博班毕业,现在的他已经成为航空工业第一飞机设计研究院的一名载荷设计助理工程师。

"不过现在看来,当初的选择也是一种冲动。"彭玉酮突然这么说道。

"我本来的梦想是亲手设计飞机。后来才慢慢发现,原来飞机设计是这么复杂烦琐。纵然努力那么久,到头来可能就只是在摆弄一个舱门而已。"或许,这就是理想与现实巨大的差距。

那他是对自己的决定后悔了吗?不。"因为后悔没用,所以现在也不再后悔了。"他的想法有点特别,"我是一个现实主义者,活在当下。"

工作之外的他,除了吉他,还喜爱羽毛球、乒乓球、跑步之类的运动项目。这么一个青春阳光的大男孩，哪怕被现实伤害，心中也依然积极向上。他虽然并没有说未来能够做出如何伟大的成就——他觉得这种"太假了"，但他向我们描绘出了他心中的愿景："我觉得活得开心是重要的。何必烦恼着房子，烦恼着生活，努力去变好就行了。工作上当然是希望自己可以独当一面，生活上也是希望可以独当一面。"

"我只是一个简单的人。"

## 寄语后辈

想到要对还有诸多机会的学弟学妹说些什么时，彭玉酌很冷静地分析起了自己的本科生活：

"一直以来，我都认为我的本科生活基本上是失败的。一方面，我没有利用大类培养的机会好好认识各个专业，我现在对所学的东西不满意，源头就是当初匆匆做了决定；另一方面，我很少参加社团或者创新竞赛之类的活动，而是保留着高中时的思维，仅仅把课程修好，以至于现在能让自己有所受益的只有曾经的书本知识。最后，我没有在刚入学的两年找到自己的奋斗目标，制定职业规划，也没有真正独立起来，没有准备好承担起将来的社会责任，没有为以后的发展做好铺垫。"

他觉得时间除了用在基本的生活和社交上之外，必须把尽可能多的时间拿来充实自己，做有意义的事。

"我觉得一个人无论做什么，只要每件事都做到问心无愧，那么结果怎么样都不重要了。借用《钢铁是怎样炼成的》里的一句话，'一个人的生命应当这样度过：当他回首往事的时候，不会因虚度年华而悔恨，也不会因碌碌无为而羞愧'，因为他的时间都留给了有意义的事。"

——文/陈　琳

# 不忘誓言,上下求索

## ——访浙江大学临床医学(五年制)专业<br>2016 届本科生戎佳炳

**戎佳炳** 男,中共党员。浙江大学医学院临床医学专业 2011 级本科生,2011—2013 年就读于求是学院蓝田学园,现为浙江大学医学院附属第二医院内科学(心血管方向)直博生。曾获竺可桢奖学金,连续三次获国家奖学金,连续四次获浙江大学优秀学生一等奖学金,并获浙江大学优秀学生干部、三好学生、优秀团员、社会实践先进个人以及浙江省万名好党员等荣誉称号;曾负责校级优秀本科生科研训练计划(SRTP)项目,参加第三届全国大学生基础医学创新论坛暨实验设计大赛并获二等奖。

读书时期

近照

假如你进入一个并不心仪的专业,你会怎么做?是逃离,还是接受现实、浑浑噩噩地读完大学四年?当他遇到了这样的选择时,他选择熟悉并爱上自己的专业。他,便是戎佳炳。在选择了医生的道路后,他坚持本心,坚持科研,坚持把每件事做到完美。他用实际行动诠释了"一个认真并且坚持的人是永远无法被打败的,也是最能够获得成就的"。

"路漫漫其修远兮,吾将上下而求索。"几千年前屈原"趁天未全黑探路前行"的积极求进心态,在今天成为戎佳炳医学之路的自我要求,"在追求真理方面,前方的道路还很漫长,但我将百折不挠、不遗余力地去追求和探索"。

### 不是喜欢了去做,而是做了才喜欢上

同99%的新生一样,戎佳炳大一的大部分时间是在迷惘中度过的。他调侃道:"我进浙大是以压线分进的,就像打了擦边球一样,我的成绩让我没有办法读高中时梦想的专业——我被调剂到了医药大类。"年轻气盛的他进入自己不怎么喜欢,或者说不太感冒的医药大类专业,脑海中只有一个字——逃。他迫切地想转到自己更加喜欢的专业。

可是他最终还是留下来了。因为他觉得,不一定是喜欢什么才去做,有些事是做了才喜欢上的。

就像丘吉尔曾说过的:"It's no use doing what you like,you have got to like what you do."他便是这样一个人,即使医学并不是他梦寐以求的专业,做一名医生也不是他从小的梦想,可他在医学之路上感受到了自己的价值。一个人只有认为自己有价值了,才能安心地去做一件事。就是这样随遇而安的心态,加上他考虑到自己文理均衡,而医学又正是一门文理知识兼备的学科,他最终选择了安心留下,成为一名医学生。

迷惘,谁都会有,而戎佳炳应对这"水土不服"症状的方法就是学习与借鉴。他去听大教授的励志讲座,去听学长学姐的经验分享,并且时常与师长沟通交流,获得启发。他坦言:"大一当然会迷惘,其实迷惘的时候,不妨看看周围大部分人在干什么。当时大部分同学都在攻学业,抓绩点,我也这么做了。"在正确的时间做正确的事,戎佳炳的大一学年以大类第一的成绩收尾。

医学之路注定是漫长并且艰苦的,有太多的东西需要学习,戎佳炳重点提到的便是英语。在医学生的学习生涯中,英语的重要性不言而喻:看懂英

文参考文献需要英语;论文要写英文关键词和摘要;很多病名、药名的简称是英文缩写;教学视频有一部分是英文的,而且没有字幕;高端学术讲座或沙龙的演讲 PPT 大多是英文的;研读国外最新研究成果报告以及对外交流时英语能力更是必不可少的……回首在求是学院的生活,戎佳炳为当初没有花更多的时间学习英语感到惋惜。他希望学弟学妹可以趁着大一、大二课业还不那么重的时候准备托福和雅思考试,在本科阶段就选择一个心仪的、适合自己的交流项目,给自己一个出国交流、增长见识的机会。

### 好友提点:科研与学业同等重要

问起戎佳炳在大学期间最感谢的一个人是谁时,他的答案不是老师、学长或父母,而是他的同班同学,也是他最好的朋友。

在参加本科生科研训练计划(SRTP)项目时,戎佳炳并不把科研放在心上,觉得浪费时间,而自己要以学业为重,因此他决定放弃一次不错的科研项目机会。而戎佳炳所认为的浪费,在他的这位朋友看来,却是极为宝贵的机会。他极力劝说戎佳炳,多次与他促膝长谈,希望戎佳炳担任这次项目的负责人,而他来负责答辩。"他告诉我,参加这些项目对今后科研生涯的帮助是不言而喻的,或者说得俗一点,对今后丰富自己的履历也是有帮助的。"就是这样一句既考虑当下又规划未来的话,点醒了戎佳炳。

古人云:"万两黄金容易得,知心一个也难求。"戎佳炳很幸运地拥有这样一位挚友。这位朋友对他而言,是友,亦是师。他说他的这位伙伴在为人处世方面对他产生了巨大并且长远的影响,比如做事细致、考虑全面、眼光长远,而这些恰好都是当时的戎佳炳所缺少的品质。在本科的五年里,他们并肩作战,相互帮助。如今,朋友已远去北京求学,他们仍是最好的哥们,时不时发发微信聊聊天,相互砥砺前行。

医学需要经验,更需要科学。现代医学要依靠大量的科研成果转化才能突飞猛进发展。而且医学作为一门年轻的现代科学,发展还相对滞后,未知的领域还非常多,不确定的疾病和有限的治疗手段要求全世界的医务工作者进行全方位的交流和协作,如此才能避免走太多弯路。而这些交流和协作,大多建立在科研的基础之上。科研之重要,可见一斑。

### 学医路上不要忘记多尝试、多接触

　　学医之路可谓道阻且长，医学生的生活注定是充实的、忙碌的。在被问到"如何自我安排时间"的问题时，戎佳炳开玩笑地反问一句："我们医学生有自我安排的时间吗？"而在玩笑过后，他严肃地回答了这个问题。

　　早在响当当的"百团大战"开始前，戎佳炳就已经被医学院青年志愿者指导中心"青心奉献，志为医人"的宗旨所吸引，加入了这个现在回想起来满满都是爱的组织。加入"青志"的两年里，他们一起去医院做志愿者工作，进社区为居民提供保健服务，与福利院的孤寡老人聊天说笑，跟儿童医院的白血病孩子们嬉戏打闹，这些都让他感受到了志愿服务"甘心为人"的魅力。和一群志同道合的人在一起做一件有意义的事，就是最大的快乐，也让初进大学稍显青涩、内向的戎佳炳逐渐变得开朗阳光。

　　大二那年，戎佳炳接任"青志"副主任，并始终铭记"责任"二字。不管遇到什么困难，他都告诉自己：将来成为一名临床医生后遇到的问题只会更多、更大、更难，那么就从现在开始，培养自己独当一面、独立解决困难的能力。没有什么迈不过去的坎，也没有什么解决不了的问题，只有畏难苟安的心。

　　大二暑假，戎佳炳作为领队，组织了一次主题为"建浙医三下乡基地，追杏林学子医学梦"的社会实践。这是他第一次真正意义上担任一个团队的核心人物。从队伍组建到中期各项工作的协调与落实，再到后期的整理与答辩，他都是这支队伍的主心骨。他们建立了一个三下乡基地，连同邵逸夫医院的医生义诊，并且入户进行健康指导。对于戎佳炳而言，这不仅仅是一次可以加3学分的社会实践，这次活动的组织还锻炼了他在团队合作、交流沟通方面的能力，也让他的团队获得了校优秀社会实践队伍的称号，他也被评为先进个人。说起这次社会实践，戎佳炳坦言不容易。作为领队，他需要协调医学院青年志愿者指导中心和杏林艺术团之间的关系，他开玩笑地说，用"讨好"这个词一点也不为过：既要保证"青志"的成员发挥重要的作用，也不能忽略了杏林艺术团在此活动中扮演的角色。在入户调查与指导的过程中，出现了村民们不愿配合填写问卷的情况，而戎佳炳是如何化解的呢？他想到在炎热的夏天，村民们饱受蚊虫的困扰，此时蚊香便是最好的礼物。懂得处理各方关系，懂得抓住村民们的需求使调查顺利进行，此次社会实践大获成功，高情商的戎佳炳功不可没。

在科研方面,戎佳炳参与了一些科研项目,还是 SRTP 项目的负责人。作为项目负责人,如何汇聚团队中三个人的力量完成一个看起来庞大的课题,如何更好地利用实验室的资源,如何在遇到实验瓶颈时鼓励组员坚持下去,都是他所面对的"疑难杂症"。如同一个经验老到的医生,他询问"病状",分析"病因""病理",借鉴以往的"病例",最终"对症下药"。当所有的问题完美解决之后,他自己也获得了成长。

"一个认真并且坚持的人是永远无法被打败的,也是最能够在他自身的领域获得成就的。"这正是戎佳炳想告诉学弟学妹的,而他也是这样做的。在漫漫医学之路上,他将永远坚持他的初心,永远铭记他的誓言,不畏沿途艰险,担起生命重任。

——文/陈紫雯

# 坚定选择，不再迷茫

## ——访浙江大学化学工程与工艺专业 2018 届本科生杨吉祥

**杨吉祥**　男,中共党员。浙江大学化学工程与生物工程学院化学工程与工艺专业 2014 级本科生,2014—2016 年就读于求是学院蓝田学园,2018 年直博本校。连续两年专业成绩第一,曾获国家奖学金、竺可桢奖学金、浙江大学优秀学生一等奖学金,获评浙江大学优秀学生、浙江大学五星级志愿者等荣誉称号。曾参加化工设计竞赛并获校赛、华东赛特等奖,参加"东华科技—陕鼓杯"第十一届全国大学生化工设计竞赛并获金奖,参加"中控杯"第十一届大学生过程工程综合能力竞赛并获二等奖。作为负责人,完成本科生科研训练计划(SRTP)和大学生素质训练计划(SQTP)各一项。

读书时期

近照

　　人生每个新时期的开始,给你带来的,除了憧憬与期待,还有不知如何前进的迷茫与无助。每个步入大学的新生,或许都会像曾经的杨吉祥一样,不知晓自己未来前进的方向。此时此刻,不妨做些尝试,做些选择,让自己的步伐更加坚定,在不断的尝试与努力过后,你会有意想不到的收获。

　　联系到杨吉祥时,寒假已经开始了将近十天,而他却刚刚结束冬学期的学习,开始享受他为期不长的假期。接通电话,他的声音沉稳而富有张力,充满自信与说服力。他反复提道:"我只是名学生,谈不上有什么成就。"而正是因为刚刚走过大学本科阶段,即将进入直博生涯,他的故事或许更能引起正处于大学成长阶段的你我内心的共鸣。在缓缓的叙述中,他的故事慢慢地拉开序幕。

## 选择化工,无怨无悔

　　冷清落入他人眼,风火自在历者心。那年,刚刚结束了高考的他,面临人生最重要的一次抉择:专业选择。种类繁多、容易就业的工科,持续热门的法学,充满荆棘之路的医学。条条大路通罗马,哪一条才是他应该选择的道路?略为思考后,他毅然听从内心的指引,选择自己所钟爱的化工专业。或许是冥冥中的缘分,或许是追逐自己所喜爱的,或许正如自己内心所想:选择一个略为冷门的专业,或许能让并不聪慧的自己脱颖而出,在自己所向往的领域获得更好的成就。虽然,他并不清楚自己希望在哪方面有所作为。总之,他选择了化工专业,这个常常被人误解、不被喜爱的专业。但他对自己专业的态度透着一股化工人独有的自信与笃定:"化工现在是人们眼中的支柱产业,将来也会是。一定要有人去做的话,我愿意成为他们中的一员。"许多"个人"加起来,便是"时代"。他毫不掩饰自己对于化工的热爱。

　　确定了自己未来的专业,杨吉祥开始了他崭新的人生。然而,人生长途,更多选择等待着他。在选择的十字路口,有的人眼中充满迷雾,有的人对自己的方向早已了然。等待着杨吉祥的,是迷茫中摸索生活,还是按照早已了然于心的人生规划一路前行?

## 活在迷茫,不知所向

　　初入大学,自小便住校的他并没有像其他刚刚开始离开父母庇护的同学一样有很多不适,并且新鲜的大学生活对他而言充满诸多魅力。

　　和很多人一样,他渴望加入各种学生组织,在大学这个学校与社会的复杂综合体中锻炼自己的能力。然而，或许是因为不善于表现自己，或许是因为过于紧张，他没有被自己心仪的学生组织录用。于是，他与往常一样，作为一名学生，继续在"寝室—食堂—教室"三点一线上课、自习的学习生活。看似充实，其实他的心里充满迷茫：自己要在大学里获得些什么？他在课余时间选择参加志愿者活动，参与社团活动，但这远远不是他内心所向往的方向。他对未来展望的双眼，依然弥漫着浓雾。就这么平平淡淡地度过四年时光？他不甘心。但是，他又该去哪里寻找自己人生的大方向呢？

那段时间，他常常会拎着酒去看星星，思考人生三大问题，或者沉浸在书海中，想从书里找到问题的答案。

### 凡心所向，素履以往

转眼间，大一的生活平平淡淡地结束了。对于未来如何前进，杨吉祥并不明白。浙大的暑假不长，或许有人还要参加小学期课程，然而这毕竟是全年最长的假期。面对并不沉重的课程压力以及自己内心的迷茫，杨吉祥决定参与一次暑期社会实践。回想起自己幼年时所处环境教育水平的落后，学习的不易，他想为教育落后地区的孩子们做些什么。恰逢暑假社会实践，各个组织与社团为同学提供了多种支教选择，他踏上了人生中最为难忘的一次旅程。

初到自己神往已久的陕西，没来得及好好感受汉唐文化风韵，他便接到家人要求他回去的消息。前面的路，再次出现分岔口：回去，还是继续？他，留了下来。艰苦的生活条件，不佳的身体状态，让他在短短15天内瘦了12斤。在同怀一腔热血、同愿为他人奉献的同学的陪伴下，在孩子们的欢声笑语中，他坚持了下来。暑假的支教，时间不长，却教会了他很多。回到浙里，他心中的迷茫渐渐散去，他找到了自己的人生方向：投身科研，做一名引领行业发展、锐意进取的卓越工程师，做一个"笃信好学，守死善道"的求是化工人；投身于国家化工领域最需要的研究中去，为国家的复兴大业添砖加瓦。在时代的滚滚大潮里，他开始寻觅并实现自身的人生价值。

回想起大一的迷茫，杨吉祥说："要明白自己的位置和想要追求的目标，尽力弥补不足，不管结果如何，先努力去做。一旦忙碌变成了常态，便自然没有闲暇去迷茫。"

纵使满目荒草，心志坚定者也能一路向前，走出自己的繁华来。在迷茫之时，越是迷茫，越是疯狂。迷茫中，不妨先努力向前奔跑，总会有意想不到的收获。

## 不忘初心，砥砺前行

路再长，也长不过心怀理想之人的脚步。新的大学阶段，忙忙碌碌，假期成了难得的渴望。然而杨吉祥并不后悔。他明白，自己既要了解所学专业目前在实际运用方面的发展水平，也要适当参加一些学科竞赛，在竞赛中巩固专业知识，完成由大学生向专业岗位工作者的蜕变。破茧成蝶非朝夕之功，既要聆听外界的风声水响，也要不懈地在竞争中磨砺自己。白天待在实验室，晚上阅读各类文献，见过无数次星光寥落的玉泉深夜，为化工熬的夜都冷了，数的羊都跑了。虽然很久没有休闲放松，但是他的语气里少有遗憾，更多的是对自己所有努力的满足。

新时代的社会建设，需要青年人的付出与担当。青年人肩上担着的是希望，心里揣着的是时代。他明白自己拥有未来，拥有无限的可能。敢于去想，在梦想实现之前，永远不给自己设限，不给自己寻找任何退缩的借口、失败的理由。他坚信，不需要大门向我们打开，因为自己就是钥匙。不迈腿就不会走路，不走路就永远找不到路。作为一个化工人，杨吉祥希望自己能够不忘初心，在这个行业走得远一点、更远一点。

## 结　语

放下电话的一刻，眼前仿佛呈现出杨吉祥的一幅青春画卷。虽然他一再提及自己并没有什么成就，也没有什么值得骄傲的。但于我们而言，他已成为学习榜样。尚处于本科学习阶段的他，并没有太多波澜起伏的故事，没有罩着主角光环的奇遇，有的只是他的心路历程，有的只是他自己的付出与努力。而这样的经验，更值得我们去借鉴。尤其在迷茫之时，在面临选择之时，不妨想想杨吉祥说的话，想想杨吉祥的经历。人生，需要我们不断地尝试与选择，未来的路还很长，祝愿大家成功。

——文／杨柳青

注：本文部分内容来自浙江大学学生会微信公众号推文《杨吉祥：生活是场不断试错的实验》（作者：陆盈盈）。

# 心之所向，素履以往

## ——访浙江大学自动化(控制系)专业 2017 届本科生杨竣淋

    **杨竣淋**　男,中共党员。浙江大学控制科学与工程学院自动化专业 2013 级本科生,辅修竺可桢荣誉学院工程教育高级班,2013—2015 年就读于求是学院云峰学园。曾两次获得国家奖学金,两次获得浙江大学三好学生荣誉称号,连续三年获得浙江大学优秀学生一等奖学金、浙江大学学业一等奖学金,此外还曾获得菲尼克斯特别奖学金、春晖奖学金、竺可桢奖学金等,获"红会之星"荣誉称号,所在团队获评校级优秀社会实践团队。曾获浙江大学英语戏剧表演比赛一等奖、浙江省物理竞赛二等奖等。曾赴美国斯坦福大学 Ruijiang Li 教授实验室参加暑期科研交流,赴新加坡科技设计大学进行科研实习,作为项目负责人参加国家级大学生创新创业训练项目,作为项目负责人参加本科生科研训练计划(SRTP)项目。毕业后赴耶鲁大学深造。

读书时期　　　　　　　　　　　　近照

他积极向上,成绩优异,在辅修竺可桢荣誉学院工程教育高级班的基础上,两次获得国家奖学金,并多次获得浙江大学优秀学生一等奖学金、浙江大学学业一等奖学金、浙江大学三好学生荣誉称号以及菲尼克斯特别奖学金。

他立志科研,关注工程与医学交叉领域。曾赴美国斯坦福大学医学院参加暑期科研交流,项目顺利结题并以第一作者身份完成论文;赴新加坡科技设计大学进行科研实习,为糖尿病人的痼疾开发计算机视觉算法,辅助医疗诊断;以项目负责人身份参加国家级大学生创新创业训练项目和本科生科研训练计划(SRTP)项目。

他热衷公益,担当社会责任。曾担任浙江大学红十字会学生分会副部长,多次策划组织大型艾滋病的防护宣传活动,多次参与志愿者活动并赴安徽黄山白际乡贫困山区支教,赴家乡烟台高新区和黄山白际乡进行社会实践,调研当地相关产业。

虽说浙江大学人才辈出,可能把学习成绩和学生工作完美结合的优秀学子却屈指可数。此番堪称完美的本科经历,普通人还真是羡慕不来。

## 脚踏实地,稳扎稳打

与大多数人一样,他也是从东部沿海的小镇来到西子湖畔的求是学子,他也曾陷入迷茫,令人眼花缭乱的活动和自由没有约束的环境让他一度失去了目标。竺老校长的两个谜题看似容易,却并不容易解开。没有想清楚来浙大做什么,也不知道毕业后要成为怎样的人,这都是人之常情,但不同的是,他始终没有放任自己,坚持做好日常生活中的每件小事,脚踏实地,稳扎稳打。

作为学生,把课业放在第一位总是不会错的。也许,学校的每间自习室都曾留下他埋首苦学的身影;也许,深夜里总有一盏灯为了他的不懈奋斗而照亮。正所谓"功夫不负有心人",最终他的付出没有白费,他取得的一项项荣誉便是证明。

此外,出于对人工智能的浓厚兴趣,他还以项目负责人的身份完成了课题为"滑翔伞空投系统的视觉末端导航"的国家级大学生创新创业训练项目和课题为"基于力反馈的手部运动信息采集装置"的SRTP项目。

回顾初入大学的时光,总是让人感慨万千。杨竣淋印象最深刻的事情是加入竺可桢学院工程教育高级班,因为在那里他结识了一群乐观积极、追

求卓越的小伙伴，让他在接下来的几年里受益匪浅。大概这就是他所说的
"选择同行的人和选择要去的地方一样重要"吧。

## 砥砺自我，全面发展

每个求是学子，总能在大学期间活出自己不一样的精彩。但在优秀求
是人的世界里，总是有高于常人的地方。在紧张忙碌的学习生活之余，杨竣
淋还积极参加学校社团活动，曾在浙江大学学生会学术文化部组织并参与
"求是杯"辩论赛、ICON 分享汇等大型活动，到中国美术学院进行学生会校
际交流。聪明人总是善于识别机遇，把握良机，提升自我。也正是这一场场
别致的活动，造就了今天的他。

他还热衷文体活动：组织云峰学园篮球赛裁判培训；参与浙江大学英语
戏剧表演大赛获一等奖；参加"新生之友"明信片设计大赛获三等奖；参与
SQTP 项目"书籍，当代人真正的大学"并获得优秀团队奖；参加云峰学园运
动会男子 1500 米比赛获第五名。

与众不同的生活经历，这，就是不一样的精彩！

## 热心公益，担当责任

更值得述说的是，他还热衷公益，是浙江省红十字会志愿者，累计志愿
者小时数近 100 小时。在浙江大学红十字会学生分会任职期间，他专注于
预防艾滋病宣传活动，专注于同伴教育。近年来，艾滋病的传播方式和传
播群体都在发生快速的变化，大学生群体中的患病比例越来越高，提高大
学生的防艾意识成为防艾工作的重要一环。意识到问题严峻性的他，通过
开展同伴教育为阻击艾滋病贡献出了自己的一分力量。

他曾在 2014 年 7 月参与组织赴安徽黄山白际乡的支教活动，当地孩子
大多为留守儿童，父母在浙江等地打工，暑假期间孩子们只能和爷爷奶奶在
村子里过着艰辛的生活，得不到无微不至的照顾。小小的村子，难以与外界
取得联系，也难以获得良好的资源。孩子们心里的苦，也只有他们自己可以
体会。因此，求是学子们在实践期间给当地的孩子们开设了丰富多彩的课
程，同时给当地的村民免费体检，并对当地新兴的旅游产业农家乐进行了实
地调研，为当地政府撰写调研报告。想想他们一丝不苟服务的场景，不禁让
人肃然起敬，真不愧是校级社会实践优秀团队！

大学期间参与的一系列公益实践活动，不仅让他收获了成长和快乐，更

让他对这个社会有了更加深刻的认识,让他产生了为这个社会做些什么的想法。

## 虚怀若谷,勇往直前

一个获得了诸多奖项的学霸,却说自己谈不上成就,虚怀若谷的背后,恐怕更多的是对自己的严格要求。

在求是学院这个宽阔自由的平台中,除了可以畅游于知识的海洋以外,还可以参悟不少人生哲理,而杨竣淋学会的最重要的事情是"自己选择的人生就是最好的人生"。在人生的岔路口,人们往往徘徊不前,但其实,无论做出怎样的决定,只要是自己感兴趣的,是经过理性思考的,就不必瞻前顾后,只需勇往直前。探索和尝试各种可能性后,做出适合自己的选择,切勿随波逐流。

## 以梦为舟,扬帆起航

如果时光可以倒流,也许我们都会希望少犯些错误,少走些弯路。但是,没有这些错误和弯路的铺垫,怎会有今日的沉稳和睿智?所以正如杨竣淋所说的那样:如果能重新回到在求是学院就读的时光,何不在更早的时候明确自己的目标,明确自己想要什么,并且更加坚定地朝着目标去努力呢?

我们一定都还记得当初收到浙江大学录取通知书时的欣喜若狂,上面写道:"此后,你将与历史上众多灿若星辰的名字一起,分享'浙大人'这个无上光荣的称号,承担起国家和社会的责任。"杨竣淋也不例外,他在浙里收获了磨砺,收获了成长。

2016年10月,他荣获浙江大学最高荣誉——竺可桢奖学金,这份荣誉既是对他过去的肯定,也是对他未来的鼓励。浙江大学"求是创新"的校训一直鞭策着他,带着"浙大人"这个身份,怀揣梦想坚持走下去,承担起肩上的重任。

"凡心所向,素履以往;生如逆旅,一苇以航。"凡是心所向往的地方,即便穿着草鞋也要前往;生命犹如逆行之旅,即便一叶扁舟也要向前起航。正所谓"心之所安,一路风景",心里有了想法,不去大胆搏一搏,怎么知道不会成功呢?

——文/胡玉屏

# 王家有女颜如玉,腹有诗书气自华

## ——访浙江大学自动化(控制系)专业 2016 届本科生王颜

**王颜** 女,中共党员。浙江大学控制科学与工程学院自动化专业 2012 级本科生,2012—2014 年就读于求是学院云峰学园。曾获国家奖学金(2 次)、香港政府博士奖学金。毕业后赴香港大学工程学院工业与制造系统工程系深造。

读书时期

近照

干净利落的黑色长发,温润如玉的笑颜,单是从照片里就能看到那份柔中有刚的特殊气质。此时的王颜正于香港大学攻读工业工程专业的博士学位,阔别母校浙江大学已将近两年,但当她回忆起在求是学院学习和生活的日子时,依然感触颇多。于她而言,在浙江大学求是学院求学、生活、成长的时光无疑是她的青春里绚烂多彩的一笔。

### 有效学习的秘诀:自我管理

王颜于 2012 年入学,曾就读于浙江大学求是学院云峰学园,是工信1215 班的一员,曾两度荣获国家奖学金,是个不折不扣的学霸。

当问及现在所获成就时,王颜非常谦虚地说自己到目前为止并没有取得什么成就,最引以为傲的一个方面大概就是在不久的将来自己可以拿到博士学位。曾获得香港政府博士奖学金且曾两度荣获国家奖学金的她深知学习的重要性并一路坚持了下来,学海泛舟,自得其乐。

在她看来,浙江大学求是学院给她提供了优越的学习环境,在求是学院读书期间,她养成了适合自己的学习习惯并积累了一些学习成绩,这些在她申请博士和攻读博士的过程中都是十分有益的。

谈及自己的学习经验,王颜说:"高中到大学的过渡期主要是尽早认识到学习在大学中同样重要,以及完成由他律到自律的转变。到了大学,少了唯一正确选项和外界的约束,自我管理就显得很重要。"性格独立又自律的王颜,过渡与适应期显得非常短,她非常迅速地适应了大学生活和学习节奏,保持了高中时期对学习的热情并慢慢找到了适合大学课程的学习方法。

在学习方面,唯一让王颜感到有一丝遗憾的是自己当初没有在英语的学习上花足够的功夫。如果让她回到在求是学院就读的时光,她希望自己能够早学英语、多学英语。的确,理工科学生常常因忙于数理方面课程的学习而忽略了语言的学习,而英语作为世界通用语言,在求学与获取信息方面都具有非常重要的作用。

在王颜眼里,能够踏入求是园学习的人都足够优秀,学习的关键在于真正认识到学习的重要性和拥有一种动力去约束和管理自己的行为。

### 陪伴、欢笑与感恩

学习固然是王颜大学生活的一大主题,但远远不是她生活的全部。她在这里的生活充实又快乐,离不开亲切的辅导员、幽默有趣的室友和帮助支持过她的老师与同学们。

问及在求是学院就读期间印象最深的一件事，王颜谈到了她参加的"领航工程"暑期实践活动。求是学院"领航工程"学生后备干部培训计划由求是学院党委指导，各学园分团委具体落实，通过专题讲座、参观走访、志愿服务、实践调研、素质拓展、读书沙龙等形式培养了一大批政治坚定、德才兼备、素质全面、模范表率、堪当重任的高质量学生干部。王颜就是其中的一员，她回忆当初由杜锦佩辅导员带领着"领航工程"三期的所有同学去西安，坐了20多小时的火车，旅途漫长却也充满趣味。在这次社会实践活动中，王颜跟随大部队来到了西安的陕鼓集团，在那里采访了浙大校友，如今她从采访者变成了被采访者，其间蕴藏的不仅仅是个人的成长，更多的是浙大精神在一代又一代浙大人身上的不断传承。

在那次实践活动中，王颜随团队做了几所高校的职业意向调研，呼吁大学生参与西部建设，到国家需要的基层去锻炼。在这期间，王颜深切地感受到了自己肩上的社会责任的分量，更加清楚地认识到社会价值的含义和社会价值与个人价值之间的关系，也从中汲取了很多让自己努力前进的力量与勇气。

"这次暑期实践活动还让我们获得校社会实践十佳团队称号！"王颜骄傲地说。

辅导员和老师教给了王颜知识和社会责任感，室友和同学作为同龄人则给王颜的生活增添了不少欢笑。说起在求是学院读书期间最感激的一个人，她笑着说："最感谢的人现在想来应该是我的室友王同学，因为她很逗，让我的大学生活过得特别欢乐。"王颜的室友王同学是个北方姑娘，性格像大多数北方人一样，热情率真，常常在寝室里原创各种段子，是个十足的"段子手"，同时她也是一个文艺女青年，给室友们手绘T恤和鞋子。说起她，王颜仿佛回到了大学生活中最为欢乐多彩的时光。王同学就像一个小太阳，将自身满满的正能量辐射给身边的每个人。

王颜满怀着感恩回忆起那些点点滴滴，她感念那段时光，因为有一群可爱人儿的陪伴。他们教会了她爱，也教会了她成长。

## 大胆尝试无数种可能

"除了学习之外，也要注意发展自己其他方面的能力，参加一些自己感兴趣的活动。"

王颜仿佛一个对万事万物都始终保持好奇的孩子，在大学期间充分利用校内资源，大胆尝试了无数种可能，无论是学生工作、社会实践还是学科竞赛或科研训练，都有她自信活跃的身影。

在学生工作方面，她曾是云峰学园学生会外联部的一员，也曾担任云峰学园分团委的书记助理，分管组织部和办公室，学生工作培养了她优秀的领导能力、组织能力和沟通能力。同时她还是启真人才学院十期学员和"领航工程"三期学员，求是学院提供的多元化能力提升的平台使王颜开阔了视野也提升了综合能力。另外，王颜还两度创立本科生科研训练计划（SRTP）项目，参加浙江省大学生科技创新项目计划，完成了混合动力汽车再生制动方向的创新研究。她还凭借扎实的数学功底和对数学的热爱，参加了数学建模竞赛，荣获国家数学建模竞赛二等奖和美国数学建模竞赛一等奖。另外，她还参加了电子设计竞赛，荣获浙江省二等奖。

王颜在每个领域都勇敢地踏出了第一步并开拓出自己的天地，但凡是自己感兴趣并觉得有意义的事情，她都敢于尝试，无悔付出。这些学生工作和参加竞赛的经历，让她从书本知识走向实践，让她学会了与他人沟通交流，让她结交了一群志同道合的伙伴，一同创新，一同追逐梦想。

如此丰富的课外活动，王颜是如何将它们与学习相平衡的呢？王颜说自己并没有什么秘诀——抓紧时间，放弃一些娱乐，提高效率，你就可以做比别人更多的事情，也能收获更多。但如果真的忙不过来，她表示自己会将学习放在第一重要的位置。

## 对学弟学妹说

对学弟学妹，王颜的寄语是："愿你有丰满的理想，更有独立的思想。"

毫无疑问，这不仅是对学弟学妹的期许，也是她一直以来对自己的要求。在求是学院的求学生涯让王颜坚定了自己的理想，也变得更加独立。在树立理想的基础上，才能有足够坚定的信念去指导自己的行为，而行为正确的关键则在于善于学以致用并善于独立思考和分析。

王颜的这份优秀与坚持，待你我接棒。

——文／曾灿煦

# 唯时光与人生不可辜负

## ——访浙江大学艺术设计(工业设计)专业 2016届本科生闵歆

**闵歆** 女,中共党员。浙江大学计算机科学与技术学院艺术设计(工业设计)专业2012级本科生,2012—2014年就读于求是学院云峰学园,数字化艺术与设计专业博士在读。曾获国家奖学金、浙江大学优秀学生一等奖学金、浙江大学学业一等奖学金、唐立新奖学金等奖项,获评浙江省优秀毕业生、浙江大学优秀毕业生、浙江大学优秀研究生等称号。曾凭《晨雾》获2012年卡西欧杯"魅力中国"全国摄影大奖赛(风光组)优秀奖,曾获德国红点奖(4项);申请国家专利4项;参与国家自然科学基金重大研究计划项目"人机协同的下肢外骨骼机器人设计研究"。

读书时期

近照

闵歆现任本校计算机学院博士生会主席，工业设计所博士生支部书记。荣获德国红点奖、"创青春"全国大学生创业大赛"挑战杯"金奖，获评浙江省优秀毕业生、浙江大学优秀毕业生，在 SCI、EI 期刊上发表多篇高水平论文，并在摄影方面获得了相关奖项。

成就之多、涉猎之广，让人不得不感叹她的履历之丰富。最开始接受采访时，闵歆谦虚地表示与他人比起来自己的成就微不足道，也表达了自己可以作为优秀学姐被采访的惊喜。几句简短的交流后，她谦虚、大方的形象就浮现出来了。在后续的采访中，她坦言不拘泥于课本知识的学习让她学得更多更广，长期的旅行让她有了更多更丰富的人生经历，这也造就了她在诸多方面的成功。

## 红点奖，头脑的风暴

问及印象最深的事情，闵歆提到她参与德国红点奖评选并获得奖项的经历。红点奖素有"设计界的奥斯卡"之称，与德国 IF 设计奖、美国工业设计优秀奖（IDEA 奖）并称为世界三大设计奖。

于闵歆而言，获得红点奖更像是无心插柳。最初她也是懵懵懂懂的，只是觉得这个奖项和自己所学的专业相关，有必要参与一下，更深地了解自己的专业内容。结果出乎意料，她第一次参赛便获得了奖项。"获奖是对作品的认可，更重要的是在准备竞赛的过程中，通过一次又一次的头脑风暴激发设计创意，一次又一次的熬夜完善方案，我从各个方面对设计学有了更深入的理解，这也让我更顺利地开始了之后的专业学习。"闵歆如是说。

她也借此来鼓励学弟学妹多多参加竞赛。大学期间会有很多竞赛项目。这些竞赛项目不仅仅是高中时所说的学科竞赛，更多的是诸如红点奖这类与实际生活和专业课知识紧密相关的竞赛。与高中竞赛奖项另一个区别便是，这些比赛更多是自愿参加，是否获取名次、获取奖项并不重要，重要的是为之努力奋斗的过程，那终将成为弥足珍贵的人生经历。

## 平凡中见不平凡

大学期间一定会经历很多令人难忘的人和事，其中最难忘或最引以为傲的事不一定轰轰烈烈，最想感谢的人也不一定特别出名，或许，它们只是生活中的日常。

问及最引以为傲的成就，闵歆回忆了许久。"我最引以为傲的或许谈不上成就。在大学里我做过的最不后悔、最引以为傲的事情就是坚持旅行。"大学四年,她走过很多地方,看过很多风景,体会过很多不同的风土人情。于她而言,这是一件获益匪浅、值得铭记的事情。"旅行就是一种学习,一种成长,它让我们变得更宽容,去理解不同的价值观,也让我们重新发现新的自己。就像有句话说的:要么读书,要么旅行,灵魂和身体,必须有一个在路上。"

师生之情永难忘。谈及最想感谢的人,闵歆毫不犹豫地提到她的专业老师。令她印象极深的是导师孙守迁教授,孙老师给了她非常大的鼓励与支持。"我的老师们都非常注重实践交流,让我们在轻松愉快的课堂氛围中学到了不少知识。课后他们就像是朋友,常常与我们进行交流,也悉心为我们答疑解惑,这都让我们受益匪浅。"

### 时光如流水

备战高考时,每位同学都紧紧地把握自己所拥有的时间,不敢浪费一分一秒;而到了大学,学业不再像高中那么紧张,同学们有了更多的自由分配时间。于是很多同学在上完一天的课后无所事事或消磨时光。对此,闵歆表示,这是因为他们没有明确的目标和理想。闵歆说,浙大提供了更大的平台、更多的机会和更丰富的资源,这些有助于同学们确立自己的目标,去培养自己的兴趣,追逐自己的理想。刚入学的大学生,更应该把握这些珍贵的时间,比如在学习之余加入一些社团组织,多同他人打交道,培养团队工作能力与团队精神;或是参加一些社会实践,更多地学习为人处世,更好地理解和融入这个社会。

遗憾总是难免的。对于本科期间时间的把握,闵歆一直觉得自己没有做到最好,因而她非常希望学弟学妹能尽早走出迷茫期,尽快开始自己的人生规划并为之努力奋斗。"现在回想起来,本科有更多属于自己的时间可以去支配,如果让我重新回到求是学院就读,我应该会更早地进入实验室进行学习,更早地接触科研,确立自己感兴趣的研究方向。"闵歆说,"虽说博士有5年,但我现在还是会觉得时间不够用,所以学弟学妹要提前对自己未来的发展有一个规划和设想,要提早做准备,确定毕业后是要工作、出国还是保研,这样可以获得更好的机会。"

当邀请她给学弟学妹留下一句寄语时,闵歆思考良久。"以前我都是看其他优秀的学长学姐给我们寄语,没想到时间过得这么快,现在居然由我来给学弟学妹寄语了。"她满是期待地说,"大学承载了青春最美好的回忆,希望学弟学妹可以珍惜时间,在这四年里学好、玩好,相信你们终会成为一个有温情、懂情趣、会思考的求是人。"

  红点奖、国家奖学金、坚持四年的旅行……闵歆用自己丰富多彩的人生经历告诉我们:时间诚可贵,不可随意浪费;人生本美好,还须仔细寻找。

——文/胡浩铖

# 盈盈芳华，求知求真

## ——访浙江大学药学专业 2018 届本科生余芳英

**余芳英** 女,中共党员。浙江大学药学院药学专业 2014 级本科生,2014—2016 年就读于求是学院蓝田学园。曾获国家奖学金、浙江大学学业一等奖学金、浙江大学学业二等奖学金,获浙江大学优秀学生、浙江大学优秀学生干部荣誉称号,参加第五届全国医药院校药学/中药学专业大学生实验技能竞赛并获特等奖,参加第十届全国大学生药苑论坛并获一等奖。

读书时期

近照（左）

毫无疑问,余芳英是浙大药学院里学业上的佼佼者,可是她对人生的追求绝不仅限于此。除了各种奖学金和荣誉称号以外,她也对志愿活动和其他知识领域怀有热忱。更让人敬佩的是,在她眼里的优秀青年,不仅仅要有斐然的个人成绩,也要有深厚的人文关怀。如果要用几个词概括自己的人生目标,她希望自己充盈而丰满。

借用《安娜·卡列尼娜》中那句经典的开头,我们也可以说,平淡的人生都是相似的,精彩的人生却各有各的精彩。而余芳英所度过的充盈丰满的大学生活,恰如毛姆笔下耐人寻味的异国游记,总让我们想对这背后的故事一探究竟。

在正式采访余芳英之前,我曾有幸听过一场她主讲的优秀学长学姐经验分享的讲座。那是在药学院的某间小会议室里,不同于投影屏幕上的一长串荣誉称号那样引人注目,站在台上的余芳英显得冷静而低调。她提到自己4.5左右的均绩,语气中带着几分意外,像是有些惊讶这不太高的均绩如何占据了专业前几名。这颇有一丝"天下英雄谁敌手"的味道。

也许余芳英始终觉得自己做得还不够好,可是当时的我和台下众多的新生一样,已经为这样亮眼的履历所深深折服。而随着此次采访的展开和深入,我渐渐领悟到优秀真正该有的姿态。

## 心中取舍,成就卓越

采访一开始,余芳英就明确地把自己归入"能力不是非常强"的一类人。暂且不论这样的说法是不是出于自谦,先看看她所欣赏的时间分配方法。想必很多人在开学初加入学生组织或社团时,都被问到"如何平衡组织工作和学习生活"之类的问题。在这个问题上,她的建议是:"首先,想要在任何一方面有所突破都必定要有所取舍,比如把一件事情做完也许比较容易,但是把它做到极致是要花上十一分力气的,这时候就不得不舍弃把别的事情也做得很精细的想法了。在大学这个阶段,平衡组织活动和学习压力不是特别困难的事,很多人觉得自己学习成绩还不错,社团工作也做得挺棒,但是我觉得如果以后立志走学术道路,本科时就该在学习方面所突破,而日后准备进入社会的人,社团活动的组织策划等方面做出突破也是很好的。毕竟很少有人能一辈子都在两个方面做到极致。"

以余芳英的想法来看,把重要的事情做到最好是她不懈的追求,而她认为自己的能力还没有到特别出色的境界,于是她会把大部分的精力花在比较重要的那一方面,不然就容易陷入两个方面都疲于应对的尴尬局面,或者给自己营造出看上去做得还可以的假象但实际上在任何一方面都没什么建树。如果要对这段话做一个总结,我想余芳英是在告诉我们,她能取得如此成就离不开严要求和高投入。

## 蓝田求学,灵魂求知

和大多数蓝田学子一样,余芳英曾经为微积分所苦恼,但现在让她回忆在求是学院学习期间印象最深的一门课,微积分俨然成了那个第一时间跃入脑海的答案。她说,印象最深的是,那位教微积分的老师上课时习惯手写例题,虽然讲课带着很重的口音,却让学生感到认真又亲切,只不过那年的期末试卷很有难度,以至于她最后也没拿到心目中的理想成绩。

其实微积分可以算是从高中到大学这个过渡期的一个典型的学习挑战了,大部分在高中没有钻研过学科竞赛的大学新生,刚接触这门课时会感到吃力无比。对此,余芳英认为,进入大学后要及时改变高中时某些不合适的学习模式,比如说要学会抓重点和更好地获取与记忆各种信息,直到建立起一套有效的学习方法。另外,面对深度和广度都甚于以往的大学课程,一开始一定要抓紧些。这些建议乍看之下是老生常谈,实则包含了一些本质的、核心的经验,例如在浙大度过第一个"补天"无力的期末考试周之后,我才感受到"一开始一定要抓紧些"是多么"走心"的劝诫。

相比我们这些学籍还在求是学院的大一新生,余芳英已经是即将进入研究生阶段的大四学姐了。当被问到"如果可以回到在求是学院就读的时光,是否会做出什么改变"时,余芳英的回答值得所有本科生深思。她淡淡地说:"大概是会转文科专业吧,尤其是哲学专业。"接着她解释道:"学哲学可以帮助自己变得更丰满一些。哲学的思辨功用常常不被世俗了解。"为何作为药学生的余芳英会有这样的想法?她沉静的外表下该是藏着一个什么样的灵魂?

## 丰盈生活,无限可能

对于丰满充盈的生活,余芳英一直在努力去拥有。

除了优异的学业成绩以外,余芳英还获得过 2016 年蓝田学园最美志愿者和浙江大学五星志愿者的荣誉称号。这意味着她不仅在志愿者活动上投入了相当大的时间精力,而且她在这方面做出的贡献和成就也为学校所认可。可以想象,支撑着"最美志愿者"称号的,必定是对志愿活动的赤诚之心和满腔热忱。而生活就像海绵,它吸收了付出过的汗水,渐渐呈现出饱满的状态。

虽然拥有过以上种种成绩,余芳英还是一副风轻云淡的模样。这也许是因为优秀的人身上所特有的谦逊，也许是因为她对"成就"的定义有自己独特的标准。她说，她并不觉得拿到一些奖学金或者一些荣誉就是成功的人了，除非她证明了某种药物的实际疗效，甚至推动了它上市来拯救更多的人。她的意思是，只有当她的努力对别人产生了实际意义和作用时，那她才可能算得上优秀。

怀有这种信念的人无疑让人感到非常振奋和敬佩。很难预想余芳英以后的人生故事，因为像她这样的人，即使被拘于一方天地，也会为自己创造出无数的可能性。

在采访余芳英的过程中，我们接连收到了很多意外的惊喜，因为我们发现她的很多回答在某种程度上都与求是学院通识教育的目标相契合。例如既要在知识领域具有较高的成就，又要对宇宙、社会及人类自身有深刻的理解，这并不是一件容易做到的事情。但是，当一个主要接受医药教育的学生对哲学表现出浓厚兴趣的时候，我们也看到了通识教育露出的熹微晨光，不是吗？

——文／曹　滢

# 我会一直奔跑

## ——访浙江大学海洋科学专业 2018 届本科生朱冬贺

**朱冬贺** 女,中共党员。浙江大学海洋学院海洋科学专业 2014 级本科生,2014—2016 年就读于求是学院蓝田学园。曾担任浙江大学舟山校区图书馆助理团队组长。曾获竺可桢奖学金,并多次获得国家奖学金、浙江大学优秀学生一等奖学金、浙江大学学业二等奖学金,获评浙江大学三好学生、浙江大学五星级志愿者等荣誉称号。曾作为负责人参与本科生科研训练计划(SRTP)项目。

读书时期　　　　　　　　　　　　近照

朱冬贺的家庭文化水平较高。从小很刻苦的她从入学之初的迷茫,到找到合适的方向,再到不断努力,实现稳步成长。她较真——要么不做,要做就做到最好;她严谨——会合理规划每一阶段的任务;她全面——学习、科研、社会工作齐头并进。原来逐梦之路从来没有捷径——一步一个脚印,一直跑,不要停……

在网上浏览着海洋学院竺可桢奖学金获得者朱冬贺的事迹,我被深深震撼:一个人是如何能在大学中有这么丰富的经历!我的脑海中不禁勾勒出一个十分忙碌、不苟言笑的学霸形象。但线上采访的那天下午,屏幕对面,朱冬贺柔和的脸庞,浅浅的笑容,仿佛一个邻家大姐姐,将她的故事娓娓道来……

## 我们都曾失落与迷茫

问及初入大学的过渡期是否顺利时,朱冬贺笑着摇了摇头:"虽然有心理准备,但总是有太多事情会让你猝不及防。"的确,对刚迈入大学校园的我们来说,学习方法、生活环境等方面的转变使我们在短时间内很难适应,不少同学都遭遇了调整的困难。她提到,"当时一开学就生了一场大病,那时还在军训,被迫调到了连部转为半训"。没能和同学们一起经历那段艰辛但充实的日子,一直让她感到十分遗憾。"不过这也给我提了个醒,没有好的身体,一切都免谈。"从此,朱冬贺更加注重自己的健康,合理作息,积极锻炼,四年的体质测试等级均为优秀。

寝室生活于朱冬贺而言又是一次挑战。由于是首次住校,有过不知所措,有过孤单寂寞,她也花了很长时间去适应室友的生活习惯。这个过程中,她慢慢学会反思自身、与室友磨合,最终融入集体生活,与室友成为知心好友。"我想,初入大学遇到的问题,大致都能通过自我调整与积极沟通解决吧。"如今回忆起来,她很庆幸能遇上这么棒的一群室友,曾经的不适与摩擦恰恰帮助她与室友更深入地了解彼此,从而收获了最珍贵的友谊。

当突如其来的挫折打破了初入学的喜悦时,唯有积极调整,方能拥抱人生新阶段。

## 想清楚了再出发

面临专业选择时,与大多数迷茫无措的大学新生一样,朱冬贺也并非从大一开始就有明确目标。"海洋科学专业是否适合我,细分专业如何选择,当时可以说是很纠结了。"不过她坚持积极地了解专业信息,理性地为自己确定方向。她曾利用个性课程的机会,修读了包括法学、医学、管理学、心理学、经济学等学科的核心课程,去寻找自己的优势和兴趣点。综合比较后,她发现自己是适合海洋科学专业的,"我认为兴趣是可以培养的,尤其是当我发现自己在专业课程的学习过程中事半功倍的时候","因为擅长,所以热爱"。

在确定专业后,朱冬贺积极主动地参与了学校的科研训练计划。"我觉得参与科研是了解本专业最有效的途径。"她师从海洋地质与资源研究所所长李春峰教授,主持的本科生科研训练计划(SRTP)项目在最终的结题答辩中获得了海洋学院第一名。这个成绩极大地鼓舞了朱冬贺,激励她不断进行科研尝试。在大三暑假,她成功申请并参与了美国伍兹霍尔海洋生物实验室(MBL)的科研实习活动。近一个月的实习工作中,她不仅开阔了视野,对科研工作、科研方法、科研精神有了更深刻的理解,对自己的科研兴趣和特长也有了更深入的思考,而教授们对科学研究的热情也深深地感染了她,使她更加坚定了自己的科研道路。

一路走来,不免跌跌撞撞,朱冬贺说,她要感谢的人有很多。曾经的她到办公室"缠"过许多老师,通过与他们的交谈,她对各个专业有了更深入的理解,也从老师那里获得了很多有用的建议。"老师就是我的指路人,没有他们的帮助我会走不少弯路。"此外,无论朱冬贺遇到什么挫折,父母始终在背后,给予她支持与力量,他们耐心的开导总会让她的心情舒缓不少。

在求是学院的两年时光,站在人生的十字路口,面临选择与担当,我们都一样。很是庆幸,她能立足求是,踏踏实实,做出最适合自己的选择,从此风雨兼程,勇敢逐梦。

## 越努力,越幸运

荣获国家奖学金(连续两年)、竺可桢奖学金、浙江大学十佳大学生称号,这些无一例外地证明了朱冬贺的学霸属性。

"我可能有些完美主义,比较较真。事情要么不做,要么做到最好。"除了严谨负责的态度,朱冬贺认为自己最突出的特点是"全面"。从小她便不偏科,到现在,她善于抓重点,以学习、科研为主,社会工作为辅,而且都能尽力做到最好,三支画笔绘出令人艳羡的人生之路。

除了拥有优异的学习成绩,朱冬贺还是浙江大学的五星级志愿者,志愿者小时数累计达到了251小时。谈及印象最为深刻的志愿经历,她毫不犹豫地说:"那一定是G20了。这个活动的筹备过程很长,竞争很激烈,六轮笔试、面试,持续了大半年时间。"最终能成功当选是朱冬贺从不轻言放弃的最好凭证。在正式服务期间,朱冬贺也结交了很多优秀的同学,让她不禁感叹人外有人天外有天。她与其他志愿者一起工作,共同进步,成就了更好的自己。从一开始感到自己渺小,到最终完成这个意义非凡的任务,她信心倍增。

合理的规划、严谨的态度不仅让她自身得到全面发展,也助她获得校级最高荣誉。在她看来,竺可桢奖学金十分看重学生的综合素质。"最终进入面试的同学在学习方面都十分优异,难分胜负,差异还是在科研经历、社团工作与面试表现上。"在学习与科研方面积极主动、严格要求,朱冬贺自然毫不落后;参加组织社团更锻炼了她的人际交往能力、表达沟通能力和面试技巧等。都说人因努力而幸运,她能最终评上竺可桢奖学金,是幸运,更是必然。

回首这四年,有欢笑,有泪水,有成长,亦有挫败,但她无怨无悔。道阻且长,行则将至。"感谢曾经的自己能在每次失败跌倒之后重新站立起来,在每个想要放弃的瞬间坚持下去,在迷茫时也从未放弃逐梦。"

## 一直跑呀,不要停

总期望竺可桢奖学金得主们身怀绝技,如此便可解释我们与他们之间的差距。可大多数情况下,差距的产生往往是因为他们在迷茫的时候不曾放弃奔跑。

"尽早确定自己在大学中想要什么。"朱冬贺告诉我,要多去探索,多参加实习,去主动寻找真正适合自己的东西,轻易放弃任何一种可能性都未免太过可惜。过程中会有沮丧,会有曲折,"但最后你会发现,一路走来,没有什么会白费"。

在朱冬贺看来,求是学院的两年是十分重要的,尤其对海洋学院的学生来说。"海洋学院的学生后两年会到舟山,那里只有一个学院,安静祥和,是个适合做学问的地方,我在科研方面取得的成绩就得益于这两年的沉淀。但对于刚进大学的同学来说,那里可能过于平淡。求是学院是个热闹丰富的地方,这里有不同专业的同学,有让人眼花缭乱的组织与社团。同学们在这里可以接触许多有着不同思路、新奇想法的人,丰富自己的阅历,在不断尝试中规划人生。跨专业思维对每个同学后两年甚至今后的人生都有很大影响。"

"迷茫没有关系,不要停下来逃避。"她笑着说。或许正是因为这样的积极主动,朱冬贺将那份多彩纳入人生,让大学生活灿烂如夏花。

听完朱冬贺的故事,我感受到的是她四年来脚踏实地的付出,以及因这份付出而特有的笃定与从容。临近毕业,她选择了保研。等到时机成熟,她会将自己出国深造的梦想变为现实。抵达成功或许本就没有什么秘诀,只因她,一直在路上。

——文/陈　曦

# 志在四海不畏难，云卷云舒自有时

## ——访浙江大学生物科学专业 2012 届本科生范云舒

    **范云舒**  女，浙江大学生命科学学院生物科学专业 2008 级本科生，现为美国宾夕法尼亚大学生物医学专业系统与计算神经生物学方向博士生。2008—2010 年就读于求是学院云峰学园。曾获浙江大学学业一等、二等、三等奖学金，曾参与加州大学伯克利分校（UCB）暑期科研项目、加利福尼亚大学洛杉矶分校（UCLA）暑期项目、海上学府（SAS）出国游学项目。博士期间，在宾夕法尼亚大学生物医学系创办了"失败分享会（DataEclipse—a positive look on negative data）"，帮助大家调整心态；组织了"即兴表演工作坊"，同大家一起探索即兴表演给科研带来的帮助和启发。

近照

"好呀！之前我还一直想做，却一直没找到时间。现在你们要做，真好！"听到范云舒对我们采访校友工作的热情，我顿时信心满满。早上醒来时经常会收到她给我的十几段语音，于是我一边听着她悦耳的声音，一边做着记录，一边想象着她在大洋彼岸的生活。

一件淡粉色毛衣，乌黑亮丽的高马尾，素雅大方的打扮，还有一张最灿烂的笑脸，这是一个生物学女博士，在云卷云舒中活出的最多彩的模样。她曾是浙江大学一等奖学金获得者，是百里挑一的加州伯克利暑研项目参与者，也是"SAS海上学府"微信公众号的主创之一。接触范云舒，你能强烈感受到她坚定不移的初心，她对探索世界的渴望，以及她对学弟学妹最真挚的祝愿。

## 左手"渴望"，右手"朋友"

大一时，范云舒在求是学院云峰学园的生命科学大类就读，她一直很热爱生命科学，也希望在本科阶段多多积累生命科学方面的科研经验。于是她在本科阶段就早早跟着生命科学学院的杨万喜老师做研究。范云舒非常感激这段经历。

谈及在求是学院中最想感谢的人，范云舒很感慨："我觉得在本科阶段朋友是最重要的，也是我最想感谢的。"她提到了在申请加利福尼亚大学洛杉矶分校（UCLA）暑期项目的过程中朋友们给予的关爱："第一次单独出远门求学，朋友的力量无论在当时还是在之后的研究生阶段，真的是非常重要。大家一起经历很多，一起买机票、一起丢东西、一起出去旅行，不知不觉之中就建立起了战友般的情谊。""在本科期间虽然做的事情不算太多，但每件事情都让我收获了很多好朋友，我感到非常幸运，也非常珍视这些经历。"

## 青春就是不断试错

范云舒谈到她本科与博士期间所做的研究，从细胞与分子生物学转向系统与计算神经生物学，可以说两者之间一点关系也没有。所以，未来其实很难预料，我们所能做的是一步一个脚印踏踏实实往前走，相信自己的努力终将有所收获。

范云舒说她在国外读书最大的一个收获是懂得了不能跟自己太较劲、不要和别人比学习成绩。在出国之前的一段时间里，她对自己要求很高，认为如果自己不能得到一个很高的名次，就不是一个好学生；她希望自己在方方面面都做得比别人好，而一旦不如别人，她就会陷入自我怀疑。经历了许多事情之后，她发现成绩不过是浮云，每个人都有自己的学习节奏和学习方法。我们要认识到自己究竟想要做什么，然后决定怎样去做，至于花多长时间，比别人快多少或慢多少，其实真的不重要。

范云舒还与我们分享了对待马虎的另一种心态。她曾经特别不能容忍自己的马虎行为，而在学习系统与计算神经生物学的过程中，因为经常编程，她发现出错、马虎就是一个再正常不过的现象，"我们不可能一遍就完成一个程序，而是不停地找错，不停地修复，然后日臻完善。也就是说，出错是在所难免的，只要我们能够找到方法去检验这个结果，一遍遍地修改，最后就会越来越趋近正确值。所以不必对马虎太敏感，这是我们成长的必经之路"。

在宾夕法尼亚大学，范云舒尝试了一些新事物。从小不敢跳舞、被妈妈说动作不协调的她，参加了现代舞和芭蕾舞课程，还报名参加了城市剧院的即兴表演课程。"这些看似和自己的学习没有太大关系，但其中渗透着哲理，会让你去反思自己的生活，也会让你更加开心，拥有更好的心态。"

### 共赴海上，环游梦想

范云舒强烈向我们推荐美国的海上学府（Semester at Sea）——学生可以一边环球旅行，一边在邮轮上上课，航行到各个港口时，就可以下船去当地旅行、探索。这是一个有着 50 多年历史的海外游学项目，每个航程是一个学期，大约持续 100 天，能够访问全球 10～15 个国家和地区；在船上选修 4 门课程，能够获得美国科罗拉多州立大学（Colorado State University）的学分。有来自世界各地的 600 名优秀大学生一起航行，有来自全美知名学府的三四十名教授在船上开设 20 个专业、75 门课程，有成功企业家和创业团队全程参与，有来自美国各行各业的年长者可供结识，有慈善组织的实践者与你分享故事……春季航线还有专属中国学生的 2 万美元奖学金。

范云舒也是听她十分佩服的赵学姐说起这个项目的。海上学府项目可以自己在网上申请报名，不需要学习成绩多么优秀，只要你参加这个项目的动机足够强烈。虽然学费比较贵，但能学到的东西的确非常多，而且还会提供丰厚的奖学金，希望能够开阔视野的同学一定能从中有很大的收获。

范云舒告诉我们，在海上学府的三个多月里，她经历了许多前所未有的事情。譬如每天清晨在随波轻摇的航船上醒来，窗外是头顶白雪的富士山，或者是南非开普敦的桌山（Table Mountain）。她全方位地感知着各种鲜明而独特的国家文化，用眼睛看，用耳朵听，用手触摸，用鼻子嗅，用舌尖尝……同时，这也是一个游学项目，可以一边看海一边读书，身体和灵魂都浸润着海风的气息，"在课余，我们会有全船参与的海上奥林匹克竞赛，拔河、接力等，感受运动与青春的酣畅淋漓"。

## 托福、GRE 支着

考托福、GRE 一直以来都是打算去美国留学的同学十分关注的，我们也就此询问了范云舒。

托福考了 3 次、GRE 考了 2 次的范云舒认为，重要的是找到适合自己的学习方法，考试次数太多并不是一个特别高效的选择，如果能一遍就通过，以后就也不用在这方面花太多精力了，省下来的时间可以做其他更有意义的事情。

第一次考 GRE 时，范云舒是跟风报名。由于没有合理规划，很多考点来不及准备，她只能匆忙上阵，纯粹是为了积累答题经验、熟悉题型，了解自己的优势和劣势。而在第二次报考时，她花了一个学期来准备，专门练习自己不太擅长的题型，所以这次考试她的进步非常大。"如果能重来，我会先试一下 GRE 模考，了解大致情况以及自己的优缺点，专门花一段时间练习。通过 GRE 后，再花半年的时间准备托福（GRE 的难度要大于托福）。"范云舒提醒，还可能要考虑一些特殊情况，比如有些出国交流项目对托福成绩有要求，那就需要先通过托福考试。

"最重要的就是不要盲目，其实它们并没有我们想象的那么难。"范云舒说，"记得我当时非常抗拒口语考试，到了美国以后，因为口语的分数不够高，还要重新考。尽管心里不愿意，但是每天都逼着自己坐下来，专门去做一套口语题。针对口语题里细分的六道题，每道题都仔细琢磨，找出自己擅长哪些、不擅长哪些。"

采访最后，范云舒寄语学弟学妹："希望大家在本科四年以及以后的生活中，多一些勇气，少一些顾虑。每个人都要把握好自己的节奏，不要总是与周围的人攀比。最重要的是，要珍惜身边的朋友和老师。希望大家学业顺利，同时也能坦然面对生活中的各种挑战。"

——文／章贝宁

# 选择磨砺，收获坚强

## ——访浙江大学地理信息系统专业 2014 届本科生曹雯婷

**曹雯婷** 女，中共党员。浙江大学地球科学学院地理信息系统专业 2010 级本科生，2014 级地图学与地理信息系统专业直博生，2010—2012 年就读于求是学院丹青学园。曾获国家奖学金、浙江大学社会工作优秀奖学金、浙江大学社会实践优秀奖学金等奖项，获评浙江大学优秀学生干部、浙江大学优秀研究生等荣誉称号。现获国家留学基金管理委员会资助，于美国爱荷华州立大学联合培养。

读书时期　　　　　　　　　　　　近照

从一个初入大学的懵懂学子到学有所成的博士学者，曹雯婷的经历可以说是平凡又不平淡。从学习学业到学生工作，曹雯婷做着每个浙大学子都在做的平凡小事，但是在她每一次的坚持中，平凡的大学生活被演绎得精彩纷呈。

### 认识自己，做出选择

在初进大学时，曹雯婷也和大多数新生一样，经历过迷茫与慌乱。

起初，"同学不同班、同班不同学"的大类培养机制与高中学习生活迥然不同，让曹雯婷十分不适应。她至今仍记得和理科试验班同学簇拥在机房，在学长组的指导下第一次选课的情景。"第一次选课没有经验，课程安排不合理，几门较难的课程连轴上，所以第一学期比较辛苦。"

作为一名求是学院的学生，曹雯婷的大学生活非常充实。与同学相约西区教学楼或图书馆自习是常态，同学之间经常笑称她的大一过得像高四，言外之意是和高中一样刻苦。密集的课程、高强度的学习状态，让她不再像高中时期那么得心应手，她为此感到焦虑。于是她开始观察身边的同学，思考他们是怎么完成从高中到大学的过渡转变。有同学每天自习到深夜，也有同学只花几分钟就高质量地完成了作业，每个人的学习方式都是不同的。经过一段时间的思考和调整，她逐渐找到了自己的学习节奏，完成了高中到大学的跳跃。正是由于感受到了人和人之间的差异性和多样性，曹雯婷才真切地认识到每个人都是独一无二的个体，从而积极调整自己的状态，学会不盲从，踏实、从容地掌握自己的节奏。她说感谢求是学院提供了这个平台，让她能结识各种各样的优秀同学，从而走出焦虑和不适。

彼时，曹雯婷和大多数新生一样奔着热门专业而去。通过第一学年对数学、物理、化学等基础课程的学习，她渐渐意识到这几门基础学科和自己高中时学习的数理化知识体系并不一样。比如高中数学侧重速记和巧算，而大学数学更加侧重逻辑和抽象思维。渐渐地，她和大多数同学一样，开始审视自己的特长和兴趣，同时积极参加各个学院的专业宣讲会，咨询辅导员、老师和学长学姐，以得到更全面、更客观的有助于专业选择的信息。当时的辅导员施老师曾说："最热门的专业并不一定是最适合自己的。"最终，出于对空间科学和信息科学的兴趣，她选择了"上知天文，下知地理"的专业——地理信息科学。

曹雯婷现在是一名博士生。在我眼中，本科毕业直接攻读博士需要很大的勇气。她坦言，其实读博并不是一开始就规划好的，因对自己的信心不足，当时也曾犹豫，但和导师的一番促膝长谈，给了她一针强心剂。导师循循善诱，帮她分析了读博的利弊，并且告诉她读博虽然会面临很多未知的挑战，但这些挑战都是可以克服的。她说："从成为博士生的那一刻起，就有一种压力，然后转换成动力，于是便有了奋斗的方向。"

对于现阶段正在做的事，曹雯婷认为"在其位谋其事"。作为一名博士生，现阶段应该不断提高自身知识水平与科研能力。读博期间，她定位准确，勤勉刻苦，在项目经验、论文成果、学术会议等方面都收获丰富。她作为主要科研人员参与了中国国家海洋局科研专项，在海岛区域规划和动态监测方面开展了大量实地调查、资料搜集、遥感解译等工作，并且取得了丰厚的科研成果，多次参加学术会议，发表多篇高水平论文。除此之外，她还凭借优秀的个人表现获得了国家公派出国留学资格。她目前正在美国爱荷华大学环境可持续发展实验室学习，研究内容是利用遥感卫星对环境可持续发展进行监测和评估。她很享受目前不停汲取知识和提升自我的状态。她坦言，读博过程中的确遇到了各种各样的困难，有技术上的难题，也有理论的瓶颈，但是求是学院的求学经历给了她从容的心态，使她学会遇到困难就积极调整面对，让她明白读博就是一个不断挑战自我的过程。

当问及如果重新回到在求是学院就读的时光，是否会有所改变时，她说："我依旧会做出与原来相同的选择，但希望当时的自己可以更自信和坚定。"

## 丰富实践，经历成长

谈及自己的学生工作经历，曹雯婷笑称那是一条又红又专的路，因为她在求是学院的学生工作都围绕着分团委展开。

大一时作为一名稚嫩的团支书，虽然经验不足，但她对任何事情都充满了干劲：为了写出优秀团支部的组建方案，和组织委员熬夜一遍遍修改、润色；为了组织支部活动，一次次和每个团员协调时间；不厌其烦地通知各项学园活动信息……她说真的很感激当时班级同学对自己的信任，团支书的工作经历是她人生中宝贵的历练机会，也给了她信心和勇气，让她明白团建工作的关键在于人和人之间的沟通，要学会设身处地为他人着想。这次经历也为她后来成为地球科学学院团委副书记（挂职）、研究生党支部书记奠定了基础。

除了担任团支书外，曹雯婷还是丹青学园分团委的一名活力十足的干事。在丹青学园分团委的志愿者中心，曹雯婷参与组织了多项志愿者活动，其中令她印象最深的是定期组织去京杭大运河博物馆的志愿者活动。作为组织者，从前期准备、现场组织管理到后期活动总结，都需要全身心的参与。

一次次的带队经历,让曹雯婷积累了和博物馆工作人员沟通的技巧,熟悉了博物馆的工作流程,同时也感受到了大学生对于志愿者工作的热情和积极。她意识到,高校学生从事志愿者服务是高校向社会传递正能量的一种途径。这些历练和经验,在她心中埋下了真善美的种子,为后来地球科学学院在浙江省自然博物馆成立志愿者基地奠定了基础。

每一次的经历,都会是一次成长;每一次的实践,都会有一番收获。珍惜在求是学院的生活,在浙里,会有不一样的成长。

### 寄语学子,砥砺前行

在求是学院的经历,给予了曹雯婷新的选择与成长。曹雯婷说:"好好享受在求是学院的时光,因为这个平台提供给每个学生无限的可能。"求是学院是一个起点。每一个选择,都是通向远方的路;每一次成长,都让这条路变得更远更平坦。我们在浙里出发,扬帆起航。

——文/徐嘉樱子

# 温文尔雅，玉树芝兰

## ——访浙江大学新闻学专业 2013 届本科生徐雅兰

　　**徐雅兰**　女，中共党员。浙江大学传媒与国际文化学院新闻学专业 2009 级本科生，2009—2011 年就读于求是学院丹青学园。后辅修竺可桢学院公共管理强化班，现就职于腾讯科技（北京）有限公司。曾在求是学院丹青学园学生会、传媒与国际文化学院学生会任职。曾获得国家奖学金、浙江大学优秀学业一等奖学金、浙江大学优秀学生一等奖学金等奖项，获浙江大学三好学生、浙江大学优秀学生干部等荣誉称号。

读书时期

近照

热爱学术研究，沉醉其中；博闻强识，广览群书。以学生干部身份"带飞"全班，以组织干事身份鼓动全员，学业、工作双丰收。

电话那头，我感受到的是一位温文尔雅，似芝兰玉树般的学姐，她的笑声中透着清爽，沁人心脾。

## 自由求是，从容不迫

"从高中到大学的过渡期，你是如何适应的？"

本以为我会得到长篇的抱怨，但是并没有，徐雅兰的回答让我大感意外。"事情多？这种感觉还没有吧。""我大一一年就把求是学院的课程修得差不多了。"

刚进浙大时，徐雅兰和大家一样，也对专业的选择一头雾水。她说："一开始，我真的不知道该选什么好。"对于刚刚由高中升入大学的她来说，各个专业的名字真的很让人疑惑，专业的名字与要学的内容、要做的事情好像都不是很一致。能有两年的时间去慢慢选择自己未来的方向是一件很有意义的事情，谈到这里，她表达了对求是学院专业确认模式的感激。

平稳过渡的不仅是学业，还有课余生活。刚刚进入大学，面对令人眼花缭乱的社团，徐雅兰也是不知道选择哪个好。在学长组的帮助下，她顺利地消除了这一困惑。

在求是学院自由宽松的氛围中，徐雅兰用她的智慧淡定从容地走过了那段适应期。

## 勤学善思，博识广闻

在大一的时候，很多人碌碌无为，终日沉迷于游戏；也有很多人"勤勤恳恳"，假借社团工作之名，驶离知识的海洋。但是，徐雅兰没有走这两条道路，她在大一时就已经保持了一个积极向上的状态。大一一年，她几乎修完了本专业所有的大类课程，还广泛地学习人类学、历史学、逻辑学、信息技术等其他专业的大类课程。她说："因为我本人是一个求知欲比较强的人，所以接触新的东西、学习新的东西会让我觉得自己处于一种很向上的状态。"正是这种求知欲，让她有坚持不懈、一以贯之的动力，这股动力支撑她在大三确认了新闻学专业后，还辅修了竺可桢学院公共管理强化班（UPA）。求知而勤学，勤学而深思，深思所以博识而广闻。

## 喜欢学术，热爱生活

作为国家奖学金获得者的徐雅兰，并不是住在象牙塔里"两耳不闻窗外事，一心只读圣贤书"，而是用各种社团、竞赛、志愿活动将自己的大学生活拓展出了许许多多的可能性。用旋律与光影陶冶艺术情操，用阅读与音乐放松心情，日常的徐雅兰，是一个很懂生活的精致女孩。

大三时，作为学姐，她通过悉心的辅导，帮助学弟学妹们更好更快地适应大学生活；作为新闻系的学生，她积极参加各种新闻采写活动；作为时事政治的关注者，她利用课余时间，积极研究社会热点问题。她有星空般远大的理想，眺望着那些看似遥远的星辰，她一步一步走得坚定而稳健，走向"手可摘星辰"的远方。

## 社团工作，积累人脉

对于社团工作，徐雅兰也有她自己的看法。因为喜欢与人交往，她加入了求是学院丹青学园外联部，让自己有机会接触更多的人、更多的事。她说："大家开会、交流能接触一些校园外的东西，让自己不局限在象牙塔之内。"当时的经历无疑为她如今的工作打下了基础。机会，从来都是给有准备的人的，我们也应该时刻准备着。

徐雅兰在社团工作中收获的不仅仅是经历，还有人脉。她说，浙大学子，尤其是在社团中共事的同学，是很优秀的，"好好珍惜你身边的每一个人，说不定将来他就是你的福星"。

## 自由学术，自由成长

徐雅兰说："不同于高中的应试教育，大学尤其是浙大，学术氛围更加自由。"在新闻专业，她好像发现了一个不一样的世界。"我的院长、导师都坚守新闻专业主义，不会告诉你什么是对、什么是错，但会让你自己去了解历史，去发现更多的可能性。"原来，看世界的角度不止一种，成功的标准和自我的行为方式也不止一种。她还大胆地假设，如果自己的大学不在浙大，不在求是学院，现在的自己一定不是这个自己。是浙大，是求是学院，给了徐雅兰，也给了我们足够的成长空间，足够的自由，让我们成为自己想要成为的那个人。徐雅兰没有选择别人认为的最成功的路，而是选择成为她最满意的自己。

## 珍惜时光,青春无悔

"如果让你重新回到在求是学院就读的时候,你会做什么改变吗?"

她机智而风趣地回答说:"我能再多交几个男朋友吗?"在她的眼中,度过了便不再后悔,越往后面走越会发现,自己对现在的状态满意,对自己走过来的路满意。"如果再返回去,我还是这个我,我一定会再做出同样的选择。"徐雅兰笃定地说。

对学弟学妹,徐雅兰真心实意地分享了她的经验:

第一,珍惜在浙大的这段时光,很可能你以后就再也没有这么自由了,所以,放飞自己,去做自己想做的事情,去收获一个令自己感动的自己。

第二,珍惜自己身边的老师与同学,他们是我们这一生中结识到的最优秀的人,也必将在日后的生活中对我们产生潜移默化、深远持久的影响。

国家奖学金获得者用这样真诚而质朴的话语向我们介绍了她的"国奖炼成之道",以待后人。芝兰玉树般的徐雅兰,也正向着她的芳华迈进。

——文/李　浩

# 以爱为名，温暖谦逊

## ——访浙江大学统计学专业 2015 级本科生张宸赫

**张宸赫**　男，浙江大学数学科学学院统计学专业 2015 级本科生，2015—2016 年就读于求是学院丹青学园。曾获中国大学生数学竞赛初赛、复赛一等奖，浙江大学数学建模竞赛二等奖，浙江大学学业一等奖学金。本科期间与同学合作完成 2 篇学术论文并公开发表在 arXiv（预印本平台）上。

近照

初识张宸赫是在微信上，印象最深刻的是他的微信名——"欧拉的宝宝"。欧拉对数学的贡献卓著，从这个微信名就可以看出，张宸赫对数学十分钟情和热爱。这种热爱，就像海上的空气扑面而来。接下来的谈话更是证实了这种印象——张宸赫谈到，他一直坚持学数学，能将数学学得这么好，原因就在于他对数学的深爱。

记得他是这样说的："我喜欢数学，是因为我发自内心地热爱它。现在的很多同龄人，并不知道自己真正喜欢什么。或者说，所谓的喜欢更多是一种'掩饰'，一种相对的擅长，并不一定是热爱。我想，我对数学的热爱，不是为了搪塞，或者是为了得到某种认可和尊重，而是当我研究数学时，我就忘掉了一切，有且仅仅只有它！"

## 有一种重任——社会责任感

张宸赫谈及他的大学生活时，尤其强调一点——社会责任感。

他说，他愿意和所有浙大人一起，成长为具有社会担当的人，愿意为他人和社会考虑的人。人的一生是有限的，但是我们能为社会和人类做出的奉献是无限的。虽然这句话略显老派，但却是那么真实，真实到让人感动。

身为大一新生的我不禁思考，自己还有没有当初的热血？高考时的上进心是否被安逸的大学生活"收编"？当然，大学生活安逸与否，是自己的选择。是为学业努力奋斗，还是安于现状、得过且过，张宸赫给了我们明确的答案。

## 有一位老师——灵魂塑造师

谈到自己最心仪的老师，他笑了。他说，这些年来，让他感动或者印象深刻的老师太多了，这些老师对自己的影响真的是太大了。多年以后想起来，可能就会觉得，这就是浙大留给自己最珍贵的东西了。不过，非要排个座次，还是张老师最令他动容。

他说，在很多同学的心目中，浙大的老师都是权威。但是他——张老师，并不"耍"权威。留美归来，放弃绝好的机会和待遇，义无反顾地选择了浙里。课堂上，他最重视学生数学思维的培养。发现讲解失误，他能放下教授的架子，与同学们讨论。课下，他会与有疑惑的同学谈心，甚至给予学生人生道路选择上的建议。

谈到这里，张宸赫甚至有些激动："你们采访我，不如去采访这位张老师，他是真正的灵魂塑造师！"俗话说得好，要想看一个人，可以看他如何评价他人。我相信，尊重自己的老师并且心存感激的张宸赫，一定是一个心中有丘壑的好男儿，一个有理想而又有人情味的好男儿！

## 有一种发展——不想只学理

不知大家眼中的数学学霸是什么样的？恐怕大多数人都是这样一种印

象——不修边幅,理科知识超好,文科知识不佳。但是,张宸赫绝不是这样的。第一次采访,问及最近做的事情,他特别提到了正在看的《悲惨世界》,并谈起了自己的一些理解和看法。

此外,张宸赫还特别强调:"作为理科生,自己在高中时并没有那么多时间和精力,没办法提升自己的人文素养,总觉得有些遗憾。所以,上大学以来,自己就做了很多补充阅读,目的就是提升综合素养。"人的一生,也是一个自我补充和完善的过程。学无止境,特别是处在现在这个信息爆炸的时代,几天不上网就好像与世界脱了节。但是,要真正实现灵魂上的升华,还是要靠读书和思考。

## 有一种坦诚——我想低调些

就整个采访过程而言,并不像想象中那么顺利。原因之一,就是张宸赫特别低调。问起他的成绩时,他只是强调,绩点并不是衡量一个学生的唯一因素,或者说,他总觉得自己不够优秀……其实熟悉他的人都知道,低于99分的成绩,他都是不愿意谈起的。

从张宸赫身上,我真正感受到了坦诚的力量。高手或许会伪装自己,以反衬自己的高明。但真正的强者,会让别人看到自己的努力和追求,从而促使他人上进。与他接触,更多的是学术和思维的碰撞,而不是人情的卖弄。

张宸赫寄语学弟学妹:"如果学数学是出于热爱,请把注意力放在定义、定理和学科结构上,在这个基础上多做题。数学是思维的科学,只有在了解了定义、定理与学科之间的关系之后,才能真正培养出数学人应该具备的思维。如果学数学是为了工作,请把注意力放在模型假设和推导过程,以及如何将其应用到具体问题上。如果学数学是为了成绩,请把注意力放在刷题上,刷题永远是浙大数学系考试提高分数的最快方法。"

——文／汤希珍

## 仰望天空，脚踏实地

### ——访浙江大学海洋工程与技术专业 2016 届本科生刘嘉冰

**刘嘉冰**　男，中共党员。浙江大学海洋学院海洋工程与技术专业
2012 级本科生、2016 级直博生，2012—2014 年就读于求是学院蓝田学
园。曾任浙江大学第十五届博士生会副主席、海洋学院第六届研博会
主席等职务，曾被选为中共浙江大学第十四次代表大会党代表。曾获
唐立新奖学金、浙江大学优秀学业一等奖学金、太平洋造船奖学金、浙
江大学社会工作奖学金等奖项，获浙江大学优秀学生、优秀研究生、三
好研究生、优秀团员等荣誉称号。参加浙江省第十四届"挑战杯"学生
课外学术科技作品竞赛并获一等奖，参加浙江大学"蒲公英"大学生创
业大赛、浙江大学"中控杯"大学生机器人竞赛、浙江大学节能减排社会
实践与科技竞赛等校级竞赛并获得奖项。

读书时期

近照

　　从浙里生活到无限未来，从社团工作到科研经历，刘嘉冰走过的是每个
浙大人都在走的道路。"俱怀逸兴壮思飞，欲上青天揽明月"，刘嘉冰用他的

抱负和坚持,走出了一条与众不同的成长之路。"面朝大海,春暖花开",对他来说,这不是一句诗,而是他所奋斗的未来。

### 开阔视野,拓展格局

回首在求是学院那段时光,刘嘉冰说道:"我觉得大学的意义不在于教了你多少知识,也不在于拿到了一张印着浙江大学字样的文凭。求是学院最重要的是让我体会到了浙江大学的精神,学会了一种做事情的思维。在求是学院的两年里,我参加了不少学生组织、志愿者服务和各种活动、比赛,这些经历让我学会了像浙江大学这样的名校在办事情时,要拥有怎样的严谨精神和办事方式,对待事情应该是怎样的一种态度。这些经历会告诉你应该往什么方向走,应该如何去做一件事情,而不会直接告诉你这件事具体怎么做,我觉得这是我在本科阶段学到最重要的东西。它无法从课本上获得,但是对我的人生有着至关重要的作用。我很感谢求是学院,这是求是学院教会我的一生都不会忘记的东西。"也许,这也正是每个浙大人来到浙大的意义所在,求是学院带给我们的视野和格局,是我们每个求是学子未来腾飞的基石。

谈及在求是学院的好友时,刘嘉冰的声音里充满了感激:"我觉得我一定是个很幸运的人,才能在成长的路上遇见这么多的贵人。"在这些贵人中,肖同学对他的影响最为深远。人总是会遇见各种各样的挫折和打击,在他自己都怀疑自己时,肖同学却总是相信他,欣赏他,给予他最真诚的鼓励,帮助他调整心态,找回自信。"他总是在我最不尽如人意的低谷时期拉着我前进。"刘嘉冰这样感谢他的这位挚友。有一次,肖同学邀请他一起去参加"挑战杯"学生课外学术科技作品竞赛,在那段时间里,刘嘉冰受到一些事的影响,不能投入"挑战杯"比赛准备中,即使是这样,肖同学仍旧认可他的作用,把他放在团队里相当重要的位置。最后,在和肖同学的一同努力下,团队拿到了浙江省"挑战杯"比赛的一等奖。正是许许多多这样的好同学、好老师,让刘嘉冰有了面对一切困难的勇气。他说,在求是学院碰见的这些贵人,是他一生的财富。

### 勇于承担,全面发展

在求是学院,学生工作和学习是两个主旋律。刘嘉冰不仅参与了许多的学生组织,做出了不少成就,在学业上也取得了十分优异的成绩。

问及如何把握学生工作和学习的关系，他说："我大一时就加入了许多学生组织，大二时又加入了海洋学院学生会和海洋学院青年志愿者服务中心，确实会面临事务杂多、时间不够用的情况。但在这种情况下，我会先把手头紧急的事情做好，可能大多数同学会把学习摆第一位，但是我觉得做学生工作是为大家服务的，比如说给学院服务，这些事情不仅仅是我一个人的事情，它代表着老师和同学们对你的托付和信任，也是我的责任，这些托付是不可以被辜负的，所以在同时有很多压力的情况下，我会选择先把工作的事情完成，学习的事情稍往后拖一拖。这种情况下，我就会及时和老师去沟通，老师一般都会很理解，甚至会提供一些辅导，这样学习的效率也大大提高了。当然，这些学生工作对我的帮助也很大。一方面，让我的组织能力和工作能力有了很大的提高；另一方面，对我的心态有影响，有时我要同时多线程处理许多事情，这样的事情处理多了以后，我遇见问题也不会慌乱，承受压力的能力也大大增强。"

在问到他是如何在那么忙的情况下还能够做到成绩优秀时，他告诉我们，"我很喜欢与人交流，每个人的学习方法不同，每个人对事情的见解不同，所以我很喜欢从别人那里获得灵感，很喜欢和我的朋友们一起去自习室学习，而不是一个人学习。一个人学习往往只会做做题，这样对知识点的学习是很浅层的，但是如果和别人一起学习，就会有交流、有沟通，就会有一些深层的东西被发掘出来"。

在学习之外，刘嘉冰还培养了不少爱好，例如摄影、弹琴、打羽毛球。"我还拿奖学金买了一台单反相机呢。"他笑呵呵地说。这些爱好，充实了他的课余生活，也让他的精神世界更加丰富。他认为，有几门拿得出手的爱好能让人利用好空闲的时间，像摄影这类的爱好，甚至对他的科研工作也有一定的帮助。

## 仰望天空，脚踏实地

"为什么选择海洋专业？"在谈到关于专业与人生的选择时，刘嘉冰笑了笑，用自信而笃定的声音说："因为男人的征途是星辰大海。"

"在大一的时候，我机缘巧合选了一门大二的课。在那门课上，和我同组的四五个学长都是海洋学院的，在和他们的交流中，我了解很多关于海洋学院的事情和这个专业的方向。在这个过程中，我发现了自己对大海的热爱和向往。海洋是孕育着无限可能的地方，无论是对于专业方向还是对于人生而言，海洋那般未知而壮阔的世界都是我的目标。"

说到选择，他感触颇多，但不曾有过后悔。"在海洋学院内，我也多次变过专业方向，从一开始的机械方向到后来的集成电路方向再到 AI 芯片设计，从跟随朱书记学习到师从徐志伟教授，我经历过许多次选择。幸运的是，在目前看来，这些选择都是正确的。"

"仰望星空，脚踏实地"也许最能形容刘嘉冰目前的心态。他说："与从小学到高中那种相对固定的阶段不同，从大学开始，每个人势必会面临许许多多的选择，这些选择和决定影响着我们的人生道路。前几年，我认为，身为浙大人，身为求是学院的学生，在面对每个选择时，不应该着眼于生计和一些鸡毛蒜皮的小事，而应该以未来的国之栋梁的身份要求自己，追求自己的理想。但是，这几年，经历许多的事情后，我发现做出纯粹的选择并不容易，我们还需要考虑家人和其他人的想法，考虑自己的目标是否切合实际。如果你追求更好的物质生活，你必须舍弃一些东西；如果你想把科研做好，也需要舍弃许多东西，这都不容易。总之，我觉得我们应该以自己的理想和目标为主，兼顾一些实际的问题，去做出自己认为最无愧于心的选择。在求是学院如此，在人生道路的每一步上也如此。"

## 时光不复返，求是永留存

时光不复返，求是永留存。刘嘉冰也感慨，不知不觉间他已经离开求是学院三年，但是他仍旧牵挂着求是学院的学弟学妹。他提出了一些建议："要尽早做好自己的职业生涯规划，这对于个人未来的成长会有很大的帮助。如果没有一个明确的目标，即使是终日忙碌学习其实也是效率低下的。而对于职业生涯规划，除了一个主方向以外，还要给自己留下一些选择的余地，不要孤注一掷。""最重要的是，我希望学弟学妹在求是学院的学习生活能做到，当二十年后的自己回想起这段时间时，不会后悔、不会遗憾。大学绝不只是学习知识，更要多去体验社会，为社会做出自己的贡献，这样，当自己走出校园时，就会无愧于心。学弟学妹们，尽管去闯吧！每个人的征途，都应该是星辰大海！"

——文／黄天炜

# 走一条规划外的路

## ——访浙江大学应用心理学专业 2017 届本科生方天米

**方天米** 女,中共党员。浙江大学心理与行为科学系应用心理学专业 2013 级本科生,并修读工业设计双学位(浙江大学设计创新班),2013—2015 年就读于求是学院蓝田学园。现已被卡内基·梅隆大学计算机科学学院人机交互专业录取并获奖学金,攻读教育技术与应用学习科学硕士(METALS)。曾任浙江大学学生会公关部副部长、心理与行为科学系团学联副主席。曾获国家奖学金(2 次)、唐立新奖学金、浙江大学学业一等奖学金(2 次),获浙江大学优秀学生(3 次)、浙江大学优秀学生干部(2 次)等荣誉称号。曾参与包括阿里巴巴、卡西欧在内的多个校企合作项目。

读书时期

近照

大学时光,正是青春芳华岁月。能找到一群志同道合的人,一起努力拼搏,是非常幸运的经历。

对于"让你印象最深的一件事",方天米给出了这样的回答:"我想,最难忘的是和同一个小组的同学共同努力吧!心理系的实验课,很多是以小组作业的方式进行的。那段时间,我们一起熬夜写生理心理学以及其他多门课程的实验报告。大家都面临着很大的期末压力,于是,我们相约到北街'刷夜',五六个人一起努力,当然,最终我们也交出了一份满意的答卷。后来,我们就常常相约在考试周一起学习,'一人孤单,不如一起做伴'。有一次我们去西溪'刷夜',回来的时候,校门已经关了,于是,我们小组成员就一起翻越了铁门……虽然当时觉得很辛苦,很疲劳,但是现在回忆起来是充满趣味和快乐的。大学时期关系最好的朋友,就是那时一起熬夜的小组成员们。"

谈到"最想感谢的一个人"时,方天米笑着说出了高在峰老师的名字。"其实系里的每位老师对我的帮助都很大,但是高在峰老师却让我印象最深刻,可能是我跟着他一起做了两年研究的原因吧。高老师是一个学术作风非常好的老师,他身上有很多值得我们学习的东西。他教我们怎么做科研、怎么提出研究方案并一步步地去完成它。在答辩的时候,他会'挑刺',以严谨踏实的科学态度指导我们的学业。同时,他非常负责任,态度也很谦和。我最终选择以人机交互作为研究方向,高老师影响尤深。高老师的课程基于心理学理论,我非常感兴趣,学习理论、应用理论对我来说是非常有意思的过程。"

方天米也谈到了自己选择心理系的经过:"其实,一开始我是药学大类的学生,但经过一段时间的学习,我觉得药学这个专业并不适合我。于是,我就着手做起了转专业的准备。起初,我选择了三个方向:心理、金融、计算机科学。通过旁听、听网课等各种渠道,我对这些学科进行了一些深入了解。最后,我发现心理学最能触动我的兴趣点,因为我对心理学'能够破解人行为背后的秘密'这一说法非常感兴趣。后来,通过自己不断的努力,我如愿以偿地换到了心理系。进来之后,褪去神秘色彩的心理学虽然没有之前想的那么科幻,但我还是很喜欢的。"

"我觉得,大学就是要选择、学习自己真正喜欢的东西。因为,只有喜欢了,你才会忘却学习过程中的疲惫与苦恼,全身心地投入其中。"

### 勇于尝试，寻找自我

"我不是那种一下子就知道自己将来要做什么的人。"

方天米认为，求是学院宽松、交叉式的人才培养模式，给了她很多的机会。"这里的环境很宽松自由，只要你想做一个研究，就可以去选择。求是学院不会强制你按照所提供的模式按部就班地操作，你可以尽情创新。同时，这里的选课非常自由，你可以不断了解、尝试不同的东西，逐渐明确自己今后的发展方向。""我想做的是应用心理学的理论，做更好的设计、产品，甚至是社会设计，通过产品改变人的行为。所以，我最终选择了人机交互方向。后来，我选择 CMU（卡内基·梅隆大学），也是因为这所学校的优势学科和我想要研究的方向非常贴合。虽然我研究的是一个偏计算机科学、编程的学科，但我想在它和心理学理论之间找到平衡点，这也是我选择这所学校的另一个原因。另外，这个学校的录取通知是我收到的第一份录取通知，可能也是因为首因效应吧！"

"能在大学四年结束后找到自己的方向，我很引以为傲。当然，这也离不开求是学院宽松的培养氛围，在这里，我做了更多尝试，了解到什么是真正适合自己的。"

### 放开自我，勇于探索

"不要着急确定以后的方向，不论是出国的意向还是研究的方向。""我选择出国，一方面是因为家里一直有想让我出国的意向，另一方面也是我想要做的这个研究，在国内没有这个方面的硕士。因为决定得比较晚，所以我很晚才考 GRE（美国研究生入学考试）、托福。"

方天米鼓励大家去尝试更多的可能性，"不要现在就把你未来的发展方向定死，要尽量去尝试不同的事物并享受其中的乐趣。这些尝试都会变成你非常独特的经历，尝试之后才会知道什么是最适合自己的。不用老是担心自己找不到方向。大一的时候我也是迷迷糊糊的，不知道自己未来的方向在哪里，经过不断的尝试，到大二、大三，我才终于明白自己的心之所向"。

"在这里可以给想要申请国外大学的朋友两条建议。低年级的同学，首先是要保住自己的绩点，语言能力是次要的，学有余力的话，可以去考虑一下。也不用太担心，因为在国际上浙大还是很被认可的，申请好学校也不会太难。今年（2018 年）年底申请的朋友，多跟自己的导师聊聊，他们会给你很好的建议。当时,我在出国与在国内读研的选择中徘徊,我的导师就给了我很多建议,帮我拨开迷雾,让我找到了适合自己的发展模式。"

方天米总结说:"放开自我,去探索,不用担心做无用功。生命中所有经历的事情都是有意义的,说不定某一天,你会恍然大悟。记得在上吴明证老师的社会心理学课时,觉得那些理论没有什么用,但现在做的一些研究就用到了当时学的理论。有些看似无用的知识,说不定哪天就会派上用场。"

采访结束的最后,方天米寄语学弟学妹:"开学快乐! 保重身体,少熬夜,学业多进步,取得好成绩! 也希望心理系的诸位,能够真正做到'以理观心'。"

——文/潘晗希　侯欣宇　蒋嘉雯

# 拼搏到无能为力，坚持到感动自己

## ——访浙江大学大气科学专业 2013 届本科生张含

张含　女，中共党员。浙江大学地球科学学院大气科学专业 2009 级本科生，浙江大学地球科学学院大气科学系在读直博生，2009—2011 年就读于求是学院丹青学园。曾担任团支部宣传委员、实验室安全责任人。曾获国家奖学金、CASC 奖学金三等奖学金、博士生优秀岗位助学金等。多次获校级优秀研究生、三好研究生以及院级优秀学生干部等荣誉称号。参与了 4 项国家级科研项目，发表 6 篇 SCI 论文，其中 4 篇在 SCI 一区期刊发表。参加"2014 年全国大气科学博士生学术论坛暨第十四届海峡两岸青年学术研讨会"并获得最佳论文奖。

读书时期

近照

张含在大一时就找准了目标，确定了大气科学的学习方向，并为此奋力前行。对陪她一路走来的老师与同学，她非常感激。

### 找准目标,奋力前行

刚进大学时,面对人生的重要抉择——专业选择,张含也曾迷茫。好在有求是学院组织的专业交流会,帮助张含确定了方向。"当时,大气专业乃至地球科学学院的各位领导老师、学长学姐与我们坐在一起,很亲切地为我们答疑解惑,为我们日后的学业以及事业规划奠定了很好的基础。"张含回忆说。

关于如何学习,张含建议:"对于课程,主要还是自学,有问题要及时解决,可以充分利用网络资源,也可以自发组成一些课程学习小组,一起学习,互相帮助。"在求是学院学习期间,在每周的固定几个时间段,张含会与三五个同学一起学习,讨论难题,交流学习方法,在互相帮助的同时还能督促彼此认真思考。同时,张含还坚持每周列一个粗略计划,每天列一个详细计划,这让她的学习更有效率。

在求是学院学习期间,张含选修了许多大气科学的相关课程,也做过一个关于台风的本科生科研训练计划(SRTP)项目,这让她在很多方面有了突破。这些学习与尝试,也为张含在直博阶段的工作做了充足的准备。

### 心怀感激,一路有你

提起最感谢的一个人,张含立刻想到了她的恩师——曹龙教授。她在大四阶段进入曹老师的研究小组,在曹老师的引领下,科研的大门向她敞开,她真正爱上了这门学科,爱上了学术工作。"六年来,我学习上的所有进步、科研上的所有成果、各方面能力的提高,都应该归功于曹老师的指导与培养。"她感激曹老师:遇到挫折与错误时,是曹老师的热情鼓励与耐心指导帮助她渡过难关;遇到机会时,是曹老师的无私支持让她有机会锻炼自己。

谈到高中向大学的过渡期,学姐同样心怀感恩。她认为能顺利适应得益于三个方面。一是她的母校(衢州二中)非常注重学生自学能力和综合实力的培养,这使得她能够很好地适应大学相对自由的课余生活,也让她在完成学习任务的同时,通过各种活动提高自己各方面的能力。二是求是学院的老师和学生干部,是他们精心策划的活动,让她迅速地融入了浙大这个大家庭。在她遇到困难的时候,他们总是会在第一时间伸出援手;平时,他们也会积极组织各项活动,帮助新生快速适应大学生活。三是大一、大二陪她一路走来的室友以及朋友们,每当她心情低落的时候,她都会找朋友们谈谈心，倾诉心中的苦闷。张含认为，将想法闷在心里并不是很好的解决方法，与朋友们谈谈心、聊聊学业与生活是个不错的选择。

## 不忘初心，方得始终

张含现已发表 6 篇 SCI 论文，其中 4 篇在 SCI 一区的期刊发表（1 篇发表于 *Nature* 子刊）；同时，她还参与了 4 项国家级的科研项目。在五六年学术工作的锻炼下，张含能够熟练运用 Fortran、Python 及 C 语言进行编程，熟练运用 Linux 操作系统以及各种数据和图像处理软件。张含还拥有多种复杂数值模式（包括气候和地球系统模式、陆面模式等）的编程及耦合经验，并行计算（MPI）编程经验，还具有优秀的处理各种观测及模式数据的能力，优秀的英文阅读、写作与交流能力。

在学习与工作上的优异表现，让张含每年都能获得各类奖学金，获评各种荣誉称号，其中，国家奖学金及博士生中期考核排名都为第一名。这些成就，与她在求是学院学习期间奠定的基础密不可分。在大一的专业交流会上，张含对自己的专业选择以及职业规划有了更加深入的思考，也正是因为这次交流会，张含才会坚定地选择大气科学专业，才能在她自己所热爱的学科领域中做出成绩。

## 劳逸结合，健康作息

尽管已经小有所成，但她心中还是有一点小遗憾。比如，工作与休息的平衡问题。她说，在学习或者工作比较投入时，她的作息就会不太规律，如果一个问题没有解决，她就会一直想办法解决，睡眠质量、身体健康就会受到影响。因此，如果让她重新回到在求是学院求学时光，她想要调整好自己的作息，提高工作时的效率，并留出一些时间进行体育锻炼。她说："在求是学院就读时如果我能养成健康的作息，我相信我将受益终身。我也很希望学弟学妹们可以做到健康作息，保持自己的身体健康，毕竟身体才是革命的本钱。"

韶华易逝。如果说九年前的邂逅仅仅是一次命定之外的偶然，那么今日的怀念则是经历难忘寒窗岁月后的必然，求是学院将永远留存在张含最宝贵的记忆中。"学弟学妹好似怀抱梦想的雏鹰，祝愿你们羽翼丰满，从浙里开始，展翅翱翔！"

——文/项梓轩

# 书到用时方恨少，事非经过不知难

## ——访浙江大学生物技术专业 2012 届本科生柳文鹏

**柳文鹏** 男，中共党员。浙江大学生命科学学院生物技术专业 2008 级本科生，2008—2010 年就读于求是学院云峰学园。直博进入浙江大学生命科学学院生化所沈炳辉老师实验室，DNA 修复和肿瘤发生机制方向。2013—2015 年在加州理工学院生物化学与工程学系坎贝尔(Judith L. Campbell)教授实验室博士联合培养。现于美国范德堡大学生物化学系科尔特斯(David Cortez)教授实验室进行博士后训练。

读书时期 近照

经过生命科学学院辅导员老师、学姐的推荐，我们有幸采访到了远在大洋彼岸进行博士后训练的柳文鹏。因为有 13 小时的时差，我们的微信聊天经常在一方刚刚起床、一方即将睡下之时进行，但柳文鹏总是热情满满地回答我们的问题，向我们讲述他在浙里的求是之路。

### 过渡期的坎坷之路

柳文鹏 2008 年进入求是学院云峰学园就读，是求是学院第一批大类招生的成员。前两年就读于生命科学大类，后两年进入生命科学学院生物技术专业学习。

问到在求是学院就读时印象最深的一件事和最想感谢的一个人时，柳文鹏沉思了一会儿，告诉我们有好几件印象比较深的事情："在大一过渡期时，有一段时间，我和好朋友经常晚上去港湾家园的一个台球厅打台球，每次都玩到深夜两点半关门才回来。在进楼门的时候需要刷门禁卡，久而之，学园老师就了解到了这一情况，于是找到我谈话聊天，询问每天晚上那么迟回寝是否有什么原因，我说最近心情不太好，和朋友去打台球散散心。学园老师也没说什么，就劝我注意身体，别总是那么晚回寝室，一则对自己身体不好，影响第二天的学习，二则也多少会影响到其他室友的休息。"柳文鹏说学园的管理十分人性化，几乎从不强制，但是必要时会出面关心学生的生活和学习。这就给予了学生很大的自由度，但也不会放纵，让学生对自己所做的事情负责。另外一件印象很深的事情，是他这一届有四五名学生因沉迷电脑游戏而没能完成学业，被中途退学。这虽然与他们作为首届大类培养学生进入学园学习，学园经验不甚充足，管理和引导工作不是非常全面有一定的关系，但是从迈进大学门槛的第一天起，我们就要做到对自己负责。

我们询问柳文鹏在求是学院读书时期有没有一些很有成就感的事情时，他告诉我们，的确有一件事现在回想起来还是觉得自己做得很对。"大二之后从学园进入学院，学校要求我们从碧峰集体搬到丹青。我们大多数不愿意搬，于是我组织同学写联名信做'钉子户'。我之所以引以为傲，是因为我觉得，这是我内心对民主的一次理解和践行，而这样的担当大概就是通过参加社团活动锻炼得到的。"

谈到大一过渡时期的学习情况，柳文鹏有些害羞和悔意，他告诉我们，当时大一的课程安排得很满，一学期大概是 38 学分，他同时在校学生会、学院学生会、生命科学协会做干事，还在学园素质拓展中心做过干事和负责人，带过一次社会实践团队，每天都十分忙碌。但柳文鹏说自己还是能保证每晚十一二点睡觉，可见办事效率与时间的合理安排是非常重要的。他认为自己在大一的过渡期里，各方面做得并不是很理想，给自己设定了太高的目标、过多的追求，而人的精力是有限的，学习成绩也受到很大的影响。柳文鹏懊悔地说："我应该少修一些课，把每门课都学习好，学校安排大类课和公共课都是很用心的。如果学习有空闲时间，想丰富一下生活，参加一个兴趣社团就足够了。"他希望通过自己的经验教训，告诉学弟学妹，要用心做事，多和学长学姐、同龄人交流自己的学习经历与体会；如果所有经验都是靠自己摸爬滚打得出来的，那么自己的人生一定是一部苦不堪言的血泪史。在大学做的每个决定都要审慎，切记三思而后行。柳文鹏说，如果能够重新来一次，他肯定会选择以学习为重，学生社团活动适可而止。

## 博士期的科研之路

柳文鹏本科四年就读于浙江大学生命科学学院生物技术专业，在 2012 年毕业后，保送进入浙江大学生命科学学院生化所沈炳辉老师实验室，攻读博士学位，生物化学与分子生物学专业 DNA 修复和肿瘤发生机制方向。2013—2015 年，在沈老师的引荐下通过国家留学基金委（CSC）公派留学方式在加州理工学院生物化学与工程学系坎贝尔（Judith L. Campbell）教授实验室博士联合培养，研究开发 DNA2 核酸酶抑制剂。之后回到浙大继续完成博士学位。2017 年毕业后去美国范德堡大学生物化学系科尔特斯（David Cortez）教授实验室进行博士后训练，方向是筛选和研究应对 DNA 复制压过程的修复机制。如此丰富而精彩的科研之路，让同为生命科学院学子的我，感到未来之路充满机遇，也充满挑战。

凭着对生命科学的热爱，对科学研究的执着，柳文鹏走过了漫漫九年科研之路。九年风雨征程，他在国内外优秀的实验室中收获了不少心得与经验。

问到在加州理工学院的学习体会，柳文鹏告诉我们，每个人都会有自己不同的经验与感受，现在国内很多实验室的学术水平也都很不错，国外的实验室也有参差不齐的情况，所以不一定国外的实验室就更好。就他的个人经历而言，他接触的外方教授做研究、分析数据，逻辑感都很强，国外学校的设备平台和设施都很规范、专业，虽然浙大有不少仪器也很先进，但是整体上还是不够专业。如果要出国，一定要选好实验室，一个好的实验环境和团队会让人很享受，不好的环境会让人备感煎熬。留学不只是为了做学术研究，更重要的是锻炼自己的生活能力，认识国外社会，开阔眼界，体验与接触不同的文化生活以及各色各样的人与事，等等。

现在，柳文鹏仍然在美国范德堡大学进行博士后训练，科研之路漫漫，唯有对生命科学的赤诚热情，对求是的追求，陪伴着一代代浙大科研者前行。

### 点滴经验，以示来者

柳文鹏谦虚地建议我们："不要都采访那些优秀的校友，还应该多采访一下像我这样有惨痛教训的人。你们一定要把我作为反面教材来讲给学弟学妹听。"每个人的成长都会遇到很多挫折与惨痛经历，光彩夺目的背后，都是鲜为人知的摸爬滚打。在此，十分感谢柳文鹏，愿意慷慨地与我们分享自己的点滴经验，让我们能够少走许多弯路。

柳文鹏告诉我们，本科有很多出国的机会，但他因为绩点不高导致没有抓住出国交流的宝贵机会，毕业申请出国同样因为成绩问题而受到影响。他说本科的时候做了过多的社团工作，精力太分散，学生工作没做好，学习也没有很出色，还导致四年宝贵时光一直都很拼很累，哪怕是一个方面也没能做到最好；如果能够重新来一次，一定会少选一些课，每门课都好好学，只参加一个组织社团的活动，争取能够有更加优秀的成绩。

"学习应该更注重什么？大学里应该注重培养哪一方面的能力？"对于这个问题，柳文鹏谦虚地回答道："我想能来浙大的同学学习应该都很优秀，有自己的方法，会比我做得好，我就不多说了。至于注重培养的能力，我觉得也因人而异，每个人都有自己的兴趣、自己未来的规划，朝着那个方向努力就好。比如说以后想做销售就练好口才，想做研究就练好逻辑思维。没有一个统一的标准，毕竟大家的优点都不可能一样。大学四年要努力认识自己，探索自己的潜力，知道自己到底想要什么，想要过什么样的生活。在学有余力的情况下，可以考虑通过社团活动提升交际能力。"

——文／章贝宁

# 找准定位，奋力拼搏

## ——访浙江大学固体力学专业 2013 届本科生毛国勇

**毛国勇**　男，中共党员。浙江大学航空航天学院固体力学专业 2009 级本科生、2013 级直博生，2009—2011 年就读于求是学院蓝田学园。曾获得 2011—2012 学年本科生国家奖学金、2014—2015 学年博士生国家奖学金。

读书时期

近照

求是精神与情谊作为每个浙大人的精神凝结，引领着我们向未来迈出坚定的步伐。作为求是学子，毛国勇将这份情谊深化、升华，并具象化为对友情的珍视、对理想的追逐、对未来的探索，焕发出新的色彩。弱水三千，取我求是之魂。

### 求是友情，贯穿如一

进入大学后，宿舍成了主要的生活区，与班级相比，我们往往自觉地把宿舍视为"家"。而同一屋檐下的室友，是大学生活中与自己联系最为紧密的一群人。"一起扛过枪，一起同过窗"，这样的交情是何等难得。毛国勇在采访中感叹，求是学院中收获的友谊是今后最值得纪念的，对个人发展也有很大影响。

他说，良好的寝室氛围对个人习惯的养成有着至关重要的作用。纵然室友来自祖国的天南海北，性格习惯各异，兴趣爱好有别，但大家共同面对着生活中的起起落落，为着相似人生理想奋斗的点点滴滴，保持自我激励，对学习、生活始终怀有积极进取的心态——这在很大程度上影响了他如今的行为习惯。

身边榜样的影响是无形而又无时不在的。"印象最深的一件事，不，应该说是一系列的事，可能就是寝室四人的彻夜长谈。在我们这个东北人、广西人、湖南人和浙江人的混搭组合中，因为口音的原因，很多时候我扮演的是翻译角色，不然，广西人听不懂东北话，东北人听不懂湖南话。但是谈天说地，'抖抖'迥异的家乡见闻，争论纷繁的时事见解，聊聊终极的未来规划，把我们联结在一起，续写着彼此的故事。"毛国勇在建模中多次遇到困难，是室友们的讨论给了他理论灵感。

室友并不一定是在你领奖时第一个上去祝贺你的人，但肯定是在你背后默默支持着你的人，是在你需要帮助的时候伸出援手的人；他们并不一定会给你锦上添花，但一定会雪中送炭。这份求是情谊，是每位求是学子收到的最好礼物。

## 认识内心，勇敢成长

毛国勇来自浙西开化的农村地区，上大学后第一次来到了大城市杭州，所以一开始其实他还是很不适应的。大城市让他眼花缭乱，很多东西是他闻所未闻、见所未见的，他花了好长时间来适应。求是园里一群关心毛国勇的人——同经历同感受的同学，时不时给予鼓励和加油的朋友，还有无私奉献的辅导员与期盼学生成才的老师，使他成长为一名筑梦者。

毛国勇的语气中带着笑意，透露出那段时期才有的天真纯朴："学习上也曾经历过不适，当年轻信了高中老师所说的'大学可以放松点，成绩不是那么重要'，于是在专业学习上不太上心。"安逸的状态终于在大二评奖学金的时候被打破。三等奖的结果使这位曾经的佼佼者追悔莫及，但从另一方面看，这也使他重新审视自己、激励自己。新的奋斗意味着艰辛，但更包含了成长，终于，他也得到了国家奖学金的肯定。

我们都曾体会过自习室里没有一个认识的同学的寂寞，一大堆课程作业在面前铺开的焦虑，陌生人面前没有依靠的恐惧，不知道未来方向在何处的迷茫，毛国勇建议大家摆脱过去在家长、老师呵护下的自己，而要探求那个真正的自己。"步入大学，我们学会独立的同时要学会正确地评价自己，在不同环境下能够客观地评价自己及他人。"当环境变化时，优秀的我们要重新起航，用新的标准要求自己，更加理性地评价自己，可以运用心理学知识调节内心，成就更加优秀的自己。

## 独立自主，求实求真

李开复曾言："在大学里，最重要的事情是打好基础，学习如何学习、培养独立思考学习的习惯、利用好离开家庭独立的机会、练习与人相处的技巧，这也是人生一次专注学习的机会。"在整个大学中，学习能力的培养贯穿始终，因为知识会不断更新，掌握学习新知识的能力才是关键，而自学是大学最重要的学习方式。

"知道自己的不足就多向别人学习。"毛国勇在大二时加入了一些自习团体。"那段时间听得最多的音乐就是《梁祝》了，几乎每晚回寝室都伴随着《梁祝》的音乐。"从小地方出来的毛国勇意识到自己电脑知识的匮乏，所以经常泡图书馆、自习室，成了临湖的超级常客。在数月如一日的坚持学习下，Mathematica、MATLAB、SolidWorks、AutoCAD等成为他学习科研的助力，数年后也为他的简历增色不少。此外，他还掌握了电脑装机等具体操作技能，通过社团等途径去帮助同学。

谈及自学能力，毛国勇说，"我觉得自己的学习能力不是很强，主要还是高中的那一套，预习、练习、复习，没有捷径可走。但学习的意识和心态比较重要。记得学院针对常见的学习问题如学习目的不明、方法不当等，早早通过各种途径对我们进行了教育。我们应及早告别做嗷嗷待哺的小鸟，而要成为主动觅食的'求是鹰'。"

在高中，我们主要是为了高考才会去汲取如此多的知识，但是在大学，我们学习的目的是为了实现个人理想，在未来的工作生活中寻求到更多更好的机遇。掌握学习的主动权，找到适合自己的学习习惯，在求是学院所提供的各种资源和学习机会的助力下，不断努力前进，那么，展现在我们面前的将是一片浩瀚无垠的知识海洋。

## 返璞归真，回归自我

从一名高中生成长为一名真正的大学生，需要做到哪些？别的不谈，为人处世经验和人格教育肯定是重要的方面。毛国勇平时就热爱阅读，本科时期接触的各门类书籍也促使他对有关人性价值的问题进行了思考。

"对我价值观影响比较大的，有叔本华的《人生的智慧》、派克的《少有人走的路》、卡耐基的《人性的弱点》等，它们所阐述的为人处世的基本经验，所指出的意义非凡的人生道路，对我个人的成长具有相当大的帮助。"毛国勇说，"幸福源自人的内在，而不是身外之物或他人的看法。人的内在越丰富，对身外之物的需求就越少，在独处的时候就不会感觉孤单、无聊，反而会自得其乐。"

"命运给你酸柠檬，那就把它做成柠檬汁，凡事尽力，不必太在意结果或指责"，"做一个善于倾听的人，真诚且尽力从对方的角度看事情"。毛国勇所展现的，是一个善待生活、乐观不羁、收放自如的大男孩形象。

谈及现在取得的成就，毛国勇谦虚地表示不值一提，还分析了自己存在的一些缺点：虽然现在写的论文数量挺多，但是在质量方面还是不够，学术上难以独当一面。"不过总的来说，大一、大二的学习对于我这些年的学术工作还是非常有帮助的。"

毛国勇指出，科研工具主要可以分为三块：理论、数值模拟、实验。而经过大一、大二的学习，他已经对后两者进行了较多的学习，所以在科研过程中，他可以比较自如地进行各项处理。"得益于各种专业软件的针对学习，我在做科研实验的时候，可以自己搭建控制平台，可以自己建模型，研究得以较快推进。"

毛国勇很感激浙大当年的大类招生模式。在他看来，一个人涉猎广泛，可以帮助他在遇到困难的时候较快地找到解决问题的方向，而针对具体问题，只需进一步的学习即可解决。"虽然最后我是学力学的，但是在本科期间也学了很多计算机方面的知识，并和相关专业的同学有很好的交流。非常感谢这个氛围，让我可以比较自由地学习各类知识。"毛国勇最近研究的一个课题是关于一种智能软材料在动态控制下的力学响应，实验要求进行相关变量的测量和记录，得出相关结论。而这个时候他就想起当年了解的LabView实验平台能满足要求，之后的一个星期他就确定了实验方案并花了半个多月学习LabView的设计语言，最终顺利完成整个实验装置的搭建，并得到了较好的实验结果。"在别人眼中可能的偶然，就是长期广泛知识积淀的结果。"

## 求实创新，锐意奋进

"求实创新，锐意奋进"，这是一句缺少新意而又最具深意的箴言。从本科入学到今年即将博士毕业，这九个年头里，毛国勇对竺老校长的话理解日渐加深。他打心底想送给学弟学妹的，也首推竺老校长的名言："诸位在校，有两个问题应该自己问问：第一，到浙大来做什么？第二，将来毕业后要做什么样的人？"

对于这句激励着一代代浙大人锐意奋进的警语，毛国勇给出了他自己的理解：这是竺老校长以其智慧警醒浙大学子做好人生规划，指引我们求是、创新，树立人生理想。理想是动力的源泉，没有理想又谈何前进的动力呢？行远必自迩，登高必自卑。"大学里不仅要循序渐进、踏踏实实地学习，更要去发现自己的兴趣特长所在，好好思考自己未来的定位或者在社会扮演的角色，并为之努力奋斗。"

采访中，毛国勇不时发出"请学弟学妹珍惜现在"的感慨："本科的日子相对来说是自由而愉快的，希望学弟学妹能好好珍惜，主动融入班集体和社团组织，和谐共处，踏实学习，为未来构筑一个良好的起点。""个体的独立、错综的日程、繁忙的工作，导致大家很难有大把的时间一起相处。种种愉快的氛围在以后的岁月会越来越少，求是学院就读的时光值得你们珍惜。"

——文／杜禹侃

# 齿少气锐，颖悟绝伦

## ——访浙江大学法学专业 2016 届本科生黄颖

**黄颖** 女，中共党员。浙江大学光华法学院法学专业 2012 级本科生，研究生就读于上海交通大学凯原法学院，毕业即就职于北京市汉坤律师事务所上海分所。2012—2014 年就读于求是学院丹青学园。以专业第六的成绩从浙江大学毕业，是 2016 年浙江省优秀毕业生。曾获浙江大学优秀学生一等奖学金、浙江大学不动产基金奖学金、王汉斌奖学金、恒逸奖学金等。在第十四届"挑战杯"全国大学生课外学术科技作品竞赛中作为"小产权，大变革——小产权房的法律解决途径探索"立项人，带领团队获得浙江省三等奖。曾参与创建浙江大学大学生法律援助中心，参与导演 2014 年浙江大学丹青学园跨年晚会，筹办光华法学院 2016 年毕业晚会。

读书时期

近照

外界给黄颖的标签是学霸、女强人，这样的她似乎是完美的，高高在上，给人以距离感，是永远的"别人家的孩子"。而实际上，她是立体而饱满的人，与她接触过就会发现她更像是和煦春风，带着沾着烟火气的温柔，她说，她要努力做个"热气腾腾"的人。

### 追随兴趣，敢于尝试

黄颖给自己的"热气腾腾"的定位，是出于她对生活抱着一种纯粹的热爱：她有着很低的兴奋点，对生活学习的各项事情都容易产生兴趣，这使得她无畏尝试，也让她没有遗憾。

在学习方面，能根据兴趣选择专业是一件非常幸运的事情。兴趣能够调动学习的欲望，黄颖将大学视为最后一个可以学习与未来工作关联性不大的知识的阶段。她高度评价了浙大的大类培养模式，并鼓励每个人借助学校提供的良好平台去拓宽视野、探索自己感兴趣的领域。她认为在大学期间，学业知识应当被摆在前位，而兴趣作为最好的老师，能最大限度调动自己的学习积极性。

除了繁忙的课业以外，黄颖的日程表被各种课外活动、比赛、学生工作、科研工作塞得满满的，但她没有因此而失去方向。这不仅是因为她对这些活动本身充满兴趣，更是因为她对挑战自我、锻炼能力充满兴趣。她笑称自己是个有"野心"的人，渴望尝试，因为她渴望提升，渴望突破。"博观而约取，厚积而薄发"，大量的课外活动在提升了她的团队组织能力以及解决问题的能力的同时，也让她积攒的活动经验成了日后保研、面试、求职的"敲门砖"。

### 合理规划，追求高效

步入大学后，许多人都会有一段无所适从的迷茫期，在各种截止日期间挣扎，失去平衡，而黄颖找到了适合自己的平衡方式。

提及大学期间最值得骄傲的成就，本以为她的回答会是某个奖项抑或荣誉等。但是黄颖远比我们想象得更加真实，她并没有给自己获得的荣誉奖章太多关注。她给出的回答是：坚持早起。她化压力为动力，用满满当当的日程来激励自己向前。早起一两次并不难，难在坚持。四年里，几乎每天她都在 6:45 分左右开始自己的一天，充分利用自己在早上精神振奋、办事效率高的特点，将事情一件件稳妥解决。

能规划好时间的人，都是对自己很"狠"的人，都能抵制住如野兽般排山倒海的诱惑。在信息如此发达的大数据时代，手机对人的诱惑力是无尽的，时间在手机中不断流失。而她却能用别人刷微博与看剧的时间去完成各项任务,展现出了极强的自我控制力和执行力。但丁有言:"测量一个人力量的大小,应看他的自制力如何。"此言得之。古往今来,凡有所成者,除有远大抱负外,均有强大的自制力,只有这样才有力量去实现自己的理想。黄颖就是这样的人,她用对自己的约束,去换另一种自由。

### 珍重感情,珍藏记忆

人是社会型动物,在集体中得到归属感,在被需要与爱中感受到自我价值的存在。黄颖是个很重感情的人,温柔体贴,真诚待人。回望在浙江大学求学的四年,她表示,在大二时同时担任一团十二连军训副指导员、社科1319班的学长组组员时,与同学们相依相伴的那段时光,是最值得珍藏的。那段长达两个多礼拜的日子非常辛苦,每天忙到凌晨,还要跟队陪伴学弟学妹军训,时时刻刻关心他们的身心状态。但她得到了同学们积极而温暖的回应,他们对这位学姐交出了信任,把她归入自己人的阵营,他们在相互陪伴中,度过了一段温情的时光。"他们都是很好很乖的孩子",黄颖本人就是这样带着最大限度的善意去生活、去待人,同时也收获了最真挚的感情。

在被问及谁是她在大学期间最难忘的人时,她不时把对一位直系学姐的感谢挂在嘴边。那位学姐是她的学习典范,甚至可以说是她的精神支柱。在一次面试中相遇,她们便像两块磁石,因投缘而互相吸引。每当她遇到困难,就会去咨询学姐,而学姐也会毫不犹豫地伸出援手,以平和亲近的方式给她指引方向,安抚她的情绪。她追随着学姐的脚步,加入团委,去同一间律师事务所实习,又保研到同一个学校同一个专业……学姐是她成长道路上不可或缺的领路人,遇见学姐,是她的幸运。正因如此,她的心里常怀感恩,常对世界充满期待。

人因感情充沛而有血有肉,古时就讲江湖义气,在如今浮躁的现实社会中,"真情实感"已经弥足珍贵。而她还在珍藏时光里的美好,真好。

### 越是努力,越是幸运

如何让自己的大学生活甚至是人生更有意义?这是个很宽泛同时又很现实的问题,每个人都需要静下来沉思。黄颖认为,每个人的价值观各不相同,对于个人而言,最好的答案就是以未来的眼光去改变现在的生活。假想四年后,再回忆现在的大学生活,是否有遗憾,又会遗憾什么?罗列那些畏惧发生的事,然后给出具体的方案去阻止事情的发生。纸上得来终觉浅,若想真正掌控自己的人生,就应该不懈努力,付出时间和精力。

当然,做这些的前提是要挖掘自己的价值,剖析认识自我,明确自己想要走的路。她以过来人的身份建议学弟学妹充分利用学校广阔的平台,借助外界的各种力量,勇敢地把自己推出舒适区。在与学长学姐的交谈中获取信息,通过讲座获取经验,去寻找自己的偶像和精神支柱,然后努力去追随。当然,还有最重要的一点:趁着年轻,多去尝试!

——文/潘莱珂

# 无畏迷惘，随心而至

## ——访浙江大学教育学专业 2018 届本科生唐佳颖

**唐佳颖** 女，中共党员。浙江大学教育学院教育学专业 2014 级本科生，清华大学教育研究院教育经济与管理专业在读研究生。2014—2016 年就读于求是学院丹青学园。曾担任教育学院学生会主席、教育学院挂职团委副书记。曾两次获得国家奖学金以及浙江大学社会工作奖学金、浙江大学优秀学生一等奖学金、浙江大学学业一等奖学金等，获浙江大学优秀学生干部等荣誉称号。

读书时期

近照

"我没什么好采访的啊，我就是个普通人。"当被问起如今有何成就时，唐佳颖十分谦虚地说自己谈不上有什么成就。推免至清华大学教育经济与管理专业的她一直强调自己很普通。但是，她用自己"普通"的坚持与努力，获得了"不普通"的经历。

## 接受迷茫,学会适应

很多同学在初入大学时,都会感到迷茫与不适应,唐佳颖也不例外。一直都很"慢热"的她,从初中到高中,就大概花了一年的时间才真正适应。在刚进入大学时,她也同样地有些不适应。但她认为,从适应到不适应,没有什么特别的方法。我们很难有能力去改变环境,但我们可以适应环境。给自己一点时间,学会接纳并且融入大学生活,这个过程就没有那么艰难了。

而在适应了大学生活后,她的大学之行就如同乘上了快车,国家奖学金、社会工作奖学金、优秀学生一等奖学金、学业一等奖学金、优秀学生干部等各种奖项拿到"手软"。罗马不是一天建成的,获得两次国家奖学金和多份学业奖学金的背后,是她坚持不懈付出的努力与自主学习的毅力。与此同时,她不仅积极地对待自己喜欢的社会工作,也勇于承担责任,在学生工作中绽放自己的光彩。正是这些平凡的坚持与热爱,成就了她今日的不凡。

## 找寻步调,遵从本心

在初入求是学院时,她坦言,由于进入一个新的环境,有很多事情一时不知道该如何合理安排,往往都是跟着旁人的节奏走。学习、工作、娱乐皆是如此,别人做什么,就跟着做什么,不敢有丝毫懈怠,但后来慢慢发现这其实并不适合自己,因为这样的学习生活与工作是非常低效的。比如在学习Java语言时,由于大家都说它非常难,经常有人挂科,于是她下意识地觉得自己不行,自己怎么学也学不好的,上课经常出神,作业也不用心做,临近考试时,带着极度害怕挂科的心情,重新翻开了Java课本。但当她把它完完整整看了一遍,再一道道地刷完作业题后,发现其实这门课并不难,难的是克服自己内心的怯弱、克服不敢去独自面对困难的心态。于是她开始反思自己的生活与学习状况,及时调整心态,慢慢找到了最适合自己也最高效的平衡方式。她认真地说,如果让她重新回到在求是学院就读的时光,她最想要做的就是要更加努力学习,以及在空闲的时间多健身、多读书。在这个浮躁的社会里,能保持自己的步调、不忘初心的人,最是难能可贵。

她说自己最得意的成就不是拿了国家奖学金,也不是获评五星级志愿者,这些荣誉都是表面的,最令她感到安心的是她终于找到了自己的节奏。当初的她也曾参与过类似的校友寻访,学长学姐们都有属于自己的生活节奏,他们不会被别人的步调所左右,有自己的想法,知道自己在某时某刻该做什么。当你能按照自己的步调去生活时，你不仅会变得强大，而且会更加乐观自信。她就是这样逐渐变得强大且自信，敢于独自去面对生活与学习中的种种困难，并且形成了自己独到的处理方式，不管做什么事情，都可以跟随自己内心的步调，以最从容的心态去完成。

## 享受青春，感恩一切

求是园生活着一群热情洋溢的青年，年轻代表着活力，年轻总是充满着乐趣。当被问及印象最深的事情时，她毫不犹豫地提起了军训。每天早上，天蒙蒙亮，来不及洗漱，就要从床上爬起来胡乱套上军装，拖着还没有苏醒的身子和大脑去集合点站队列，印象过于深刻，以至于她到现在一听到 *Stronger* 和《月半小夜曲》这两首当初她和她室友的起床铃时，都会警觉地在脑中转一个回路，思考是不是要下去集队了。那些难忘的时光在脑海深处荡漾，偶尔流入耳中的旋律，都会让她忆起那些和室友一起匆匆忙忙下床，跑到集合点的日子。当时看来觉得非常苦，但是现在想来又带着甜味。她开心地表示有这么一群伙伴陪伴着确实是一件很幸福的事。

问到最想感谢的人时，她犹豫了一下，在脑海中飞速检索着那个最想感谢的人。两年多过去了，那些曾经想感谢却没有感谢的，抑或是已经感谢过现在仍然想感谢的，有太多太多，曾经的辅导员、班主任，社团组织里的学长学姐，一起打闹、一起学习的室友，等等，都是她想感谢的人，只要是那些曾经给予过她帮助的人，她都想再真诚地说一声"谢谢"。她笑着说自己的感情过于饱满，已经不知道溢出了多少。最后，她又补充了一句："愿那些曾经帮助过我的人都能一直幸福安康。"

——文／卢亦泰

# 创新创业

# 抓住方向，奋勇前行

## ——访浙江大学土木工程专业 2016 届本科生戴伟顺

**戴伟顺**　男，中共党员。浙江大学建筑工程学院土木工程专业 2012 级本科生，建筑工程学院结构工程专业 2016 级硕士生，2012—2014 年就读于求是学院蓝田学园。曾担任工学 1248 班班长、蓝田学园第八团总支委员、土木工程卓越班班长、建筑工程学院学生会副主席、校研究生会公关部部长。2012—2014 年获得国家励志奖学金，被评为浙江大学优秀学生干部、优秀团员；2014—2016 年获得杭州大学生创业大赛三等奖、绩丰岩土奖学金、中天奖学金、国家励志奖学金，被评为浙江大学优秀团干部、优秀学长、优秀毕业生；2016 年至今，被评为浙江大学优秀研究生干部、优秀研究生、三好研究生等。

读书时期

近照

电话那头是亲切的声线，让原本略微紧张的我放松下来，就这么跟戴伟顺展开了一番轻松又极具启发意义的交谈。

## 那年的情谊

"最难忘的事，军训吧。"他回忆道。军训无疑是高中到大学的一个重要过渡阶段。军训中你遇到新的"战友"、新的指导员、新的老师。一起早起站队列，一起熬夜写新闻，一起走正步、挎长枪，一起流泪一起扛。这让他深刻感受到集体的力量，意识到集体的重要性。军训是初入大学的第一课，也为他今后的工作和学习打下了思想基础。

说到最想感谢的人，戴伟顺提到了两位老师。这两位老师在他的成长过程中都起到了举足轻重的作用。奚婉老师，是他大一、大二时的辅导员，在他担任班长和团总支委员的时候，给予过很多的帮助。他觉得自己和奚婉老师之间是亦师亦友的关系。哪怕到了现在，奚婉老师依旧时常帮助他，令他难忘并且感动。徐洁老师，是戴伟顺大三、大四的指导老师，也是他职业生涯和专业发展的领路人，带领他走进了土木工程专业。身为前辈的徐洁老师经验丰富，在很多方面给予了戴伟顺切实的建议和指导。这两位老师都有着"想学生之所想，急学生之所急"的品质，在生活方面关心同学，在学生工作方面言传身教，也令戴伟顺深刻地体会到学生工作的本质是为学生服务。

## 那年的迷茫

从高中的被动管理到大学的自主管理，我们许多人都会觉得这种自主管理会消耗掉更多的精力，尤其是还有学习以外的事情占据我们的时间，以至于在大量繁杂的事务面前，我们会无法掂量轻重缓急，最终让自己身心俱疲。而戴伟顺用好了我们耳熟能详的方法——重要紧急排序，也就是按照事情的紧急重要性、紧急不重要性、不紧急重要性、不紧急不重要性来进行先后排序，这样子把事情理顺了，就不觉得杂乱了。接下来就是效率的问题了，戴伟顺有招"番茄工作法"。选择一个待完成的任务，将"番茄"（一款时间管理软件）时间设为 25 分钟，专注工作，中途不允许做任何与该任务无关的事，直到番茄时钟响起，然后在纸上画一个"X"短暂休息一下（5 分钟就行），每 4 个番茄时段多休息一会儿。认真专注做好手头的事情，事情的解决自然就水到渠成了。

虽然方法给了大家，但关键在于我们能够坚持下去。方法虽好，若没有贯彻执行，一切都是纸上谈兵。认真对待每一件事，珍惜大学的一分一秒，这亦是秘诀之一。

曾经是佼佼者的我们在浙大可能平平无奇，盲目的冲劲很容易带来自暴自弃。但人无完人，戴伟顺建议我们学会寻找自己的位置，因为大学的知识更加专业化，全能型也可能意味着哪个领域都不拔尖，而或许看似不优秀的你其实更加擅长某一领域。这就需要我们多去尝试，找到自己的位置，这样也会更加有信心走下去，变得更加优秀。

### 那年的拼搏

在学生工作方面，戴伟顺不仅在班级里担任行政班班长和土木工程卓越班班长，还担任过建筑工程学院学生会副主席，操办了建工学院迎新晚会，这也是他十分宝贵的经历之一。他在保研之后还开始创业，成为"格知教育"（教育研学项目）的创办人之一，曾被多家媒体报道，影响力可观，同时还获得了浙江大学紫金创业元空间奖学金。

"格知教育"项目依托线下游学和线上平台，旨在为浙江省及周边各省的初高中优秀学子提供特色、全面的素质拓展教育，向高中学生宣传浙江大学的文化底蕴和校史校情，提供一整套高品质的浙江大学体验式教育服务，通过科研能力训练、心理咨询、专业导航、职业生涯规划等，让同学们走近浙大、体验浙大。

而这个项目的灵感就来源于他在求是学院时积累的一些经验知识。担任班长以及在350人的大集体中当选学园第八团总支委员的经历，锻炼了他的组织管理能力和工作能力。由于当初的班级不是按专业来分的，所以他有机会接触各专业的同学。这种多元化、多专业交叉的学业氛围，让他的思维更加发散，也提高了他的多学科素养，无形中增强了他的创新能力。

### 那年的遗憾

然而很多事情总是会留下遗憾。戴伟顺在创业的过程中意识到自己在经管方面的知识积累不够，需要投入时间去自学、去充电。他希望当初能多接触一些社科方面的知识，也就不用遗憾"书到用时方恨少"了。所以戴伟顺认为，要早一点看到自己的位置，弄清自己的方向，"条条大路通罗马"，沿着这个方向坚持下去,总会到达属于自己的成长天地。

他建议我们多多接触其他专业的知识,多去尝试一些事情,可能就会发现自己真正感兴趣的方向。他提起竺老校长的"两问"——"到浙大来做什么""将来做什么样的人",很多人往往读完大学都弄不清楚这两个问题,他希望学弟学妹好好考虑老校长的这两个问题。

——文/陈如港

# 成为下一个传奇

## ——访浙江大学自动化（控制系）专业 2016 届本科生金京

**金京** 女,中共党员。浙江大学控制科学与工程学院自动化专业 2012 级本科生,美国布朗大学企业创新和创业管理硕士,2012—2014 年就读于求是学院云峰学园。曾任浙江大学团委学生文体中心主任、控制科学与工程学院团学联主席。曾获唐立新标兵奖学金、浙江大学研究与创新一等奖学金、浙江大学社会工作奖学金、南都创新奖学金、仁爱奖学金,获浙江大学十佳大学生、优秀团干部、优秀团员、优秀学生干部等荣誉称号。参与完成的"空气洗手"项目获第四十六届日内瓦国际发明展金奖、第二届全球重大挑战峰会唯一金奖、第八届全国大学生节能减排社会实践与科技竞赛特等奖、"创青春"浙江省第十届"挑战杯·奥康"大学生创业大赛金奖,被《人民日报》、新华网等各大媒体报道。屹华教育集团联合创始人,项目入选 2015 年大学生创新创业年会。曾作为 2014 年李克强总理访浙座谈学生创业代表、浙江大学 2014 年赴美国硅谷暑期社会实践团学生代表。参加 2015 年"阳澄湖"杯全国创业大赛、2014 年 IDG 资本大学生创业大赛以及"黑马"全国创业大赛并获亚军。

读书时期

近照

也许比赛、出国、创业、评优这每一件事都有其闪光之处，而上述的一切聚焦于一人身上，则不得不称之为——传奇。

## 把想法变成现实

金京说在大学生活中印象最深刻的就是空气洗手装置的发明和之后的参赛历程。这个灵感源于在食堂里洗完手后的一句玩笑话："如果我们可以不用水，只用空气来洗手就好了，毕竟都是流体嘛。"

接着，金京所在的团队就开始从理论上验证这个想法的可行性，开始研究清洗过程中水起到的作用。他们发现在清洗过程中水主要起到溶解作用和机械冲刷带走作用。因此，如果要利用空气来清洗，那么可以只利用其溶解作用，减少机械冲刷带走作用的需水量。尽管当时网上查不到任何的相关资料，但他们没有畏惧，选择通过实验来获取相应数据。经过实验发现，对于大多数污渍，只有不到 5％ 的用水量起到了溶解作用，而 95％ 以上的用水量仅起到了机械冲刷带走作用，因此，空气洗手装置有节水潜力，这个想法理论上可行！

在证明理论可行之后，他们开始至关重要的设计空气洗手实现方案的环节。最初的样机采用了传统雾化技术来完成气水混合，为了验证效果，他们进行了一系列洗手实验。2014 年的冬天，杭州的天气非常冷，而他们的实验要求实验者长时间洗手，在近乎零下的温度中，困难可想而知。近一个月的实验在严寒中圆满结束，结果十分喜人，空气洗手可行性非常高；平均节水率高达 90％，同时清洗效果极好。

空气洗手，从最开始提出，到充分论证可行性，历时 3 个多月。看似简单的想法背后，是他们整个团队所有成员的坚持与付出。这是一个从 0 到 1 的过程，想法的提出，可行性的分析，样机的设计，所有东西只能自己思考与摸索，没有任何前人的经验可以参考。随后，团队参加了全国的节能减排大赛，并在发现该装置有商业化的潜质后参加了全国创业创新大赛乃至国际比赛。在第二届全球重大挑战峰会学生日竞赛单元中，他们击败来自麻省理工学院、剑桥大学、香港大学等 14 所全球著名高校参赛团队，以最高分获得唯一金奖。

金京接着向我们讲述了在长达一年的比赛周期中，他们几乎将自己所有的课余时间都投入其中，讨论研究到深夜对他们来说更是家常便饭，每位队员都在全心全意地付出。那年寒假，全队提前半个月返校，每天都在能源学院的创新实验室日夜赶工;那年校职业规划大赛,一连经过三个不眠之夜,对 PPT 和文稿修改了一遍又一遍;那年暑假,实验室的灯每天都亮到凌晨,从机械设计到流体模拟再到控制电路,电脑里的数据越来越多……能在这样一个花样的学生时代,与一群志同道合的伙伴,向着同一个目标努力,经历一次思想的碰撞,收获一段美好的回忆,无疑是一种幸运。

### 将生活当成挑战

求是学院辅导员刘帅老师是金京最想感谢的人。刚进校时刘老师在职业规划大赛上就对她进行了悉心的辅导,之后一直关注她的学习和生活,培养她的综合能力,两个人亦师亦友,至今仍保持着联系。

谈到高中到大学的过渡期,金京认为这个可能因人而异,就她个人而言并没有太大的瓶颈。她刚进大学时,在认真完成学业目标的基础上,课余加入了包括校学生会在内的多个社团,也参加了诸如校职业规划大赛等许多活动,在大一的春夏学期还和同班同学一起尝试并完成了一个科研项目。诚然,高中到大学存在着学习习惯和生活状态的不匹配,可能会因此而带来迷茫和困惑,但只要我们以好奇求知的态度去面对种种挑战,以认真负责的规划来安排我们的生活,以务实严谨的行动来完成各项工作,下一个传奇也许并不遥远。

谈到学习及社团工作之余的活动,金京说她当时在社团里交了很多朋友,周末有空了一起聊聊天喝喝咖啡,在杭州城里转转,尝尝各种各样的美食,这种对周围环境的开发能力也尤为重要。除此之外,她会去听感兴趣的讲座,看美剧和电影,享受视听的愉悦。

### 让优秀成为习惯

可能大家会好奇:参加了这么多活动,平时也这么忙,但金京各方面都没有落下,她有哪些时间规划上的窍门呢?金京告诉我们,这个可能更多的是和我们自身的未来规划挂钩,要根据我们自身的兴趣和发展来做出取舍,比如:有些同学以后想从事科研方面的工作,那么图书馆里的修身养性、实验室中的潜心研究以及海外交流中的视野拓展可能都需要提早准备;倾向于从事社会工作的同学,学生会以及其他社团组织的实践和锻炼是必不可少的。比如,在创业过程中,她发现金融知识真的是一个非常重要的工具,于是辅修了金融试验班;发现自身经验和阅历不足,于是选择去美国读研,并希望从事咨询或风投工作,从基础岗位做起,更好地了解行业。再比如,创业过后才发现,很多规矩需要学,视野需要拓宽。"还是想去一些大公司看一看,这些公司的很多规矩都是很有道理的,也不希望自己走太多弯路。"金京如是说。

金京还和我们分享了她一直挂在心上的两句话,"越努力越幸运"和"优秀是一种习惯"。"很多时候,我也有低谷,也会觉得自己这样是不是太累了,是不是没有足够能力完成,但是又觉得既然开始了就一定要做好,而且自己明明不止于此,为什么要给自己设定上限呢?"进入大学后没有人会去逼你完成什么,因而更需要我们去努力争取自己想要的东西。优秀,可能听起来是挺模糊的一个词,需要我们用心理解并用行动诠释,可以从优秀的学长学姐或者成功的校友事迹中汲取经验,也可以和身边的同学取长补短,共同进步。

金京在最后送上了寄语——不要盲目地崇拜传奇,你也可以成为下一个。希望金京从一个求是学子成长为一个传奇的历程,对在读的诸位有所激励。

——文／童智威

# 心之所向，必一苇以航

## ——访浙江大学工业设计专业 2015 届本科生李景元

**李景元**　男，浙江大学计算机科学与技术学院工业设计专业 2011 级本科生，2011—2013 年就读于求是学院云峰学园。2013—2015 年担任讯点科技联合创始人与首席技术官(CTO)，2015 至今任杭州时印科技有限公司创始人兼首席执行官(CEO)。曾任 2012 届浙江大学魔术魔方协会会长，并创办浙江大学 3D 打印协会。曾获得"挑战杯"全国大学生课外学术科技作品竞赛金奖、德国红点奖，入选上海 30 位 30 岁以下青年创客。

读书时期

近照

电话线那头的声音温和却又不失严厉和果断，条理清晰的回答让我眼前立刻浮现出了一个年轻有为、胸怀大志，为了达到梦想能够坚持到底的创业家的形象。

## 喝水不忘挖井人

每个人的成长道路上，总能够遇到各种各样的人，得到各式各样的帮助和引导。

机械学院的贺永老师就是这样一个给予了李景元很多帮助的人，也是李景元一直铭记在心的人。贺永老师在李景元大四开始创业（时印科技）时就作为指导老师和合伙人，给他提供了各种技术难题的解答乃至人生道路上的引导。"虽然是机械学院的老师，但是他并没有因为我不是他们学院的学生而拒绝回答我的问题，或是觉得我的行为很幼稚和不切实际而对我不屑一顾，反而非常热心，非常支持我创业做的那些事情，而且他也是合伙人。是老师的加入让我把事情做得顺利。"李景元在电话中满怀感激地说道。可见能够找到一位志趣相投的前辈是一件多么幸运的事情。

## 宝剑锋从磨砺出

李景元在大一、大二时痴迷魔术，将学习以外的时间几乎都投入在自己最喜欢的魔术上，并且在魔术上开辟了自己的一番天地，最终担任浙江大学魔术魔方协会会长。虽然他本身并不愿意在很多人面前展示自己，却能够因为对魔术的热爱改变自己，一次又一次地参加魔术表演，在舞台上熠熠生辉。这是因为他发自内心地想要把魔术推广开来，让更多的人看到魔术的魅力所在。正是在魔术魔方协会的锻炼，观察生活中的每个角落从而进行魔术的创作与发明，让他以后都能够更加敏感地捕捉生活中一闪而过的灵感和机会。

谈到 2015 年以后开始创办杭州时印科技有限公司，李景元认为这要归功于在浙大就读期间成立了浙大 3D 打印协会。3D 打印一直是李景元的兴趣，再加上和自己的专业知识有些挂钩，他就更加希望能够在此方向上有更加长远的发展。从在学校里成立协会到日后在社会上成立 3D 打印公司，他在这个过程中积累了很多经验，也充分运用了自己的知识。

那么是一时兴起、一时的冲动让李景元大学一毕业就着手开始筹办自己的公司吗？不，是一直以来的锻炼和积累。他高二时就申请了专利，并获得了浙大的保送资格，高三时他并没有像同龄人那样进行艰苦卓绝的高考复习，而是来浙大读了预科班，在预科班中接受了近似于大学的学习，并且在多出来的时间里很好地发展和培养了自己的兴趣和特长。当李景元作为一名新生正式开始大学生活时，发现求是学院各方面的氛围和预科班极为类似，就很好地调整了自己的心态，努力让自己融入大学这样一个"小社会"中。

在做产品这一方面，李景元对自己有着极大的但恰到好处的自信："我认为我非常擅长并且适合做产品，并且认为自己有这方面的天赋。"在高中就申请过专利的经历更给了他在设计方面的经验和自信。"除了做产品的天赋以外，我认为自己也有创业天赋，能够很好地抓住机会，创办浙大 3D 打印协会就是最好的证明。"李景元在电话里毫不掩饰地展示了自己的自信和自豪，也就是这种自信给他的梦想加上了浓墨重彩的一笔，并成为一点一点将他推向成功的力量。

在创业的时候，李景元团队遇到了一段很困难的时期，甚至没钱发工资，所有人都在等候压倒骆驼的最后一根稻草的到来。即使是这样，李景元也没有放弃过，公司在 2016 年 9 月拿到投资，仿佛是在沙漠中的人尝到了甘霖。能够让他在那段时间坚持下去的，正是他渴望实现梦想的决心和自信心。而这种自信，是在高中、在求是学院的"社会"生活、学习生活中一点一点积累下来的。

## 梅花香自苦寒来

李景元从大三就开始尝试创业，做过某家创业公司的技术总监，做产品线路，大四开始真正创业，现在已经拥有自己的公司，但在总结自己现在的成就时，他又表现得非常谦虚："成就倒还算不上，但是这一路走来，我也的确非常有感触。"对此，李景元只说了两个词：知识、实践。

在寻找志趣相投的人一起创立 3D 打印协会中，他渐渐知道了创业团队如何建立；在为了办好社团找外界帮助的时候，他渐渐知道了何为融资；在创建社团的上级审批中，他渐渐知道了公司设立的几个简略步骤……这些都教会了他实践的重要性。

同时，学习也是非常重要的一环。"因为读的是工业设计专业，通宵赶设计是家常便饭，我们这样辛苦设计出来的作品也常常参加比赛。"李景元说道。大一、大二通宵设计的体验让他巩固了所学得的知识，在学习中投入大量精力，因此也打下了坚实的基础，"学习技能，并且在实践中积累经验，是'实践＋学习'给了我现在的成就"。

尽管如此，他还是说："如果能够再回到求是学院就读，我一定会认真读点书，上学的时候很早就把时间花在创业上，因此书稍微读得少了，除了平时的上课，几乎不在学习上花时间。"求是学院的就读经历丰富了他的知识和阅历，其间也有课本以外的知识。利用大学的时间，读自己喜欢的书，丰富自己的人文素养，这又何尝不是一种锻炼呢？

在邀请李景元对学弟学妹说一些前辈的告诫的时候，他再次展现了极强的逻辑思维能力："首先，大学中最重要的仍然是学习，但是与高中不同，大学可以学自己喜欢学的知识、感兴趣的内容，但是也不要局限于这些，让自己全面发展是在大学里的追求，做到多学、博学。特别是大学的前两年，与社会还没有那么多的接触，繁杂的事情也会少一点，这个时候就更加要抓住机会发展自己。"当讲到第二条时，李景元笑了笑："谈恋爱也是人生的一大体验，在大学的恋爱没有瑕疵，也没有太多的杂念和顾虑，工作了以后谈恋爱的感觉就不一样了，所以真诚地告诫学弟学妹们，在大学要至少谈一次恋爱。"

谈话中，他也提到实习的重要性，因为自己有过实习的经历，并且这些经历让他受益匪浅。"如果有时间的话，可以参加一些实习，最好是自己喜欢的岗位。不过始终要铭记，实习不是为了钱，而是为了提高能力，提早开始培养职业素养以便于更好地适应社会。"

——文／陈佳祺

# 生命不息，奋斗不止

## ——访浙江大学生物医学工程专业 2014 届本科生易昊翔

**易昊翔**　男，中共党员。浙江大学生物医学工程与仪器科学学院生物医学工程专业 2010 级本科生，2010—2012 年就读于求是学院云峰学园。作为"回车科技"团队项目负责人获第五届浙江省"互联网＋"大学生创新创业大赛冠军；于 2014 年 4 月成立回车公司，并担任首席执行官（CEO）至今。

入学前生活照　　　　　　　　　　　　　　近照

　　活跃在各大顶级创业挑战赛上的易昊翔，思维敏捷，谈笑风生。在台上没有一丝胆怯的他，有条不紊地讲述着自己的创业理念与创业成果。大三开始，他与朋友一起创业，在 2014 年 4 月成立了回车公司，短短四个月之后就获得了百万元的天使轮投资，一年之后又再次获得数百万元天使投资人的追投，由此可见其公司的发展潜力。回车科技在国内科技行业的技术领先成就也十分耀眼，创立同年，公司便获得"英特尔—清华"全球大学生创新创业挑战赛中国赛区特等奖，并赴美国硅谷参加全球总决赛，进入全球十强。回车科技作为一家年轻的以 90 后成员为主的创业公司，发展势头迅猛，以强大的技术实力和独特的战略眼光不断深耕，目前正逐步成为国内脑电行业的领航者。

自公司成立以来，易昊翔便担任公司的首席执行官（CEO）一职，尽管日常事务极其繁重，他仍挤出时间接受了我们的采访。虽未曾谋面，但从他富有磁性的声音中我们可以感受到他的热情与朝气。作为一个浙大的校友，他耐心地向我们讲述了自己的成长历程并分享了自己的感悟。

## 专注做事，成就自己

"在固定的时间专心只做一件事。"在分享自己的习惯时易昊翔如是说。信息爆炸是互联网赋予这个时代的特征，在面对信息的多样化、丰富化以及突如其来的自由时，新生们往往显得有些手足无措。说起自己的经历，易昊翔坦言自己是一个很容易被周围事物分散注意力的人，意识到自己这个坏习惯后，他在潜心做事前总会给自己营造一个没有干扰的环境。"没有手机，也没有说笑吵闹，屏蔽掉其他的所有事，静下心来专注于一件事。"他还给我们举了一些小例子，"比如看一篇文章，完成一份实验报告，研究一个项目，等等"。他指出，随着年级的升高、空间的不断变大，我们会变得越来越自由，这是我们走向成年逐渐开始自主安排人生的过程。唯有尽早学会自我安排、自我调节，才能更好地为今后铺路。

谈到如何规划自己的时间，易昊翔从两个方面进行了解答。一方面，要从主观方面去考虑，"从自己的心理上明白什么才是对自己重要的事情"。也许刚入大学的新生们常会说自己的计划会被所谓的小事打断，"这时候我们就该分清什么是难以抗拒的事情，哪些又是并不紧急的事情，学会分清孰轻孰重"。另一方面，可以从一些时间管理和规划类图书中学习方法，如《高效能人士的七个习惯》就是非常传统和经典的讲时间管理和效率规划的书，它提供了许多具有实操性的意见。但阅读不在于多而在于精。精读一两本好书，比较自己的习惯与书中的建议，找出自己还需提升的地方，有针对性地解决自己的问题即可。

## 找好目标，坚定前行

生活总该有些奔头，高中时的我们，目标大多是勤奋学习，考个好成绩。但当这个目标已经完成时，我们开始束手无策了：学习作为我们多年来的优先项，在大学期间却转换了它的角色，因为这里有众多的选项，读书不该是唯一奋斗目标。虽然我们都明白目标对于一个人的重要意义，寻找自己的兴趣点却是难点。"哪怕是花整个大学四年的时间想明白这一个问题都是非常值得的，但更多情况下，我们可能需要去花更长的时间——五年甚至十年一直思考这个问题；极端一点说，很多人一生都没能追寻到自己所想要的东西，它非常难。"

多去尝试是易昊翔给的第一个建议。"目标，你自己在房间里待着是永远想不明白或者永远没有机会想明白的。着手去做，不管是对的或是错的，都尝试着干。"他笑着说，"要记住，在学校里的试错成本是最低的，你就多去尝试，在尝试的过程中你会有感触，你会慢慢找到和发现自己喜欢什么。"易昊翔说起自己在大一、大二时想出国，于是放弃了社团活动，开始提高平均学分绩点（GPA）、考托福、去导师的实验室工作、出国交流、想办法发表论文……但最后却跑出来创业了。回顾自己的历程，他说："其实我在大学阶段也很迷茫，但不断摸索的过程就是弄清这个问题的过程。所以，谁又能说我就是完全没有想明白呢？"

另外，易昊翔告诉我们，不要被世俗的眼光所左右。"目标不一定跟学习相关，而是你觉得自己愿意为之奋斗，最好是奋斗一辈子，或者奋斗十年、二十年这样一个长远的东西，它们使你前进。"这无关功利，只是出于自己的喜欢。"也许你非常热衷于打游戏，那就定个成为世界第一的目标；也许你喜欢咖啡，那就多找机会去接触学习；又或者你喜欢花花草草，那可不可以定个开花店的目标呢？"他说起自己认识的一位爱打 Dota 的直系学长，在学校中这位学长并不被老师看好，但他也过上了自己想要的生活。"哪怕是不被世俗的大多数人的价值观所认可，只要自己觉得是有意义、有价值的事情，那就值得我们去追求。"

## 生命不息，折腾不止

在与易昊翔交流的过程中，听到最多的词语就是"折腾"。易昊翔自己就是一个很爱折腾的人，在大一选专业时，他翻阅了无数的资料，不断与老师和辅导员进行沟通，去寻找自己的优势所在；为了出国留学，他又埋头折腾了一年多的时间，走了一大圈；更不用说大三时与小伙伴一起创业，忙前忙后。"其实就中国来说，我们是赶上了最好的时代。我们没有那么多乱七八糟的负担和压力，整个社会给了我们非常宽松的条件。你如果不去尝试一些你喜欢的、愿意去做的事情，那就是对不起这个时代，对不起自己的这份岁月，所以，就趁着年轻多折腾，生命不息，折腾不止！"

　　他着重讲述了培养自己沟通交流能力的过程。"我的老家在贵州，刚入大学的时候别说是沟通表达能力了，就连普通话也不是很标准。每当需要在公众面前讲话时，就比如一个简单的自我介绍，我都会紧张到浑身发抖。"他调侃，"那时半分钟的自我介绍我会准备上 3 小时甚至更多，尽管如此，我也不一定能做好一次。但我没放弃，反倒是折腾着，把自己逼上了很多公开的场合，去培训、去发言。就这样一次又一次，我从紧张变得坦然。就像现在，我知道自己的普通话仍然不太标准，但我已经有了去沟通表达的勇气，这并不是可以速成的，它需要一点一滴的锻炼积累。"此外，易昊翔还提到可以读一些关于说话技巧方面的书，不断琢磨反思，最重要的就是勇敢地面对与表达，循序渐进。

——文／裴夏雨荷

# 社会工作

# 骏马自知前程远，不待扬鞭自奋蹄

## ——访浙江大学电子科学与技术专业 2013 届本科生程东

  **程东** 男，中共党员。浙江大学信息与电子工程学院电子科学与技术专业 2009 级本科生，电子与通信工程专业 2014 级硕士，2009—2011 年就读于求是学院蓝田学园。参与国家自然科学基金"超低频极低频海底电磁探测基础研究"等多个项目，以第一作者身份在 SCI 期刊 *International Journal of Antennas and Propagation* 上发表论文 1 篇。曾获唐立新奖学金、谷歌益暖中华校园公益之星奖学金等奖项 20 余项，获浙江大学十佳大学生、浙江大学社会实践先进个人等荣誉称号。曾任浙江大学研究生会主席、浙江大学信息与电子工程学院研博会主席、浙江大学红十字会学生分会副会长兼团总支书记，多次代表研究生会赴北京、上海、南京、武汉、澳门等地交流访问。2013 年，入选团中央、教育部青年志愿者扶贫接力计划浙江大学第十五届研究生支教团，赴湄潭县湄江中学支教，并因表现突出获评贵州省优秀青年志愿者。

读书时期

近照

把小事情做踏实,把大事情做完满。认真、勤奋、精益求精是他的代名词,践行求是校训是他一生的追求。程东,用一年这不长的时间做了一辈子难忘的事。

## 情系浙大

谈到印象最深的一件事,程东先讲述了他和浙大的情缘。完成本科四年的学业后,程东赴浙大第二故乡湄潭支教一年,在这一年的锻炼和感悟后,他重返浙大,开启了硕士生涯。而开启标志就是研究生开学典礼,研一时他是典礼的参与者,研二时他成为典礼的筹备者,研三时他担任校研究生会主席,以组织者的身份再一次参与其中。从设计到呈现,从构筑到表达,程东说他在这个过程中对浙大的精神文化以及其他方方面面才真正融会贯通。相较于在台下观赏,组织策划一场典礼,让浙大优良的品质和精神感染新生、激励新生,无疑对他提出了更高的要求。从"海纳江河、启真厚德、开物前民、树我邦国"的十六字精神到"求是创新"的浙大校训,从"勤学、修德、明辨、笃实"的核心价值观到浙江大学120年的历史,所有的抽象元素都需要程东和他的团队通过逐层递进由浅入深的环节设置,包括院士寄语、舞台情景剧、节目演绎等形式,具象化地展现给每名新生,向他们传递浙大的精神,告诉他们浙大人的责任和使命。而到了最后的7000多名新生同唱校歌的环节,程东说当时他的心中涌起了无限的憧憬和感触。

学长说他最想感谢的人是他的研究生导师——信电学院李凯教授。众所周知,培养一个研究生要花费很多心血。而李老师还会给学生一定程度上自主的空间和时间,关注并支持学生在科研学术之外的其他综合素质的拓展。至今师生二人还保持着亲密的联系,这份浓浓的求是师生之情也令人钦佩。

## 奉献自我

在程东眼里,初入浙大时最吸引人的便是自由的氛围。较之于高中阶段,大学中的我们不仅获得了制度上的自由,还有思想上、行动上的自由。互联网让我们及时获取信息、了解外界变化,校园里不仅有学生会、社团联合会等官方性的组织,还有许多大大小小的发于兴趣的社团供我们驰骋。但我们自主管理时间、安排活动的同时也应当学会自制,分辨扑面而来的选择中,到底哪些是适合我们的,哪些是我们感兴趣的。刚开始程东也经历了一段迷茫期，缺乏成熟的想法，对未来也没有详细的规划。他告诉我们，有迷茫期也不要紧，重要的是学会自制和选择。

大一那年，还是一名青涩新生的程东选择了加入浙江大学红十字会学生分会，"当时觉得自己没什么特别突出的优点，也没什么琴棋书画的特长，但公益谁都能做，所以就想着做志愿者服务社会，也很幸运被红十字学生分会接纳并且自己也坚持了三年"。进入红十字学生分会之后，程东做的都是一些小事，比如参加志愿活动、带领小分队前往福利院。但他把每件小事都做得很踏实，任务交给程东，就不会出问题。也正是这种认真的态度为他赢得了更多的机会——发展新的志愿者基地。发展新的志愿者基地意味着从零开始，寻找福利院、与相关负责人进行沟通对接、负责招募管理几十个人的团队，这毫无疑问是个不小的挑战。凭借着对红十字会学生分会的了解，程东先在网上搜集资料确定了一家各方面条件合适的福利院。之后一次又一次去福利院向负责人了解他们最想看的内容，在此基础上组织50个同学一起没日没夜地编排一套完整的节目。一切准备就绪后，他才和同学们一起去走访和服务福利院里的有精神障碍的人士，教他们一些生活小常识，一起做广播体操，一起下跳棋、表演节目，丰富他们的精神生活。在程东的带领下，一个新的志愿服务基地落地生根。

程东骄傲地说，当时西溪、上城、下城、三墩等区域的十几个福利院他都去过，已经熟悉得杭州那一块所有的公交车路线都记住了。在此之后，他被推选为红会副会长。在那些服务红会的日子里，他负责策划并举办了百余项敬老助残、爱心支教、无偿献血、同伴教育、暑期社会实践等校内外公益活动，使成千上万人从中得到了帮助。

## 支教感怀

在求是学院的第二年，程东报名去学校青年马克思主义培养学院进修。对身为工科生的程东而言，青马学院打开了一扇有别于自然科学的社会科学之窗，不同于用实验科学验证理论，社会科学更多地用观察和调研等途径来解决问题。而学院里面的讲座和课余的社会调研，也培养了程东的人文思维。除此之外，青马学院也培养了他肯做事、肯担当的责任心。这一切都为他之后的支教生涯做好了充足的积累。

"用一年的不长时间做一辈子难忘的事。"这句话是对程东湄潭支教生涯的最好总结。在那里，程东完成了大学阶段的一次沉淀。怀着对浙大历史的感恩以及一腔赤诚的奉献之心，从获取知识的学生到传道授业解惑的教师，他转变了角色；从"人间天堂"到相对落后的小县城，他走向社会、了解基层。

他发现支教地区的教育观念普遍较为滞后，教师资源分配不合理，往往一个老师要同时教高一到高三的各年级学生，分散了老师的精力。于是程东不断与教研处的老师一起讨论，提出了五条改良学校制度的建议。其中如"一个年级负责制"建议，每个年级设置独立的年级办公室来保证教学质量，这不仅符合湄江中学学生人数众多，每个年级有近20个班级的情况，而且从根本上改变了不少教师教学态度不认真的情况。"从那个时候开始，我意识到自己最想做的就是改革某些不合理的制度，从而给社会带来足够大的积极的影响。"此外，程东还通过互联网和线下多种形式组织募捐，共募集善款物资72余万元用于资助学生。程东说这一切都给了他锻炼的机会，在支教的过程中，他进一步认识了自己，了解自己的兴趣所在、能力所在，重塑了自己的价值观、世界观，支教中受教育最多的人其实是支教者自己。

在采访的最后，程东以一句诗寄语学弟学妹——"骏马自知前程远，不待扬鞭自奋蹄！"也祝程东以及在读的诸君前程似锦，在人生的征途中不懈前行！

——文／童智威

# 把握机遇，砥砺前行

## ——访浙江大学应用生物科学（农学）专业 2013 届本科生潘鹏路

　　**潘鹏路**　女，中共党员。浙江大学农业与生物技术学院应用生物科学专业 2009 级本科生，2009—2011 年就读于求是学院云峰学园。现为农业与生物技术学院昆虫分子生物学方向博士生。本科期间曾获浙江省优秀毕业生、浙江大学优秀毕业生等荣誉称号，获浙江大学优秀学生二等奖学金、文体活动优秀奖学金、心平奖学金、光华奖学金，本科毕业论文被评为浙江大学百篇特优本科生毕业论文。博士研究生期间在 SCI 期刊上发表研究论文 11 篇，其中以第一作者身份在《美国科学院院报》(PNAS)上发表论文 1 篇，多次赴美国、日本等国家参与国际会议，两次获得国际会议"最佳口头报告"荣誉。直博期间曾担任校团委办公室副主任(挂职)等职。

读书时期

近照

"喂——"电话那端传来一个甜美温柔的女声。语笑嫣然,这是潘鹏路接受采访时,给人留下的最为深刻的印象。在采访中,她深情回顾了自己刚进浙大,在求是学院求学生活的奋斗历程,鼓励我们奋力拼搏,最终发现最优秀的自己。

既然选择了科研,那就只顾风雨兼程。

## 新手,是一段必经之路

作为一位昆虫分子生物学方向的博士生,潘鹏路的五年博士生涯即将结束,她最终交出了一份完美的答卷。她在 SCI 期刊上发表论文 11 篇,并以第一作者身份在《美国科学院院报》(*PNAS*)上在线发表论文,首次完整报道了一种昆虫的表皮蛋白质组及功能,让我们对昆虫表皮蛋白有了一个全面了解。

科研上的反复失败是家常便饭,波澜不惊、越挫越勇的心态在科研过程中就变得愈发重要。潘鹏路在实验过程中也曾遇到过不少瓶颈,这时她便会找导师和实验室的其他同学一起探讨解决方案。她回忆说,在实验室曾经忙得通宵熬夜,每天连续工作十四五小时,时常会因为没时间而连着五天不洗头发,她笑称:"这也是博士科研学习阶段的一枚勋章了。"

而和所有新生一样,潘鹏路初入浙大时也曾不知所措。一路走来,她最想感谢的是最早带领她熟悉校园生活、感受浙大文化的学长组。"刚进大学那段时间,如果你遇上什么问题,只要你们向学长组的学长学姐寻求帮助,他们一定很乐意为你们排忧解难。""百团大战"伊始,各社团组织纷纷纳新,潘鹏路选择了竞争最为激烈的校学生会,并参加了人生中第一次正式的面试。当时的她虽然在面试技巧方面是一张白纸,但贵在真诚。面试的题目是"如何为自己的家乡建设做贡献"。她怀着对家乡的一片深情,流畅自然地谈到自己会为家乡做的事情。这份真心实意打动了面试官,使潘鹏路脱颖而出进入校学生会办公室部门。这次成功的面试经历,是潘鹏路印象最深刻的一件事,带给她极大的激励:有竞争的地方必然会有面试,在大学生涯中我们会不断遇到各种各样的面试,所以必须要做好准备。成功的面试体验带给我们自信心的满足,同时也为我们的下一次面试积累了宝贵的经验。

## 学习,是一种必备状态

高中时,父母和老师常说"等你读大学就自由了,就轻松了",进入大学一段时间之后，我们便会发现并非如此。尤其是在浙大这样一个群英荟萃之地，竞争如影随形。高中的学习，有父母和老师的督促；而到了大学，自主学习就显得格外重要。潘鹏路强调了两点：一是自律，二是懂事。她还指出，大学生除了要看重专业知识成绩，还要尽量提高自己的英语水平。在这个教育越来越与国际接轨的时代，学校组织了各种交换生项目，而掌握一门外语，将在面试中成为加分项。不要小看出国交流的机会，它能提供给我们一个更广阔的世界视角。眼界决定境界，视野拓展使我们终身受益。

对于主攻昆虫分子生物学的潘鹏路来说，读博士，从事科研，除了需要一定的毅力与耐性去坚持，还需要不断学习，更新知识结构，这样才能捕捉到最新的科研动态。学习，是为了自身的发展进步，而不是为了均绩的恶性竞争。对于"恶性竞争"一词，潘鹏路一开始并不太了解。我们解释，比如说老师仅仅要求完成1500字左右的论文，有些同学偏偏要将字数提到10000字以上。在她看来：如果所谓的恶性竞争仅仅是为了绩点高一点，纯粹出于功利化动机，论文虽字数多却内容空泛，又有何用？反倒比不上字数少但词句简练、字字落实的论文，老师看了也不会烦闷。就像在论文答辩环节，有时候说得精练一些，反而会给老师留下比较好的印象。当然，为了精益求精，追求完美的确是无可厚非。

## 母校，是一份难舍难分

谦虚幽默如她，在被问到目前取得的最让自己骄傲的成就时，回答是——"按时博士毕业"。潘鹏路在本科期间曾获浙江省优秀毕业生以及浙江大学优秀毕业生、优秀学生干部、优秀团干部、三好学生等多个荣誉称号，收获了浙江大学优秀学生二等奖学金、浙江大学文体活动优秀奖学金、心平奖学金、光华奖学金等多类奖学金。博士研究生期间，更是学术与学生工作齐头并进。在所钻研的昆虫学学术领域，她曾获得保研第一名的好成绩。她曾在国际昆虫学大会上做报告，大放异彩，并两次获得国际会议的"最佳口头报告"荣誉。在校园工作这一方面，她又曾获得浙江大学暑期大学生社会实践活动优秀指导老师、优秀团干部等称号。

在开玩笑式的回答之后，潘鹏路继续说："我想我最大的成就，就是能够继续留在浙江大学，继续工作、继续付出，继续见证着母校的发展与变化。是的，马上我就要成为一名学校中的辅导员老师了。"成为一名辅导员便意味着，她将离开自己熟悉的科研岗位，全身心投入充满乐趣和挑战的学生工作中。她回忆起自己还在求是学院时，为了确认自己对科研的兴趣，专门搭乘公交车从紫金港校区去往华家池校区，拜访曾经在《科学》(*Science*)上发表过文章的刘树生教授。同时，在求是学院时参加的组织活动，也一定程度上让她积累了学生工作的经验。"其实，不管你参加的组织社团是大型的还是小型的，是校级还是院级，只要你在这个组织中成为一个负责人，学会承担责任、安排事务，就是在很好地锻炼自己。"

## 成长，是一个漫长过程

问及如果有机会重新回到求是学院，自己会做出哪些新的尝试，潘鹏路坦言自己有的时候做事害怕麻烦，因而错失了一些宝贵的机会。如果时光可以倒流，她会选择报名参加大二时竺可桢学院开办的一些辅修强化班，如公共管理强化班(UPA)、创新与创业管理强化班(ITP)、工程教育高级班(ACEE)等。这些辅修班的开设，让不同专业的学生汇聚在一起，享受到更好的教学资源，拓展交际面，极大地影响了学生未来的人生职业规划。潘鹏路本科同专业的室友，就是成功申请并进入了ITP，在毕业后也继续从事着创新创业的工作。然而当时的她因为觉得填申请表等各种流程太烦琐，选择放弃申请。在她看来，如果能够进入这样的辅修班，对日后发展的积极意义不容小觑。

如何平衡学业与社团组织活动的关系，一直都是令新生苦恼的问题。潘鹏路也有遗憾：当时不够自信，不相信自己既能够保证学业成绩优良，又能尽可能多地参加组织活动，因而推掉了一些活动。而没有参加过这些活动，自然会在大学生涯中留下遗憾。不过，潘鹏路还是提醒我们，一定不能把精力过度放在课外活动上，取舍间应该把握分寸。毕竟我们是学生，学习是我们的主业。

在接受采访时，潘鹏路极力推荐说："如果没有读过路遥的《平凡的世界》，不妨去好好阅读一下这部作品。"孙少平、孙少安的奋斗故事，感染激励了一代人。潘鹏路说，虽然自己并未生活在那个时代，在读过之后，依旧被深深地打动。在路遥的另一部作品《人生》中，有这样一句话："人生的道路虽然漫长，但紧要处常常只有几步，特别是当人年轻的时候。"这是潘鹏路很喜欢的一句话，她也想要将这句话分享给我们，鼓励我们在求是学院的这两年，不任性蹉跎时光，不辜负青春年华，把握机遇，砥砺前行！

——文／傅雨婷

# 沉着冷静，绝不放弃

## ——访浙江大学测控技术与仪器专业 2017 届本科生曹野

**曹野**　女，中共党员。浙江大学生物医学工程与仪器科学学院测控技术与仪器专业 2013 级本科生，电子信息技术及仪器专业硕士在读，2012—2014 年就读于求是学院云峰学园。曾获国家励志奖学金、社会工作奖学金、浙江大学学业三等奖学金、南都二等奖学金、浙江大学文体活动奖学金等，获浙江大学优秀学生、优秀学生干部、优秀团员、优秀党支部书记等荣誉称号。曾获浙江大学微党课比赛三等奖、浙江大学十九大知识竞赛一等奖等优秀成绩。

读书时期

近照

"你好，我是曹野。"女孩子微微笑着说。见小记者有些呆愣，她笑得更欢："虽然名字有点——但我是曹野。"

曹野，2013 级测控技术与仪器专业，是一个端庄大气的美丽女孩。虽然叫曹野，但她却是一个乖巧懂事的女孩。大学四年不断努力，她收获了众多奖学金与荣誉称号，这是对她的肯定与表彰，但她的优秀不仅仅是这些就能概括的。

## 大学，是开始

怀揣着梦想与惊喜，踏进这所美丽的大学。注册报道，整理床铺，然后开始了在求是学院的生活。开始的新奇感也被随之而来的军训抵消，军训的劳累让新生疲惫不堪。而曹野在这样的情况下，因为通讯稿的问题导致了连队的扣分，她全然不知所措。当连队中的副指导员童潘榕学长找她谈话的时候，她是那么的害怕，那么的委屈，她哽咽着说不出话，一直默默地抹着眼泪。童潘榕学长没有指责她什么，而是摸着她的头，安慰她，也以过来人的身份告诉她要学会适应大学生活，要坚强面对遇到的许许多多不可预知的困难，也要有姿态地选择自己的人生。她满是感念地说："这是我在求是学院中最难忘的事，这是我大学的启蒙，也是我入学伊始学到的最生动的一课。而我也至今难忘童潘榕学长在那时给我的鼓励与温暖。虽然在大学四年有很多人给了我帮助，但我最感谢的还是童潘榕学长，是他让我在大学开始就学到了重要一课。"

## 大学，是成长

每个进入浙江大学的学生在高中阶段都是优秀学生。曹野也不例外，她高中毕业于辽宁省锦州市北镇高中，那不是一所特别好的高中，每年能够进入浙江大学的人数并不多。而曹野便是当年唯一考上浙江大学的学生，可以想象那时家长和老师对她的期望有多大，也可以想象为了考上浙江大学，她在高中有多么努力，她几乎将所有时间都献给了学习，才换来进入浙大学习的机会。这一定程度上导致她在进入大学之后，一度迷失在丰富多彩的社团生活中，沉迷在繁重的学生工作中，认为学习只要过得去就好。但是当学期末到来，看着身边的同学获得了各种各样的奖学金、荣誉称号，在回家的时候兴奋地与亲朋好友分享那份喜悦，她感到十分羡慕。而她发现，自己在学习上没有什么大的成就，甚至在社团中，哪怕是做了干事，自己似乎也没有那么多的经验去传授给学弟学妹。她开始感到迷茫：大学到底该如何度过？在求是学院度过了一年之后，她才真正认识到，在大学里，成绩或许不代表一切，但是成绩不佳却是万万不行的，想要让自己出彩，不仅要多才多艺，还要有拿得出手的成绩。在之后的生活中，她将重心放在了学习上，不断超越自我，不断获得荣誉。她说："进入大学最好的过渡就是不要把自己局限在自己的一方天地，满足于曾经的辉煌，而是要放眼身边更多优秀的同学，从他们身上汲取力量，拓展自己人生的厚度与宽度。"

此外，在求是学院读书的两年，她利用空余时间做兼职获得了一些资金，在假期几乎走遍了中国各大省会城市，了解了各地风土人情，这让她对民生百态、家国情怀有了更深刻的认识。在不断确立自己的"三观"的同时，她从"两耳不闻窗外事，一心只读圣贤书"的高中生成长为一名"家事国事天下事，事事关心"的新时代大学生。在之后的校十九大知识竞赛中代表生仪学院获得了一等奖。整场比赛中，她沉着冷静，无一题答错，表现非常出色。

## 大学，是积累

曹野微笑着说，在大学最让她引以为傲的一方面就是，有时候一个人走在路上，会有人热情地同她打招呼，然后兴奋地告诉她——在某个时候她说过的哪句话或做过的哪件事对自己产生了一些积极的影响，虽然这个人、这件事她可能并没有太深印象。曹野不夸张地说这是她最幸福的时刻，因为她意识到，即使是如星星般微弱的光芒也可以照亮茫茫宇宙中的另外一颗星星。这些微弱光芒都是她在大学几年中积累的。

曹野感慨地说，她能够拥有这些幸福时刻得益于求是学院云峰学园给予的锻炼机会。初入求是学院，她曾在云峰学园开设的领航工程课程中学习，并且担任云峰学园分团委书记助理，这些都让她积累了丰富的经验与知识，而这是无法从书本上学习到的。她也曾先后三次参加云峰学园的新生军训工作，由此认识了许许多多的新生，这给了她以一己之力为学弟学妹的成长助力的机会。而这些机会正是她此后的幸福时刻的源泉。

## 大学，是成熟

四年的时间，曹野变得成熟了，她不再是那个遇到困难就难过得哭泣的小女孩，而成为一个遇事沉着、勇往直前、绝不放弃的人。在被问到如果回到在求是学院就读的时光是否会做出改变时，她坚定地回答："当然会！"她希望那时的自己更加努力地学习，不要被纷繁的活动迷惑，能够更加完美地在学习和学生工作之间平衡时间与精力。她还提到，如果回到过去，她会更加珍惜在大类培养模式下认识的同学们，因为那时是多学科交叉学习，而同学之间多维度的思维碰撞能让她受益终身。只有在一次次的挫折与失败中，我们才会成长，才会做到比以前的自己更好。慢慢地成熟，这才是每个人都要经历的。

　　本科生活已经结束，曹野的硕士生涯才刚刚开始，她的未来谁也不知道，正如大学一般，还是一团迷雾。在采访的最后，我们询问她有什么想要对学弟学妹说的，她沉思片刻，说道："愿你们眼中有星辰大海，胸中有丘壑万千。愿你们有诗有梦，有坦荡的远方。"

——文／黄　蕾

# 生似晨晓，灿若丹朱

## ——访浙江大学动物医学专业 2015 届本科生马晓丹

**马晓丹**　女，浙江大学动物科学学院动物医学专业 2011 级本科生，动物科学学院兽医学专业 2015 级直博生，2011—2013 年就读于求是学院云峰学园。曾获唐立新奖学金、浙江大学社会工作奖学金等，获浙江大学优秀学生干部、优秀团干部等称号。曾任浙江大学博士生会副主席、浙江大学动物科学学院学生会主席等职，参与举办动物科学学院新年晚会、第十一届动物科学学院文化节等活动。曾赴美国宾夕法尼亚大学兽医学院进行暑期科研实习，赴泰国朱拉隆功大学做文化交流。

读书时期　　　　　　　　　　　　　近照

精彩纷呈的大学经历，一项又一项的荣誉，让马晓丹璀璨、耀眼，成了旁人眼中标准的"别人家的孩子"。但她并没有因此而骄傲自负——她谦逊而随和，像一位邻家小姐姐，总是以微笑面对身边所有人。虽然还未曾见面，但仅仅是简单的线上交流就足以被她深深吸引。

## 因友情而蜕变

高中到大学的适应问题,每一个初入大学的新生都要面对。谈及这个问题,马晓丹坦言,她在第一年一直不太适应大学生活。因为家在杭州,刚开学时,总是找着空就溜回家。而上课也就仅仅停留在"上课",从一个教室赶到另一个教室,没有时间去深究每个知识点,也没有时间去认识新的朋友。马晓丹说,她能够顺利适应大学生活,都要感谢当时的室友。那时浙大按照生日分寝室,同寝室的 4 个人里有 3 个人是同一天生日,另外一个也只相差 4 天。或许是因为生日相近的缘故,她们的性格也很相近,所以很快就成了好朋友,经常一起上课,一起吃饭,还一起过生日。

马晓丹笑着提到室友带着她第一次吃了大鸡腿。只是简单的一句话,语气里却饱含回忆的甜蜜。在室友的鼓励下,她开始改变自己的日常,如参加了一些社团以及学生会组织,在大一暑假和室友一起去支教……在这个改变和体验的过程中,她慢慢发现了大学的魅力所在,心态上也从不适应和躲避转为开始享受大学生活。同时,更多的生活体验也让她明白了自己想要什么,从而找到了自己钟爱的专业。

## 因坚持而优秀

谈及现在取得的成就或最引以为傲的一个方面,马晓丹谦虚地说自己现在所取得的成绩都算不上最好,但她的谈吐间尽显从容大气。这一份从容大气,正是这几年的学生会工作经历中锻炼出来的。还在云峰学园的时候,马晓丹第一次加入学生组织,后来就沿着这条路一直走了下去——从学院学生会的一员到学生会主席,再到后来的校博士生会副主席。马晓丹说:"这不能说是成就或者是让我引以为傲的方面,只是让我更加理解什么是学生组织、如何为同学服务、我们真正要做的和该做的是什么。当然,从中我积累了处事经验与沟通方法,还有工作的平衡法则。而这一切都和在学园时的积累是分不开的。在学院生活的两年里,我明白很多事情都是没有窍门的,最开始就要认真踏实,并一直保持学习的心态。"

马晓丹还分享了她在学生会中印象最深刻的一件事。大二时,她第一次以策划者和执行者的身份在临水报告厅办了一场学院新年晚会。那时的她对办晚会一窍不通,身边的同学也是如此,因此,他们一大堆人聚在一起头脑风暴,在不断的摸索交流和一次又一次的熬夜修改后,一份策划案终于初步诞生。可在安排场景、彩排练习的时候，还是发生了各种各样意想不到的状况，大家都在想办法尽力弥补，但有些措手不及的问题还是让她感到崩溃，甚至想到了放弃。不过，在晚会顺利结束的那一刻，她体会到一种从未有过的愉悦，也庆幸自己当时没有选择放弃。"是坚持，让我体会到了一种不一样的大学生活。"马晓丹如是说。

## 因师恩而成长

回忆起在求是学院就读时期的点点滴滴，当时的动物科学学院辅导员陈卫老师（目前在云峰学园），是马晓丹最常提到的一个人，也是她最想感谢的一个人。关于陈卫老师，马晓丹似乎有说不完的故事。考虑再三，她向我们讲述了准备一场报告会时发生的故事。这个报告会，是学院针对新生开办的，马晓丹连续主持了两年。第二年时，临近报告会，陈卫老师那边忙得不可开交，马晓丹看到陈老师这么忙，而自己又已经有了一年的主持经验，对主持稿以及各环节已经比较熟悉了，所以主动提出自己可以按照去年的流程与经验完善主持稿、现场流程等细节。但陈卫老师还是将手头的工作往后推，坚持抽出时间和她逐一敲定主持、嘉宾以及各种细节。一忙就是一整个上午，到了下午一点，两个人还没有吃午饭，但办公室里只剩下最后一盒便当。"最后，我们俩一起分享了那盒便当，连一粒米都没剩下。那盒便当是我记忆里永远留存的味道。"

陈卫老师用自己的行动演绎了师恩浩荡。马晓丹说："她当时对我的肯定、鼓励和指导，对我之后的大学乃至研究生生涯都产生了非常积极的推动作用，能遇到这样的老师，我很幸运。"

## 因遗憾而期许

不管多么灿烂的人生，总有些许遗憾点缀其中，马晓丹亦是如此。问及如果重新回到在求是学院就读的时光是否会有所改变，马晓丹没有任何犹豫就回答道："会呀！"

"如果能够重新来过，我希望让自己更快地适应大学生活，然后尽快地投入学习以及工作之中，给自己尽可能多的时间去体验不一样的大学生活。还想多体验一些自己感兴趣的社团，年纪越大越发现，可以单纯凭兴趣去做的事越来越少，可以花在这些事情上的自由支配时间也越来越少了。"马晓丹慢慢道来，流露出心中的遗憾。

但马晓丹也说自己其实已经很满足了。求是学院为她提供了很多种可能,让她能在不断的尝试中找到心中所爱,在不断的体验中确立目标,在不断的努力中实现人生价值。在求是学院的两年,她遇到了对她今后很长一段时间都有帮助的人生导师,并在老师的帮助下变得自信、认真。她还强调,求是学院给了她犯错的机会。步入社会以后,犯错往往要付出很大的代价,而在那两年,自己犯的错误得到了老师、学长学姐的体谅,也让她有机会从错误中总结经验、吸取教训,从而积累了很多课本上学不到的知识。

马晓丹因为留有遗憾,所以特别希望学弟学妹能够吸取自己的教训,将大学生活过得更加丰富多彩。当邀请她为学弟学妹留下一句寄语时,马晓丹一改淡定的表现,显得有些兴奋。她鼓励学弟学妹多去尝试以前一直想做而又无法完成的事情。在大学,生活的重心不只是学习,社团、创业、公益、音乐等等一切方面,只要自己喜欢,就都可以搬入生活之中。"错过了自由的大学时光,以后的生活会变得越来越繁忙,生活的压力也会越来越大,在生活的重压之下,那些曾经的梦想都会失去色彩。"她说,"在保证均绩的条件下,想做什么就去做吧!"

马晓丹,用自己美好又略带遗憾的经历,给我们指引了方向:人生不应畏惧尝试和改变,为自己所爱的事情而坚持,才不负芳华。

——文 / 陈梦媛

# 尚于四野，无问西东

## ——访浙江大学动物医学专业 2018 届本科生郑尚东

**郑尚东** 男，中共党员。浙江大学动物科学学院动物医学专业 2014 级本科生，现任"2＋2"辅导员，2014—2016 年就读于求是学院云峰学园。曾担任动物科学学院学生会主席、浙江大学学生委员会委员。曾获 2016—2017 学年浙江大学优秀学生干部、2016—2017 学年浙江大学优秀团员、浙江大学暑期社会实践先进个人（2016、2017 年）、浙江大学动物科学学院荣誉学子等称号，获 2016—2017 学年浙江大学社会实践优秀奖学金。

读书时期

近照（左一）

从初入求是学院的迷茫与无所适从,到现在坚定不移地朝着自己热爱的方向前进,郑尚东经历了无数次选择与坚持。带着探索未知的热情与勇气,他走出了独属于自己的精彩人生。

### 探索未知,完美过渡

初入大学的"萌新"难免会经历一段难挨的过渡时光。众所周知,新生在过渡期里做的选择可能会对接下来的大学生活造成根本性的影响。如何度过这个时期,也是他们最常思考的问题。对此,郑尚东谈了自己的理解。

谈起自己从高中到大学的过渡期,郑尚东一直在强调"探索"的重要性。"探索"在词典里的解释是"多方寻求答案的过程"。相对于学习任务繁重的高三岁月,自由的大学时光无异于一个全新的世界。面对有更多课外时间的新生活,郑尚东也经历过很长一段迷茫期,在这段时间里,他也曾独自一人四处摸索,寻求着自己的答案。他坦言,自己一直在思考竺可桢老校长的两个问题——"第一,到浙大来做什么? 第二,将来毕业后要做什么样的人?"在对这两个问题的思考过程中,他选择通过探索不同领域的事物来充实、发展自己,去找到自己的兴趣点以及奋斗目标。学生工作,创新创业,还有实验科研,都成为他获取新知、丰富自我的舞台。在这个广袤的舞台上,他好似一名执着的舞者,用多变的舞步展示出无限的可能。其中又以学生工作最为突出。

大学生活伊始,他就加入了云峰学园职业生涯规划基地,在其中的创业拓展部担任干事。他的学生工作经历便从求是学院这里拉开序幕。在云峰职规的工作中,他广泛结交创新创业领域的先行者与成功者,学习积累创业知识,也始终以饱满的热情积极地参与组织活动,在多彩的活动中积累了丰富的学生工作经验。他视云峰职规为自己"在大学里第一个像港湾一样温暖的家"。也正是得益于他在求是学院中积累的学生工作经验,郑尚东在确认主修专业为动物医学后,又加入了动物科学学院学生会,并于 2016 年 6 月至 2017 年 6 月担任动物科学学院学生会主席一职。"热爱学生工作"已经成为郑尚东的一个鲜明的标签。

### 思维开阔,勇于突破

被问及自己最大的特点时,郑尚东笑着说:"我什么锅都敢接。"不管是学生工作,还是课程作业,他总是敢于去挑战最难的部分。即使面对全新的任务,他也不曾有过畏惧,更不曾退缩,每次都会凭着自己一往无前的勇气和出色的能力,尽己所能地做到最好。这种面对新任务敢为人先的精神,是他最大的闪光点,也是在求是学院期间的学生工作对他历练的结果。换言之,他一直将"以天下为己任,以真理为依归"的准则铭记于心,并时刻以此鞭策自己。

乐于探索的天性不仅让郑尚东在学生工作中取得了一定的成绩,而且让他在面对实验、科研时显得更为大胆、更有主见。也许很多人在面对实验和科研的时候,会显得犹豫,而郑尚东却有着准确的自我判断。他在大二选择自己的研究方向时,把不感兴趣的方向逐一排除,最后剩下自己感兴趣的奶牛乳房炎防治,大胆地向导师——动物医学系系主任胡松华教授发送邮件表达了自己的愿望,并成功地走进了胡教授的实验室。能够遇到胡松华教授和进入中兽医研究室,他感到无比幸运。胡老师的包容和智慧,师兄师姐的博学有趣,中兽医研究室里温暖轻松的氛围,更是教会了他许许多多的人生道理。在大学期间,所接触的人、所做的事都对他产生了巨大的影响。正是这样优秀的环境,造就了一个这样优秀的人。

### 心怀过往,时刻感恩

在采访过程中,郑尚东不时表达他的感恩之情,感恩学院,感恩老师。他认为,求是学院中的课程大多比较基础,但正是这些基础的课程内容让他更好地树立了自我意识,这对他的世界观、人生观、价值观的形成有莫大的帮助,为他以后的发展打下了坚实的基础。他多次提及在求是学院中自己接触的几位无私奉献、爱生如子的优秀老师。其中有身体抱恙却坚持授课、在课上突然晕倒的赵晖老师,还有永远把学生的事摆在第一位的辅导员——陈卫老师。"每当我迷茫时,每当我不知所措时,我都会毫无保留地向陈卫老师倾诉,她即使手头工作再忙,也会停下来倾听我的困扰。"这是郑尚东提及陈卫老师时的原话。他更常称陈老师为"卫姐",卫姐的温柔、细致、耐心,让他意识到辅导员不仅仅是一项职业,更是一项充满意义的事业。在卫姐的影响下,郑尚东也通过思政保研即将成为一名"2+2"模式的辅导员。在被要求提供个人生活照时,郑尚东还特别发来了他与卫姐的合照,并说"如果可以的话,麻烦放上去"。郑尚东对老师的感激就彰显在这些细节之中,溢于言表,真真切切!

### 回忆往昔,仍存遗憾

正如所有优秀的人一样,回想起已然逝去的三年大学光阴,郑尚东的心中也有一丝遗憾。他认为在丰富的大学生活中没能平衡好自己的时间。如果可以重来,他将更合理地分配时间:多陪伴家人,多抽时间锻炼身体,多结交一些志同道合的朋友,多学习知识,多培养技能。这一个个遗憾,反映的是郑尚东对亲情、友情的重视,对健康的追求,对学习的渴望。这些特质成为他处事准则的一部分,也成为他品格的一部分。也正因如此,他希望学弟学妹可以尽早找准自己的定位,分配好自己的精力,不留遗憾地度过这段最美好的青春。

### 放低姿态,致后来者

"其实我不是特别厉害,和其他'大神'没法比。"郑尚东评价自己。从面对采访时的认真细致,拒绝被称呼为"您",调侃自己"只是个即将毕业的老学长"等细节中,郑尚东表现出来的是无比的谦逊。低调的言谈无法遮掩他的光芒,他于大学期间获得了多项荣誉、奖学金,如:浙江大学优秀学生干部、浙江大学优秀团员、浙江大学暑期社会实践先进个人(2016、2017 年)、浙江大学动物科学学院荣誉学子、2016—2017 学年社会实践优秀奖学金。而优秀者总是望得见更高的山,看得到自己尚存的不足,并坚持不懈地努力。我们的采访开始于春节前几天,彼时郑尚东还在忙着各种事务,但仍会带着歉意在深夜耐心回答我们的问题。面对荣誉,他无半点骄傲,因为他最清楚荣誉背后的付出与心血。

"愿你们自由如鸟,探索可能,不留遗憾。"这是郑尚东回顾自己的大学生活后最想对学弟学妹说的话。正像他自己所做的那样,他也希望学弟学妹能够多进行有益的尝试、探索,广泛涉猎,开阔眼界,找到适合自己的发展方向。有这样一句话:"选择比努力更重要。"郑尚东也认为,要找准方向才能一路坚定前行。而找准自己的方向之前,首先要多做了解,不断探索。

郑尚东也将在这样的人生信条下,穷尽自我可能,在人生路上迈出更为坚实的脚步!

——文/留怡勤

## 香培玉琢，逐梦未来

——访浙江大学材料科学与工程专业
2018 届本科生李培培

**李培培**　女，浙江大学材料科学与工程学院材料科学与工程专业
2014 级本科生、2018 级硕士生，2014—2016 年就读于求是学院蓝田学
园。曾加入蓝田分团委青年志愿者活动与指导中心、蓝田学园心理健
康教育中心组织部。曾获浙江大学优秀学生一等、二等奖学金和国家
励志奖学金、校友爱心励志奖学金、华灿光电奖学金等。

读书时期

近照

"其实我很普通，并没有比其他同学多很多光鲜的成就。"彼端的李培培
略带腼腆地笑着，眼睛弯成初月，恰如采访时她给人的感觉一般：贴心温暖
又不乏认真细致，亲切俏皮又不失成熟稳重。

## 初来乍到，素心徊徨

问及初到浙里时如何适应高中到大学的转变，李培培坦言："我认为我真正找到自己在大学的节奏还是花费了较长时间的，可以说从大一到大二我都在不断调整自己的状态。"与高中相比，大学的生活完全是另一个天地——自由地选择课程和老师、自由地安排课余时间……从高中时被时刻表以及父母和老师约束着学习的应试生，摇身一变成为如今的"自由人"，她除了欣喜以外，也无可避免地陷入彷徨与迷惘。

"我那时候加入了蓝田分团委青年志愿者活动与指导中心、蓝田学园心理健康教育中心组织部，随之而来的很多工作与学习、休息产生了一些矛盾。"和许多初入大学的同学一样，大一的李培培带着满腔热情踏上这一片热土，像孩子般用新奇的目光看着缤纷的组织和社团，渴望拥有学长学姐那般一身正装、认真干练的模样。忆起当初为了工作和学习熬到深夜、手边只有台灯的微光和早已不再冒热气的清茶相伴的日子，李培培笑道："如果时间倒流，我想让自己大一时只加入分团委青志部，把节省下来的精力都用在睡觉和学习上。"在她看来，学生仍当以学业为重，组织社团在精不在多。加入之前先想清楚"你希望从这里得到什么"，是工作经验，还是人际交往能力，抑或是简历上的一抹亮点？不忘初心，方得始终。

## 他山之石，以攻璞玉

学习效率不高、专注度不够可能是许多学生面临的一大问题，曾经的李培培也为之所困。又或许有些同学已经投入许多精力仍未获得理想的成绩，却不知道问题所在。李培培建议在这种时候向辅导员、优秀学长学姐等请教，这也是她的切身体验。

李培培回忆起一次对她有转折意义的年级大会，辅导员大致分析了各个班级的成绩数据，让大家对全年级的水平有一个整体的概念，同时也能更精准地找到自己的定位，并且还邀请了当时大类里绩点高的同学做学习分享。当时的李培培惊叹于这些学术"大咖"的成就，他们让踽踽独行的她看到了更多的可能。"他们在学习上很专注、效率很高。之后我开始反思自己的状态和方法，做了一些相应的调整，主要是强迫自己早睡，保持精力充沛以及保持较高的听课效率。"就这样，李培培在学习方面慢慢找到适合自己的节奏，成绩也一直稳居前列。谈起这次经历，她认为这是大学生活里的一个转折点，她不仅看到了优秀前辈的耀眼光芒，更明白了他们光鲜背后的艰苦奋斗。见识越多优秀的人，就越能看见差距，也越清楚前进的方向；而越是优秀的人，就越能看见更多值得努力的东西。

## 蓬生麻中，不扶自直

说起最想感谢的人，李培培毫不犹豫地提到了她本科四年的室友兼同班同学陈宇麒。"她是一个很优秀的人，总在不断地尝试和挑战。虽然我和她各方面的步调和方式不完全相同，但一直以来，只要看到她的充实忙碌，我就会提醒自己加油努力，不能懈怠。"李培培口中的陈宇麒同学，目前已经被外推直博清华，而事实上，李培培所在的寝室——玉泉校区八舍公主楼328号——也是当之无愧的学霸寝室，不仅常年被挂在宿舍楼卫生检查表扬区，更是创造了集体保研直博的奇迹。

"四个人一起保研"是大家既定的目标，大家在学习上互相督促、互相带动。每到考试周，她们会互相借阅笔记，一起泡图书馆学习，除了三餐和睡觉，基本整天都沉浸在知识的海洋中。图书馆302室和420室这两间被学霸们"宠幸过"的阅览室，是她们长期的"根据地"。在回寝室和去食堂的路上，她们也抓紧每分每秒讨论学术问题，互相交流疑难问题或押题——得益于白天高效的复习，她们从不需要"刷夜"。

在休闲娱乐方面，她们也总是一起行动，像四个"连体婴儿"般亲密无间。一起唱歌、一起爬山、一起去"毕至居"、一起参加校庆志愿者活动……室友关系在丰富多彩的活动中日渐融洽。

对于未来的道路，李培培也有了规划。她的想法是："如果在读研过程中发现了更大的兴趣，也许会继续读博士，走科研这条路。我对科研充满敬意，能够为人类做贡献最好，但如果不能，曾经努力过就不后悔。"

正如古语所言："与善人居，如入芝兰之室，久而不闻其香，则与之化矣。""孟母三迁"是为良好的学习环境，"居必择邻，游必就士"亦是为良好的学习氛围。大学里身边的人很重要，和小伙伴一起进步才是大学生活的正确"打开"方式。

## 志兮愿兮，慕丹心兮

不仅如此，志愿服务也为李培培的大学生活添上了鲜活的一笔。初到浙里，李培培从让人眼花缭乱的组织中一眼就看中了蓝田分团委青年志愿者活动与指导中心，通过层层筛选也顺利成为其中的一员，参加部门负责的学园志愿者管理及活动指导工作。正如《全球志愿者宣言》呼吁的那样:"尊重人类价值,使人们充分享有权利,建设一个更加人道、更加公正的社会";"创造适当的环境,使志愿者能从事有意义的工作,并达到共同的目标"……李培培和古往今来胸怀热血、志在国家的青年一样,捧着一颗赤诚的心,怀着满腔无私奉献的热情,将自己投入无限的志愿服务中。问及感受,李培培笑得有些腼腆,却难掩欣喜:"为学园的志愿者工作付出了自己的心血,至今想起来还是觉得很骄傲。"

然而作为组织者无法实地参与志愿活动一直是李培培的一件憾事,所以自大二起,在时间允许的情况下她会选择一些合适的志愿者服务项目去做。比如蓝田学园的冬衣募捐、杭州毅行大会等。"虽然志愿服务的过程会比较辛苦,但在做志愿者的时候,我都是开心快乐的,为做的事情有意义而开心,为有一群志同道合的志愿者小伙伴而开心,为遇见杭州各个地方的美好而开心。"就像诗句中赞美的那样,"待到山花烂漫时,她在丛中笑",无数志愿者们牺牲休息时间,贡献出自己的劳动,旨在创造一个更美好的世界。他们服务的时间可以度量,星级也可以度量,但身为志愿者的那种满足感和幸福感是无法度量的。

## 小汇箴言,供来人鉴

絮絮叨叨地说了这么多,以下是李培培给大家的建议,望君共勉。

生活方面:"少熬夜,多锻炼。我大一时候经常因为一些原因熬夜,大二时'痛改前非',结果学习效率成倍提高,而且对生活的控制感增强,那时候真的感觉自己特别幸福。一直到现在,没有什么特殊情况我绝对会在十一点半前上床睡觉。"

学习方面:"高质量听课,以课下时间补课上内容的方法最该摒弃。这就需要做到前面提到的少熬夜,不然每天顶着熊猫眼肯定没办法认真听课。"

其他方面:"不要被过多的选项蒙蔽了双眼,尽量选择自己喜欢的方向,走的路广不如走的路远。这条适用于刚入学时的社团、学生组织选择。"

最后,李培培把自己的座右铭送给大家:悟以往之不谏,知来者之可追。愿大家在未来的日子里,每个今天都比昨天更优秀!

从初来乍到的迷惘新生到如今拥有明确的目标并为之努力的追梦者,李培培的本科四年,是探索更是成长,是总结更是开端。在良师的谆谆教诲和益友的温暖陪伴下,相信她的未来将更加灿烂明媚!

——文/何方仪

# 百代朱子,志在钦钦

## ——访浙江大学能源与环境系统工程专业
## 2013 届本科生朱子钦

**朱子钦** 男,中共党员。浙江大学能源工程学院能源与环境系统工程专业 2009 级本科生,工程热物理专业 2013 级博士,2009—2011 年就读于求是学院云峰学园。曾任共青团浙江大学委员会副书记(挂职)、浙江大学研究生干部讲习所副秘书长、能源工程学院研究生会主席兼博士生会主席,是共青团浙江大学第十九届、二十届委员会委员、常委,曾随浙大代表团赴巴西参加"金砖五国"可持续发展国际研讨会并做报告。攻读博士学位期间曾获竺可桢奖学金、国家奖学金、唐立新奖学金(连续 2 年)、中国工程热物理学会"王补宣青年论文奖"、浙江省"万名好党员"、浙江大学研究生"求是之星"、浙江大学优秀博士生岗位助学金、浙江大学优秀研究生(连续 4 年)、浙江大学三好研究生、浙江大学优秀研究生干部、浙江大学优秀团干部(连续 2 年)等校级以上奖励荣誉。截至目前作为第一作者或第二作者(导师为第一作者)的科研成果包括:8 篇 SCI 期刊论文(其中 5 篇为浙大 TOP 期刊论文)、1 篇 EI 期刊论文、1 篇一级核心期刊论文、4 篇国际/国内会议论文,授权 2 项、公开 4 项国家发明专利。

读书时期　　　　　　　　　　　　　　　近照

　　朱子钦是个极其谦虚的大哥哥,"应该的""过奖了""谦虚了"屡屡在我们的对话中出现,得体的语言显出彬彬文质,谦虚的语气更让他平易近人。回想他的大学生活:在大一便定好"起调",参加了许多校园活动,做好未来规划,与伙伴合作共进,常怀感恩之心……似水流年淌过,朱子钦向我们一一道来。

### 定准"起调",打好根基

　　大一在朱子钦的眼中尤为重要,他说:"起调一定要准。"第一学期处在适应期,因此考试一定要尽心、谨慎。如果第一学期成绩不理想,自信心会受打击,更可怕的是自己的节奏一旦乱了,后面的调子就很难找准了。因为大学里牵动精力的事是非常多的,开局不顺,则很可能在偏离学习的路上越走越远。

　　朱子钦回想起自己第一门课程的成绩,坦言比较满意。在玉泉开设的"空间科学与技术"课程让他有了跨校区学习的机会,他说,"还处在低年级,就多转转吧"。经过半个学期的学习,他获得了理想的成绩。第一门课程的成功让他确立了今后的基本学习目标:课程成绩不能低于86分,微积分等高学分的课程成绩尽量在90分以上。于是,无论多忙,他都会抽出时间每天自习。正是这种自设的要求造就了今天优秀的他。

## 多多"吃菜"，精彩校园

"确实，成绩在特定阶段非常重要，但是事后回想起来，它在记忆里占据的空间不是很大。"譬如一桌丰盛的晚宴，作为主食的米饭非常重要，但是享用后，它不会让我们印象深刻，相反，那些可口的菜肴才会让我们满口回味。让朱子钦回味无穷的正是多样的校园生活，"多吃菜"，大学才更精彩。

他曾参与情景剧《遵义会议》的编排与会演，在会上与其他同志展开激烈辩论，为整幕剧添上重彩的一笔。他曾与室友一同参加"毅行"，翻山越岭，频繁上下坡，相互帮助支持，走完全程；杭州不太有人去的山，他们几乎游遍。他曾加入能源学院的学生会和分团委，注重学业的同时留任部长，研究生时当上主席，还不时参加其他社团举办的活动，乐在其中。校园似乎成了他的乐园，校园生活是他难以忘却的青春记忆。为了不使自己"营养不良"，"多吃菜"吧。

## 选对专业，规划未来

关于如何过一个对得起自己的大学生活，朱子钦谈到了专业的选择。他说，选专业是一个比较重要的环节，因为当兴趣与所从事的工作结合得较好时，学习会加倍有劲。他表示，很多通识课帮助他深入了解各个专业，所以选专业的时候就不会盲目。他从小就对能源感兴趣，再加上能源是支撑国民经济的重要产业，浙大在这方面又实力强劲，于是便水到渠成地选择了这个专业。

对大一新生，他接着给出了自己的建议。他认为，对于未来的规划，应多与年级较高的学长学姐交流，有机会与硕士生或博士生交流则更好。他们经历的事更多，给的建议比较全面，思考会深入与成熟些。而在学业上，他推荐与年级相近的学长学姐交流。因为他们刚学习完这门课，印象还非常深，很多学习的经验和资料都可以直接分享。

朱子钦总是昂首向前看，走好自己的路，正如"钦钦"所寓——乐于进取貌，坚定不移心。

## 团队合作，益处良多

对话中谈到大学期间的变化时，朱子钦感触颇深，不止一次地提到了"合作共赢"理念。

他强调，不同于高中，合作在大学阶段很重要。初高中阶段团队合作的机会相对较少，更多地强调个人奋斗，老师和同学们都会把更多的精力放在提升个人成绩上。但是大学却有很大不同，大学一个学期的课程考试众多，内容庞杂，倘若一人"独干"，不仅效率较低、复习较累，还很可能出现捉襟见肘、顾此失彼的尴尬局面。于是他尝试采用分工合作的方式，与室友一起复习。4人各自选择较擅长的科目，梳理、提炼知识点，然后配上必考题型、经典题型，最后互相分享独特的学习资料。这样复习非常高效，也可以更好地抓住要点。

合作共赢在今后的科研道路上同样重要。他说，科研工作很多时候不是自己一个人的事。到了研究生阶段，跟师兄、师弟的合作是非常普遍的，也是必需的。试验台的共享就是一个例子。共赢思想对团队的建设非常重要，因为如果合作不佳，往往是事倍功半的。不光互相拖后腿，还有可能闹矛盾，这样不利于课题组的发展，难出成果。

因此，朱子钦再三强调，要从本科阶段开始培养团队意识，并努力和他人建立合作共赢的良性关系。

## 挖井之人，感恩不忘

谈起本科辅导员朱佐想老师对他的关怀与帮助，朱子钦的感恩之情溢于言表。他坦言，自己与朱佐想老师非常有缘分：现任校党委组织部副部长的朱佐想老师是他本科前两年的辅导员，很多工作上的思路方法，特别是管理艺术，他都从朱老师身上学到了不少；博士三年级时，朱子钦在校团委挂职了一年，其间又在朱佐想老师的领导下开展了面向全校乃至全国的内容丰富的工作，工作能力也得到了质的提升。回想一路走来的成长，无论是在能源工程学院、研工部还是校团委，朱子钦都遇到了给予他教诲和提携的师长，对于这些给他甘甜"井水"的"挖井人"，朱子钦一直心怀感激。

## 倾囊相授，期许后辈

交谈将要结束，朱子钦有几句话想送给求是学院的学弟学妹：

"我觉得有两方面。一是个人方面，就是找准路，多努力，勤奋刻苦。另一方面要感恩学校，感恩学校对自己的培养、养育和包容。进入社会后，大家会发现校友是能够带给我们无限温暖和帮助的人，所以在母校要尽量扎根扎得深一些，多汲取的同时也要努力多回报，母校和恩师是人生最宝贵的财富。"

他把自己的经验毫无保留地分享给学弟学妹，并特别叮嘱要心怀感恩。

一个个故事的背后是千言万语汇成的经验，朱子钦希望每个求是学院的学子都能在自己选择的路上走出一片天地。

——文/王　敢

# 奕于热心,胜于主动

## ——访浙江大学药学专业 2016 届本科生张胜

　　**张胜**　男,中共党员。浙江大学药学院药学专业 2012 级本科生,现在浙江大学药物信息学研究所攻读博士学位,2012—2014 年就读于求是学院蓝田学园。曾任求是学院第二十党支部副书记,曾加入医药学生会、党员素质拓展中心等。曾多次获得优秀团员称号和奖学金,包括:2012—2013 学年浙江大学优秀团员、2013—2014 学年浙江大学优秀团员、2014—2015 学年浙江大学优秀团员、2013—2014 学年浙江大学学业三等奖学金、2013—2014 学年浙江大学优秀学生三等奖学金。

读书时期

近照

距约定的第一次采访时间还有五分钟，电脑上却提前响起了"滴滴滴"的提示音，一声提前的招呼，让人对电脑那头的采访对象产生了一丝好感。透过耳机传来的男声，阳光爽朗。

## 班级活动——解决难题成集体

进入浙大，灵活的选课制度使张胜感到在大学里"班级"这一概念已不如高中时那么明显，没有一间固定的大家一起上课自习的教室，班里的同学之间也没有那么多的相处时间，但张胜仍以积极投入的态度参与班级建设活动。一开始，他就发现了一个问题——班级里总有同学积极性不高。每当班团委想组织一次班级活动，刚和同学们提出来，"去不了""不想去"的声音就会出现。但张胜还是希望靠大家的共同努力，让同学们找到集体归属感。因而只要是有意义的活动，不论参与的人数多少，张胜都坚持开展。渐渐地，他和其他班团委也摸索出了一个可行的办法：先在班级群中询问大家的意见，综合统计之后罗列出选项，由大家票选出最愿意去的活动地点以及最方便的活动时间。对于少数积极性不高的同学，张胜和班团委们一起在课余时间给他们做工作。最终，他们的辛苦努力起到了成效，大家对于集体活动的态度发生了转变，更多的同学愿意积极参与班级活动，甚至帮助班团委出谋划策。

## 党建团建——分工合作赢荣誉

在注重班级活动的同时，张胜在团建、党建以及社团生活方面也取得了不错的成绩：2012—2015年连续三年获浙江大学优秀团员荣誉称号。他还加入医药学生会，并参加了党员素质拓展中心。

当被问及自己在大学期间印象最深以及最引以为傲的一件事时，张胜的回答都与自己曾经所在的党支部连在了一起。张胜曾任求是学院第二十党支部副书记，在任期间，他所在的党支部获得了"五好党支部"的称号。最引以为傲的，是获得了荣誉；印象最深的，却是准备评选的过程。起初，张胜认为自己身为副书记，总结报告的撰写是自己分内的事，因而也不愿意麻烦别的同学。但是，由于部分活动并非他亲自组织参与，对于这部分活动的总结他感到力不从心。评选眼看就要到了，总结汇报却始终没能达到他自己想要的效果。张胜最后决定找到活动相应的负责人，希望同学们可以帮忙完成相应的部分。本以为会有推脱或者不愿意的声音，但同学们高涨的热情实在出乎他的意料。最终,各部分的活动总结及时地交到了张胜手上,而且在质量、深度上也胜过自己所写。他由此意识到:身为一个团体的负责人、组织者,有时候尽职尽责并不一定要万事亲力亲为、包办一切;可以试着将一个自己难以解决的任务分解成几个相对简单的子任务,分配给大家一起完成,节省时间的同时也可以提高效率,更重要的是,整个团队的成员不会感觉自己是单兵作战,大家会有参与的欲望,也会有集体的荣誉感。

## 学生工作——能力提升与蜕变

"现在回过头来看的话,前两年在党支部还有学生会,后两年在药学院当班长,其实可以说我大学四年都是在学生工作中度过的吧。"

丰富的班级、社团以及团建与党建活动给张胜带来的不仅仅是能力上的锻炼。电脑那头的张胜直言曾经的自己面对别人会感觉放不开,"我其实以前是一个比较腼腆的人,我不太敢在公众场合发表自己的言论"。但通过这些经历,如今的他变得落落大方,与此同时,这些活动也扩大了张胜的朋友圈,让他更早地与班级、组织以及党支部的同学和老师相识。

## 规划时间——分清轻重做安排

在为各类活动默默付出的同时,张胜也没有放下学习,2013—2014 学年浙江大学学业三等奖学金、2013—2014 学年浙江大学优秀学生三等奖学金就是证明。不过张胜自己却笑着表示,自己学习成绩并不算好,如果可以回到过去,他最想做的事情是"好好学习,让绩点再高一点"。

在入学之初,张胜也和很多人一样感觉时间紧,不够用,但是他逐渐适应并调整好了自己。他说,大一其实并不是事情最多最忙的阶段,到了大三、大四会更忙更紧张。有些刚刚进入大学的同学抱怨"大学天天在忙,就是不知道在忙什么",张胜对此的解读是:许多人只是自己感觉很忙,他们更多的是缺少合理的时间规划。

有些同学会选择翘课来腾出时间给另一门课,张胜并不鼓励这种学习方式,他更希望学弟学妹可以学会自己找时间。以晚课为例,晚课结束后大部分同学会直接回到寝室,但张胜会继续自习;同样,周末也是他不会放过的自习机会。

张胜坦言,即使充分利用时间,也总会碰到时间紧张的时候,因而,有效的时间管理也十分必要。时间管理理论中的四象限法则将事件分成四类:

"紧急而重要"（第一象限）、"重要而不紧急"（第二象限）、"紧急而不重要"（第三象限）以及"不紧急而不重要"（第四象限）。大部分人都会妥善处理好第一和第四象限的关系，但对于第二、第三象限的事情，常常分不清孰轻孰重。要注意的是：提前处理那些"重要但不紧急"，而非"紧急但不重要"的事情。

对于部分同学学分较多、课业压力比较大的情况，张胜也表达了自己的看法："除了量力而行以外，也要学会分清课程的重要性。如果时间真的不够，一门很重要、学分高的课程肯定比一门你们口中的'水课'重要得多。"

### 留给后辈——学技能，要主动

尽管读的是医药专业，张胜却建议学弟学妹多了解一下数学和计算机。"数学方面，我觉得大家需要有一个大致的了解，不能什么都不知道。计算机语言方面，我觉得 Python 比较简单，而且确确实实能解决很多实际问题，也就是你学了马上就能用。"

在数次采访中，"积极主动"一词多次出现在张胜的回答中："能到浙大来的，肯定都是很优秀的人。所以我觉得一定要有一个意识，就是在大学这种大环境下要去主动做事情，要有工作上的信心，学会怎么做一件事，这样会对未来的工作很有利。"

问及缘由，张胜提到，自己有一个同学，在准备考研之初认为自己成绩不好，考研的希望不大，于是就没有及时地联系相关老师。最终发现自己的分数其实已经达到了要求，但因为前期缺乏积极主动的准备，老师们也没有名额剩余而痛失机会。而这也只是引发张胜这一感悟的一个小例子。"希望大家脸皮要厚，不要不好意思，要主动，这样才会有机会去做更多的事。"

他一方面热心班级活动建设，坚持学生工作，不断锻炼与发展自我；另一方面，合理规划时间，以积极主动的态度取得了不错的学业成绩。相信他的热情友善和卓越能力能够帮助他在未来成为更优秀的自己。

——文／宓　锐

# 专注如耕田，坚韧似黄牛

## ——访浙江大学汉语言文学专业 2017 届本科生何苏丹

**何苏丹** 女，中共党员。浙江大学人文学院汉语言文学专业 2013 级本科生，现为求是学院丹青学园和人文学院"2＋2"模式辅导员、浙江大学唐立新奖学金团队副主席，2013—2015 年就读于求是学院丹青学园。曾任丹青学园学生联合会主席、人文大类学生会主席、丹青学园卓越计划班班长等职，曾为省级、校级青马组织学员和浙江省红十字会救护员。曾受团中央选拔于中华人民共和国人力资源和社会保障部实习。曾获唐立新奖学金、浙江大学优秀学生一等奖学金，获浙江省优秀毕业生、浙江大学优秀党员、浙江大学优秀青年志愿者等荣誉称号，并两次提名浙江大学十佳大学生。

读书时期

近照

回望过去，她是光芒耀眼的优秀学子；面对采访，她是平易近人的直系学姐。对话框那头，何苏丹将自己的故事娓娓道来。

## 定目标做计划

在保证学业成绩的同时还能拥有如此多的实践经历和荣誉，何苏丹认为秘诀在于首先给自己定下一个很高的目标：先明确个人目标，然后翔实地了解实现目标需具备哪些条件，平常要做哪些努力。

在大一入学前的假期里，何苏丹搜索了很多有关浙江大学的资料，了解学校各种组织和平台，定下了大学每一年应当实现的目标。在开学后的几天里，她查阅了学校主要网站两年内的所有通知，了解到学校每一个时间段有哪些常规活动和学生事务，这为她计划自身发展和做学生工作打下了良好的基础。

对于学期之间的空隙，何苏丹认为阅读是最佳选择，把握寒暑假的时间拓展自身视野。她说之所以选择汉语言文学专业，就是觉得这是一个在文化中学做真人的专业：在散文和诗歌中你能领略生命之美；在品读历史中你可以看懂社会的变更；在探索哲理中你能暂时摆脱自身的桎梏。同时，也要趁假期时间积极参加社会实践，走出象牙塔，深入了解国情民情，才能成长为一个大写的人。

## 趁年轻多尝试

谈到最引以为傲的事，何苏丹回答说："可能就是不怕失败的勇气吧。"

大一，何苏丹被选举为学校学生委员会委员，虽然当时还没有相关经验，但她仍鼓起勇气报名竞选校学生会主席团。她知道身为新生的自己在大三、大四的学长学姐面前，能力和经验均有欠缺，成功机会渺茫，但抱着磨炼自我的想法，还是参加了竞选。她相信尝试的意义更多时候在于努力本身，而不是结果。在两天时间内，何苏丹采访了校学生会的许多人，写下一份调研报告呈交，想反映一些问题、提供建议，这并不是报名要求的，可于她而言，是作为委员应尽的责任。后来何苏丹成为学生委员会中担任时间最长的委员。

三年中两次提名浙江大学十佳大学生，虽然都遗憾止步于前二十强，但对何苏丹来说，在强手如云的浙江大学能两次参与答辩就是一种肯定。她在其他同学的事迹中，反省自身不足，总结经验，继续前行，每一次历练都让她比先前看得更远。

这些失败的经历让她明白：就算知道成功的概率很低，但只要有希望或者能在努力过程中学到东西,就可以勇敢地去试一试。竞争,更多代表着学习和收获,而且大学期间的失败成本很低。因此,她鼓励每一位浙大学子在求是学院阶段就应当去思考自己的人生,定下未来发展的计划、方向和目标,如果一时不确定,就更要趁年轻多尝试,在一次次经历中明白自己真正喜欢的和擅长的是什么。定下目标后再了解其实现途径,倒推回来定下自己在每个阶段的目标,这一点在大一尤为重要。

在科研方面,何苏丹表示要多试着向老师寻求机会。她告诉我们,最初她便是在了解相关课题后主动询问老师能否帮忙,慢慢地和老师联系增多,也就逐步参与了编纂、修订多部词典。正是勇于尝试,让她的科研之路走上正轨。

## 忆恩师怀感恩

在求是学院就读阶段,何苏丹首先要感谢的是丹青学园——是丹青给了她机会,让她能在大二以最低年级学生的身份参与十佳大学生的答辩。何苏丹曾在求是学院丹青学园担任团总支书记、人文大类学生会主席、丹青学园学生联合会主席、丹青学园卓越计划班班长等职,这些学生工作经历让她学会担当,学会心怀责任感、荣誉感和奉献精神,学会去把握每个机会。无论是科研学习还是学生工作,只要你愿意朝着一个目标专心致志地去做,结果总是好的。因为,越努力,越幸运。

问及大学期间最想感谢的人,何苏丹的答案是辅导员许怡老师。许怡老师曾是何苏丹的军训指导员,何苏丹当时是副指导员。在何苏丹担任学生会主席时,许怡老师则是指导老师。对于何苏丹而言,许怡老师从一个亦师亦友的角度给了她太多平和自然的关怀,也让她明白一个好的辅导员应该是怎样的,让她对辅导员这份职业有了更深的尊敬之情和想要尝试的欲望,因此她在毕业后选择做"2+2"模式辅导员。的确,大学是学业与人生的重要转折点,而老师是我们前行路上始终闪耀的明灯。

## 憾忙碌求充实

对在常人眼中颇为完美的求是学院求学时光,何苏丹也有不少感慨。她遗憾的是,当时太以学生事务为中心,在学习知识方面还是有所欠缺,不够踏实;平常忙于社会工作和科研学习,她很少有时间出校接触大自然,欣赏杭城美景,个人休闲较少。如果有机会重新回到在求是学院求学的时光,何苏丹希望能够坚持培养一门兴趣爱好，去认识更多意气相投的朋友，增强内心自足感。

正是因为这份遗憾，大三、大四时她把精力更集中在她喜欢的专业和感兴趣事物的学习上，由此，她对专业领域有了更深入的探索，终于收获了较为丰富的学习成果，也对未来发展有了更明晰的计划。"我越来越明白且相信：在学校里坚定一个信念，然后纯粹努力而不放弃地去做，往往就能成功。你的努力、你的坚持会决定你是谁以及你将走多远。"

### 致学弟学妹

何苏丹觉得综合素质的发展仍应以学生的本职学业为主，能学到知识本身就是一件很值得开心的事，以此为基础，再去拓展其他方面的能力。

"通过参与课题，能够把学到的碎片化的知识串联起来，是对书面知识的运用和提升。同时也能够了解更多的东西，拓宽自己的知识面，特别是学科发展前沿，往往是日常学习所不能涉及的。最重要的是在这个过程中打磨出一种做学术的态度——细致严谨、精益求精。这种态度对求学、对为人处世都有着潜移默化的影响。"

而在综合素质提升方面，她说："很多人会因为自己大学以前没有什么社会实践和学生工作经历，往往不敢尝试去表现自己，但能力、口才都是可以锻炼的，责任心才是做好事情的关键。"

一路走来，风雨兼程，历练出的是成长，磨砺出的是品行，坚持不懈的是信念，永不放弃的是追求。道阻且长，无论怎样选择，何苏丹希望每个学弟学妹都能在求是学院收获属于自己的精彩——"做一个很多年后回想一生，不忘初心、无愧无悔的人。"这也正是何苏丹想要送给所有人的话。

——文／王偲琪

# 长风破浪，掌舵人生

## ——访浙江大学汉语言文学专业 2015 届本科生刘正

刘正　男，中共党员。浙江大学人文学院汉语言文学专业 2011 级本科生，现就职于中国对外经济贸易信托有限公司，2011—2013 年就读于求是学院丹青学园。曾任人文学院团委学生会主席。曾获浙江大学社会实践奖学金、浙江大学社会工作奖学金，获浙江大学优秀团干部、优秀团员、优秀学生干部等荣誉称号，曾获国家级演讲比赛优秀奖等荣誉。

读书时期

近照

电话那头，刘正的声音清晰有力，讲述着他大学四年悉心书写的人生篇章。他敢做敢闯，热爱尝试，凡事有自己的思想和主见，这一性格特点成为他大学生活的重要注脚。

## 回忆学生会

刘正谈到印象中最深的一件事，是学生会的工作经历。初入学生会，在组织中摸爬滚打，常常熬夜到深夜两三点，加班加点更是家常便饭。从一名干事逐渐成长为学生会主席，一点一滴都凝结着他的汗水。他在学生会内部掀起改革的浪潮，将九个部门精简为四个，提高每个部门的工作效率，推动学生会朝着更加良好的方向发展。一路行来，他衷心感谢学院楼艳老师和郑英蓓老师对他的帮助，还有同伴们的大力支持。

学生会工作虽然琐碎繁忙，但带给刘正的更多是锻炼和成长。回顾初入大学时的生活，闪现在脑海的是与同伴、老师共同奋斗的一幕幕场景，组织各色活动中参与者满意的微笑，这些都是大学最珍贵的回忆。在这个过程中，刘正学会如何去组织、管理、协调各方面的工作，广泛涉猎而有所专精。这些能力成为他人生中重要的智慧锦囊。

刘正提到，刚刚接触这些工作时，我们可能会抱怨，但当真正完成时，就会为自己点赞。很多时候，大家不是缺乏能力，而是缺少一种专注、一种追求完美的精神与态度。在不断努力的过程中，自我也在经历量变和质变的提升。人生就像一面镜子，你对它微笑，它将回你以微笑。

## 要当"掌舵人"

从高中生向大学生转变的过渡期，很多人会出现各种各样的不适应。焦虑、不安、迷茫，这些是大一新生常常挂在嘴边的词。询问刘正如何度过这段时间时，他坚定地说："我认为自己没有真正意义上的过渡期。"对刘正来说，高中时已培养的自主性使得他很快地适应了大学生活，这也正是我们大多数学生所缺乏且需要锻炼的重要品质。

问及刘正最引以为傲的一个方面，他回答道："可能就是勇敢做选择，不知天高地厚吧。"从高中文理分科、大学及专业的选择到毕业择业，每当站在一个个岔路口前，他都慎重而坚定地做出了选择，并勇敢地承担起相应的后果。他说如果重新回到在求是学院就读的时光，他一定会玩得更嗨、更野，更大胆地去开阔自己的视野。

刘正谈到,在大学生活中很多人可能总是不知道自己要做什么、不知道如何安排时间,我们需要给自己定下目标,为自己的人生负责地选择一条明晰的道路。在波涛汹涌的大海中任意漂流很容易迷失,只有做自己的掌舵人才能到达终点。

## 学思与积淀

在采访中,刘正提到独立思考的品质来自于长期的培养。而在中文系的学习便是他形成自己思想的重要过程。他的语气中带着深沉的爱和感激。他说中文系的教育给了他一种"清高"的感觉,此"清高"非彼"清高",是指学会了遇事不会盲目地跟从别人,会有意识地自己去思考。中文系的点滴汇成他思想的河流。一本本书、一篇篇文章,都拓展着他思想的广度和深度。

他认为上课是了解不同新鲜事物的过程,最重要的是能得到真正想要的,即知识和做人的道理,而不是冷冰冰的考试成绩;有时间可以去旁听,通过感受不同的课程去了解自己的喜好和擅长之处,这也是深入探索自身潜力的重要过程。同时,他强调"纸上得来终觉浅"。在本科期间,他选择了很多电影相关的课程,在赏析电影的过程中,他会将老师分析的内容和书本的知识进行比照,并判断二者与实际是否符合,这不仅能巩固课本知识,更使课堂知识与生活相衔接。很多时候,我们需要放下书本到外面的世界去探索,需要更主动地与人交流。刘正非常喜欢与前辈沟通,听取不同人的想法,借鉴他们的成长经验,这也成为他大学知识积淀的重要来源。

## 探索与尝试

在采访过程中,刘正提及次数最多的词语便是"尝试"。凡事尝试之后才有发言权,试过才会知道自己是否喜欢、是否擅长。大到毕业出路的选择,小到每一门课的选修,都是如此。求是学院的大类培养模式给了我们试错的机会,但这种尝试不是鲁莽的,应当经过缜密的思考,既不要畏首畏尾,也不要盲目行动。

学习、生活、工作,我们都可以从中尽情探索。刘正本科选择汉语言文学专业,研究生学习公共管理,现在又从事了人力资源管理工作,负责招聘与培训。他总是在不断地尝试和突破自己,在平常人看来,这些都是人生冒险的大跨度,但他敢想敢做,愿意去不断磨砺自我。

探索与尝试是去真正了解世界的一把关键钥匙，也是认识自己和他人的重要一步。敢闯敢拼更是新一代求是学子应有的风貌：在尝试中了解自己的喜好、性格和特长，在探索中发现问题、启迪心灵，在闯荡中丰富阅历、不断积淀。

### 寄语学弟学妹

回想在求是学院的日子，刘正有几句叮咛。

第一，不要因为怕犯错而放弃了打开新世界的机会，也不要因为一些小成就而沾沾自喜，应不断尝试、学习、反思、提升，再继续走出舒适区。

第二，不要浪费浙大自由的求学环境和丰富的师资条件，应主动和优秀的老师、前辈交流，欣欣以向荣。

学生会的工作是一种积淀与沉潜，是刘正的探索与尝试，更是他的人生规划，求是学院的学习也是如此。长风破浪，直挂云帆，在人生的道路上，他自己掌舵，驶向彼岸。他用真挚而朴实的语言诉说着自己的航行之路，希望能对航途之人有所裨益。他将继续在广袤无垠的大海上乘风破浪，迎接地平线上冉冉升起的太阳。

——文／宋　丹

# 青春正当时,走出舒适区

## ——访浙江大学广播电视新闻学专业 2015 届本科生巩晗

巩晗　男,中共党员。浙江大学传媒与国际文化学院广播电视新闻学专业 2011 级本科生,现工作于人民日报社新媒体中心,2011—2013 年就读于求是学院丹青学园。曾任传媒与国际文化学院"不能媒有你"2011 级毕业晚会总导演、人文大类学生会宣传部部长、绿之源协会宣传部部长,浙江大学电视台成员。曾获国家奖学金、研究生国家奖学金,获评 G20 杭州峰会优秀志愿者,获浙江省第十二届大学生多媒体作品设计竞赛一等奖、G20 进校园短视频制作大赛一等奖等荣誉。作品有《G20 为什么来到杭州》《团代表是如何产生的》《戏距人生》《两个问题》《十分钟听完 2015 年度爆红金曲》等。

上学时期

近照

2011 年入学,2013 年确认广播电视新闻学专业,2015 年在本校继续修读新闻与传播专业硕士,2017 年毕业后入职人民日报社。这些经历,在纸上看起来不过是普通的几行字，勾勒出了巩晗从大学、硕士再到正式工作的全程，但从他刚毕业就能进入人民日报社来看，巩晗的这六年，绝对不普通。

## 逐渐适应，融入大学

虽然巩晗在大学期间取得了一些成就，现在也找到了一份很不错的工作，但他在刚刚进入大学的时候，与我们大多数人一样，也觉得迷茫。他坦言："一开始的时候，觉得大学不好玩。"虽然从高中到大学之后，自由度增加了，每件事情都可以自己安排，可以决定自己的生活，但是他也发觉做很多事情时都没有动力，不知道除了上课和完成作业之外，还能够做些什么。他说那时他似乎陷入了困境，"我该做些什么"是那段时间他问自己最多的一个问题。

后来，在好朋友"由仔"的提醒下，巩晗意识到：大学，跟高中生活不一样；在大学，生活不仅仅是上课和做作业，还能做很多自己感兴趣的事情。"比如说我喜欢作图、制作视频，参加一些自己感兴趣的文体活动，那就可以好好利用这个时间。同时，在那之后，我努力融入社团，并参与了社团的管理工作。那时我才真正体会到，原来大学生活不仅有上课和作业，更有社团、室友、学生组织和各类公益活动，当它们都来丰盈你的生活时，很多能力都能得到锻炼，比如沟通能力、执行能力以及搞笑的能力。"因此，在被问到大学最感谢的人是谁时，他毫不犹豫地回答是"由仔"——"因为他在我迷茫的时候，为我指明了方向。"

## 挑战未知，发掘爱好

找到了自己在大学中的方向之后，巩晗如鱼得水，他开始不断尝试自己未知的东西，走出生活的舒适区，去挑战自己。

他参与了很多不同的社团，"大学当中，参与不同的社团会有不同的收获。如果是参与学生组织如学生会的管理类工作，就能锻炼统筹能力。在浙江大学电视台里的工作更多地培养了我的专业能力。加入绿之源协会，让我有很多机会与他人交流沟通，并且它有特别好的管理团队，其中很多事情都值得我学习"。

除了参与社团，巩晗还充分利用自己的专长，制作了《G20 为什么来到杭州》《团代表是如何产生的》《戏距人生》《两个问题》《十分钟听完 2015 年度爆红金曲》等作品。其中，《G20 为什么来到杭州》获得外交部一等奖，《戏距人生》获得浙江省多媒体竞赛一等奖,《十分钟听完 2015 年度爆红金曲》的单条播放量超过 60 万人次。他还为"2014 中国全媒体峰会""姜文导演艺术进浙大"以及"最美邻里"颁奖晚会等活动制作了展会短片。在巩晗眼里,制作这些视频虽然很辛苦,有时候甚至还要熬通宵剪片子,但这是他的爱好,能够在做自己喜欢之事的同时获得技艺上的提高,是他最为开心的事情。

大学期间,让巩晗印象最深的是在丹青学园新年晚会表演小品的经历。这对他来说是一个极大的挑战,因为之前他从未有过这样的经历,但这次尝试让他收获了自我的提升,正如他所说:"这样的经历对我完善自己的性格,学习编剧、导演知识,了解舞台灯光等方面的调度,提升组织能力等,都很有帮助。"

## 手捧硕果　心怀感恩

巩晗曾担任传媒学院"不能媒有你"2011 级毕业晚会总导演,而他的实习经历更是多得让人惊叹:中央电视台《新闻 1＋1》的实习编导,网易公开课的视频编辑,浙江卫视节目中心策划推广部的节目推广,真人秀《二胎时代》的节目策划,浙江教育科技频道"最美青春"颁奖晚会的现场导演,《今日头条》的时评作者……

但巩晗对于这一切却十分谦虚。询问他"现在取得的成就或最引以为傲的一个方面是什么"时,他只是说:"我认为今天的我还没到有成就的时候。""但是我必须要感谢,感谢在求是学院的时光。在求是学院丹青学园学习的两年,我改掉了面对问题犹犹豫豫、执行力比较差的缺点,变得精神十足、雷厉风行、工作能力'爆棚'。在大学期间,我实现了许多小时候的梦想。如果让我重新回到求是学院就读,我不会做任何的改变,我非常感激自己在求是学院的这一段经历。"

## 总结自我　致以后辈

巩晗对自己能获得成长的原因进行了总结。首先是参加了社团工作,在社团中积累了团队合作能力,"在人文大类学生会当宣传部长,以及在绿之源协会当宣传部长,是我人生中一笔宝贵的经验财富"。其次是发挥特长,做出作品。在浙江大学电视台的工作,给巩晗带来了采、写、编等专业能力的提升;为丹青学园设计《离园手册》、为离园晚会制作相关的宣传资料,也让巩晗积累了装帧、舞台、表演方面的宝贵经验。最后是积极参与各类活动，包括各类表演活动、不同学园组织的活动。

在离开校园之前，为了纪念自己长达六年的大学生活，巩晗绘制了一系列的长图，将自己六年中做过的事、想说的话，都放入图中。得益于提早计划、认真准备，巩晗在新闻和综艺两个方面都积累了足够多的经验，这在传媒学院并不常见。"如果你多一份爱好，并且能兼顾专业中其他领域，就让求职的可能性多了一些。"他毕业后的确进入自己想要的岗位，做起了自己所喜欢的工作。

"趁年轻，享受学习，享受生活，享受工作，再不疯狂就老了！"这是巩晗想要对学弟学妹说的话。

相信他会一直朝着目标坚定前行，享受他的工作、他的生活。而我们，也要找到自己所喜欢和热爱的事情，找到自己的目标，并坚定不移地走下去；走出生活的舒适区，勇敢尝试，让我们的大学生活不留遗憾。

——文/金玲吉

# 修身以礼，授人以渔

## ——访浙江大学土地资源管理专业 2013 届本科生苏腾

**苏腾**　男，中共党员。浙江大学公共管理学院土地资源管理专业 2009 级本科生，现任浙江大学软件学院辅导员，兼任浙江大学礼仪与形象管理中心高级讲师，2009—2011 年就读于求是学院丹青学园。曾任公共管理学院党支部书记，云峰学园分团委副书记、辅导员，并于 2014 年作为首批成员加入浙江大学礼仪与形象管理中心，目前为最年轻的高级讲师。曾受邀担任浙江大学 120 周年校庆及杭州 G20 峰会志愿者礼仪培训师。曾多次获得国家奖学金、浙江大学学业优秀奖学金、浙江大学社会工作优秀奖学金，获浙江大学三好学生、优秀研究生、优秀共产党员标兵、优秀军训指导员、优秀学生干部、五星级志愿者、十佳青年志愿者等荣誉称号。

读书时期

近照

收到采访任务的第二天，恰逢浙江大学第十期礼仪与形象课程开班，苏腾的一节社交礼仪课持续了近 3 小时，一直到 12 点才下课。好不容易等到同学们依依不舍地散去，我们才得以向他提起采访事宜。他很耐心地听完我们的想法，很快就确定当天晚上进行面对面采访。

晚上九点半一见面，苏腾便递上两份纸质材料，竟然是下午发去的电子版问题和他详细的文字版回答打印稿！惊讶于苏腾做事之认真高效的同时，我们也被他的贴心和细致深深感动。

## 德礼相济，博雅修身

"所以在位次礼这方面，刚才我说的……都不重要！只需要记住一句话：2 号位在 1 号位左边。"

这是采访当天，我们作为第十期博雅课堂学员聆听苏腾讲授社交礼仪课的现场。讲台上的苏腾，挺拔而谦逊，言语温和而风趣。社交礼仪涵盖知识面极广，分类又极细，他却将知识点调节得当，一紧一松、交叉授课，因此即使课程长达 3 小时，大家也丝毫没有感到困倦，个个听得津津有味。往往每隔几句话，便是满堂的笑声与掌声。

上午的课程直到 12 点才下课，可即便午饭时间已迟，仍有五六位同学围在苏腾左右，热切询问着其他社交礼仪方面的问题，苏腾也丝毫没有整理东西急着吃饭的意思，面带笑容地为各位同学一一解答着问题。

正式采访时，我们便也从礼仪开始谈起。在苏腾看来，礼仪看似很多门类，实则内在相通，它既是对自己的尊重，也是对他人的尊重。于他自己，讲授礼仪知识则更是兴趣特长与育人方式的统一，于其中实现个人价值。

自从 2014 年作为首批成员加入浙江大学礼仪与形象管理中心以来，苏腾在礼仪的道路上不断提升自我，也广泛将礼仪知识传授给社会的各个群体。从浙大校园到下沙大学城、金华的浙江师范大学，从大学生素质训练（SQTP）项目社会实践礼仪培训，到浙大 120 周年校庆与 G20 峰会的志愿者培训，年轻的礼仪老师"苏老师"总是在教育的一线讲授着最新的礼仪规范，将泱泱中华的历史传统与当代潮流结合，尝试尽可能深入地培养学员的礼仪思维，其结果，自然颇有成效。如今，苏腾老师已是浙大礼仪与形象管理中心高级讲师中最年轻的一位，更是当代谦谦君子。

## 负重前行,源于责任

在礼仪培训师苏腾看来,礼仪是载体,实现德育和美育是目标;而在辅导员苏腾心中,助力学生,立德树人,身体力行,薪火相承,是一份沉甸甸的价值砝码和一条义无反顾的人生道路。

2013 年,本科毕业的苏腾选择了"2＋2"(即先任两年专职辅导员后读硕士研究生)道路,成为云峰学园的一名辅导员。也是从那时起,他与"辅导员"这个公众眼中平淡而不寻常的称谓结下不解之缘。

"辅导员的日常工作真的很日常,"苏腾笑着回忆道,"从党建工作到班团建设,从印章管理到各项事务性工作,多在寻常之间,但重在细致,贵在精致。"云峰学园辅导员办公室小小抽屉之内,整齐排列的各种印章,对于苏腾而言,意味着云峰两个年级 3000 余名同学的事务和需求,按一年 200 余个工作日计,若每位同学每年有一次盖章需求,每天也至少要盖 15 个章,实际中自然不止这个数字。然而,两年来原本不可胜计的盖章数,却都具体化为一条条完整、准确的印章记录,储存在苏腾的电脑当中。

印章管理固然繁杂,但班团建设作为真正和同学们接触、交流的载体,更需要耐心和热忱。一本涵盖工信 1311—1320 班同学信息的《学生成长与事务管理体系》,详细记载着苏腾与十个班每位同学沟通交流的细节和想法——点滴笔墨来源于每次走访寝室与谈心谈话。这位时常奔波于同学之间的辅导员,乐于倾听同学心声,为大家解决困难。

他说,最惊心动魄的一次,是学生失联。

半夜十一点接过电话,连夜起床调监控找人,一直找到第二天上午。电话接通时他颇显平静的一句"你家长打你电话打不通,你现在回一个吧",背后却是漫长而复杂的推断、搜寻、安慰等危机处理过程。虽是虚惊一场,却也着实心有余悸。

苏腾认为,外界的帮助毕竟是有限的,只有同学们的自我觉醒才能实现个人成长和成才。"对于同学的询问,有时一句话或几个字就能解答,但是我还是会告诉他们,这个通知或办事流程在网站上有——让同学们学会信息的获取。这样,当再次遇到类似的问题,没有了辅导员,也可以靠自己的力量来解决。"授人以鱼不如授人以渔,苏腾坚信这个道理。

2017 年,硕士研究生毕业的苏腾再一次选择留校担任计算机学院辅导员。"也许四年前选择'2＋2',心里还会有一些不确定,"苏腾坦言,"但两年的辅导员经历已经对'责任'二字做了最好的诠释。"第二次选择辅导员，相较于第一次，无疑是更为坚定的，因为他早已明白，负重前行，正是源于对同学们的责任。

## 开阔眼界，找准定位

作为辅导员，对同学面临困难和心理的准确把握大多来源于自己学生时代的切身体会。每个人都有属于自己的学生时代，对于苏腾而言，求是学院为自己的本科四年映入一束光。

彼时，第一次走出河北县城的苏腾初入大学，五彩缤纷的世界令他深切体会到山外有山、人外有人。开阔眼界观五彩，固然觉得绚烂之极，却也是对自身心态的一次巨大冲击，倒逼他对自我及自我定位的认识进行深刻变革。

而在这场"变革"的过程中，求是学院发挥了巨大作用。通识教育熔铸百家学识于一体，虽然未必精深，却于潜移默化中培养了交叉学科思维模式；大类培养荟萃各方英才于一堂，虽目标有差异，但却是对人脉圈和人际交往能力的有益补充。在求是学院的两年，是苏腾迅速调整心态、适应大学生活并得到全面培养和能力较迅速提升的阶段，也是打好基础、培育情怀和辨明未来方向的重要阶段。

印象最深刻的一次困难发生在大二下学期。那时，学业和学生工作压力接踵而至，有限的精力已经无法应付偌大求是园中繁多的选择和机遇，贪多而不精的心态也使得两年来积攒下来的各方矛盾集中爆发。尝到挫败滋味的苏腾痛定思痛，一方面，潜心学习，注重成绩；另一方面，专心于一件学生工作，做好党支部书记，并且进行自我控制。最终，他重新找回自信，并在各方面取得不俗成绩：所带领的2009级本科生第一党支部得到学院党委专题报道，他本人也在之后的一年中获多项奖学金。

本科四年，苏腾遇人无数，却忘不了辅导员卓老师的影响。"他为人的沉稳，做事的踏实细致，让我深有感触。可以说，卓老师为我埋下一粒种子，让我对辅导员有了更为深刻的认识。"

如今的苏腾，早已养成不慕他人、不急于求成的心态，而静心阅读思考、踏实做好每件小事更是成为习惯。他最想对同学们说的一句话是："大学，并非仅是学习知识、提升能力的场所，更是锻炼思维、拓宽视野、培养情怀的平台。珍惜时光，多读书吧！通过书籍滋养，锻炼理性与批判思维，拓宽视野，培养人文与历史的情怀。"

> 你赞他彬彬
> 他却远不只是自己的高山，言传身教把薪火相传
> 你赞他担当
> 他却摇头只道是责任使然，潜移默化于倾心交谈
> 你赞他规划
> 他却将原因多归功于师友，自律踏实而一路感念

——文／袁楚凡　程皓月

# 热血引领下的自由人生

## ——访浙江大学制药工程专业 2012 届本科生金文彬

**金文彬**　男,中共党员。浙江大学化学工程与生物工程学院制药工程专业 2008 级本科生,制药工程专业 2012 级直博生,2008—2010 年就读于求是学院蓝田学园。2015—2016 年两次获得博士研究生国家奖学金,2017 年获浙江省优秀毕业生荣誉称号。目前作为选调生在四川省经济和信息化委员会工作。

读书时期　　　　　　　　　　　　　　近照

提到现如今的选调生工作,金文彬说道:"来这里之后,刷新了我对公务员的认知。"工作了半年,他表示已经习惯了每天都加班工作到十点。晚上八点,依然在处理事务的金文彬忙里抽闲,向我们分享了他在求是学院两年的故事。

### 自律坚持,给我自由

对于自己学习上取得的成绩,金文彬并没有感到非常满意,只是谦虚地戏称自己不过是"伪学霸"。不过他还是觉得自己在求是学院的两年经历应该对学弟学妹有些借鉴意义。

首先，回想刚入学的经历，他认为适应大学生活的诀窍在于自律。他觉得对于严于律己的人来说，大学和高中其实没有太大的差别。他时常这样反省自己："人总是趋易避难的，无可否认有兴趣这种东西，但是，当你长久地沉浸在一种自我陶醉、感觉舒适的状态的时候，就是有问题了。"

除了善于约束自己，他还将自律的习惯带给了他人。"我觉得大学宿舍的环境特别重要。我那时是寝室长，有意培养了大家规律的作息习惯和一起学习的氛围。"在求是学院的两年间，金文彬和他的室友相互督促，相互激励，共同进步，最终每个人都取得了相当不错的成绩。"最后我们宿舍四个人，两个直博，两个保研。"谈到自己寝室长工作的成果，他不无骄傲地说。

### 祖国风光，美不胜收

说起本科的几年时光，已经在工作岗位上的金文彬，最珍惜的还是穷游大半个中国的经历。第一次穷游，他从杭州出发，在西北的大城市西安、兰州、西宁稍作停留，一路走过了祁连山腹地的祁连县、门源回族自治县和青海湖，见识了祖国西北壮阔的山川、草原和湖泊。来回 20 天的行程里，浪漫与艰苦是并存的。"西北的紫外线太强，不防护妥妥晒脱皮。"金文彬在解释照片中的自己都蒙着面时说，"当时在祁连大草原，整个人都晒成了炭。"他来回只买火车硬座，在青海四处搭车、与人拼沙发，最后只花了 1500 多元，便在西北走了一遭。

后来，金文彬还依次去了西藏、广西、新疆、海南等地，都是背包客或者骑行的形式。"旅行要趁早啊。你们趁现在有时间，赶紧多出去走走。"他感慨本科毕业之后的忙碌，有些语重心长地说，"我现在都后悔在时间最多的本科阶段没有好好把握，以至于还有那么多地方没去，现在连回家都没时间了。祖国大好风光美不胜收，不去看看真的可惜了。"

### 热血男儿，志在四方

或许是祖国的大好河山陶冶了他的性情，激荡了他的热血，博士毕业之后，金文彬选择远离家乡，作为选调生来到四川工作。

支援西部的想法在金文彬的心中盘桓了很长时间。"我是一个比较细致的人，而小时候我的语文成绩比较好，所以我也想尝试一下文字工作。"另一方面，他有些不好意思地说，当时还是有点热血的，想去支援西北，看自己能做到什么、走到哪一步。除此之外，旅行途中，川西甘南都是他很喜欢的地方,他也见过很多那里的人和事,而能够把自己的理想与喜欢的地方联系起来,也是很快乐的事情。

不过,金文彬又很谦虚地说道,现在选调生已经不是多罕见的事情了,只不过从家乡浙江到四川可能确实有点远了。与此同时,他还是坚持说,去西部其实并不需要太多热血:"四川早就已经不是未开垦的荒芜之地了,现在那里的各项环境条件已经相当完备,成都更是国家中心城市;现在四川最缺的就是人才,当地愿意给出优越的条件,因此也更有助于你施展抱负实现理想。"

到岗后,他最大的感受是,真实的公务员与大家观念里那种公务员完全不同:"领导很开明,没有官僚氛围,大家都在抓产业、忙事情。"经济和信息化委员会是给企业服务的部门,他所在的处室是信息化处,包括从工业信息化、社会信息化、民生信息普惠服务到网络扶贫的种种工作,人少事务多,每天都忙得不可开交。不过他坦言,虽然偶尔抱怨,但实际上忙碌让他很心安,这样会让他觉得自己是在做实事,没有违背来四川的初衷。

在现在的岗位上,金文彬也没有停止自己的学习和思考。他依然努力保持每天锻炼身体和听听力,不断总结着工作中的收获:"以前在学校里,做课题是越挖越深、越挖越窄的,现在我看问题宏观了很多,因为在单位的规划都是面向全省的,既要深入调研,也要统筹把握、协调各个部门,更具有全局性。"

## 认清自我,青春无悔

提到对学弟学妹的建议,金文彬希望浙大学子要适当考虑自己的角色和定位。想要进一步深造、保研或者出国的,课程成绩当然是最重要的,也要注意去加强其他能力,但是千万不能宁可打游戏或者闲着也不去做事情;胆子可以大一些、做决定时了解清楚一些、业余爱好多培养一些、活泼一些、朋友再多交一些。

大概只有真正到过西部,才能明白金文彬所说的"祖国风光美不胜收"讲的是多么壮丽的风景。心中有这样的山河,人的志向不可能不壮阔。金文彬正平和中正地、踏踏实实地走向他的未来。

——文/王启弦

# 多面发展，步履不停

## ——访浙江大学心理学专业 2012 届本科生俞州

**俞州**　女，中共党员。浙江大学心理与行为科学系心理学专业2008 级本科生、2012 级硕士生，2008—2010 年就读于求是学院丹青学园。曾获国家奖学金，获浙江省三好学生、浙江大学三好学生、浙江大学优秀研究生等荣誉称号。目前作为一名资深产品经理，就职于杭州依图医疗技术有限公司。

读书时期　　　　　　　　　　　　　　　近照

　　俞州曾任丹青学园学生会公关部部长，后又成为丹青学园学生会主席，组织心理短剧大赛，不断提升自己的领导能力、团队协作能力、执行能力和沟通能力；她在学习心理学专业课程的同时辅修教育学。俞州选择的这条多向发展、永远求知的道路，正是复合型人才的养成之路。

### 亦缘亦情，亦师亦友

　　能够在大学期间遇到志同道合之人携手一生，也是相当幸运的缘分呢！提到最难忘的经历，俞州带笑说："可以说遇到自己现在的爱人吗？"俞州说，当时她辅修管理学，有几次在上管理学院的课，穿着心理系的系服，而那个"他"也在旁听。两个人就这样认识，后来发现志同道合，就一起奋斗，之后就在一起了，简直是令人艳羡的幸运的缘分呢！后来，两人也参加了"缘定浙大"校园集体婚礼，走向了婚姻的殿堂。

关于最想感谢的人，俞州提到了她的两位人生导师：本科时的辅导员和硕士研究生时的导师。本科时期，俞州是丹青学园学生会主席，又是团支书，和辅导员关系非常好。她经常会去找辅导员聊天，而辅导员也会巧妙解开她的许多心结。后来，她和辅导员成为好友，直到毕业之后，还和她保持着较密切的联系，遇到困惑还是会和她聊天并倾听她的意见。可以说是"一日为师，终身为友"了。

而硕士期间，俞州很幸运地遇到了心仪的导师。这位导师不仅仅专注于理论层面的研究，更是将学术深入实践层面。在导师的指导下，俞州参与了各式各样的社会实践，甚至直接做了一些企业的项目，诸如员工满意度研究等。

### 兼容并包，多向发展

俞州堪称一位"校园职能与社会职能"兼具的复合型人才——不仅学业优异，而且社会工作能力很强。从高中到大学，许多同学总有长长短短的适应期，但俞州是一个适应能力极强的人。"一般情况下，我不会说有多么不适应而又痛苦的过渡期，除非有非常麻烦的难事。总的说来，我只有技术上的问题无法适应，心态方面，我是不存在问题的。"

"对于学生组织和社团，我并不贪多，只是各自挑选了一个，相对来说会比参加了各种各样社团活动的同学要稍微轻松些。同时，我身为学生会成员，也接受了老师很多的指导，知道怎么样合理安排自己的时间和精力。大学期间，我除了主修心理学，还辅修了一门管理学。不过辅修和双学位不一样，压力会小很多，和主修的冲突也很少，因此并没有耗费巨大的心力。"

俞州认为，"对学生来说，学习是第一要义。在成绩难保时，我们需要做出一定的抉择"。

### 学园栽培，助力工作

俞州说她所处的求是学院丹青学园，是一个非常活跃的学园。"我曾经是学生会公关部部长，也组织过心理短剧大赛。这个赛事由我全权负责，我也是第一个把赛程搬到了小剧场的人。当时的一系列工作,包括人员协调、团队协作等对我而言是很大的挑战。但从这次活动中我学到了很多,也收获了很多。"而让俞州所引以为傲的,是执行力和沟通能力。研究生期间,她所选择的方向是管理心理学。目前她是产品经理,主要工作是为人工智能提供数据产品。"我认为本科阶段的学习,给我的绝大部分是方法论的帮助。学校中学到的理论在工作中不一定会用到,但学习的方法论和做事的方法论在工作中会给我很大的帮助。比如学习心理学,更多的是在思维方式、考虑问题的角度给了我一些提升。当然,浙大心理系在统计方面功底扎实,因此在统计方面对我的帮助也很大,这可以说是一种技术层面的帮助吧!我所研究的人工智能领域,和之前的学习基本没有相关性,所以我需要在短时间内高效学习,以适应全新的领域。之所以选择这份工作,是因为我对这个产业非常看好。人工智能是一个浪潮,我也很认可创始人,对公司非常看好。"

俞州认为她所学的专业知识对目前从事的工作有较多帮助,"心理学对人工智能起到的帮助作用还是很大的。有心理学背景的人,他的思维和思路和其他专业背景的人是不一样的"。

### 永远求知,时刻成长

俞州分享了她对求职的看法。一是了解自己,"求职之前应当多去了解你感兴趣的事情。想尽一切办法抓住机遇了解,才会更明确你需要做什么"。二是开阔眼界,多做准备。"你的眼界和见识,如果只是一直待在学校里,是很受限的,你需要走出去,做出各种尝试。实习是一个比较好的方式方法,或者是询问学长学姐。多问、多了解,你就会走得轻松些,同时你的目的性会变得更强。可能了解之后,你才会发现,真实的状况和你想象中的根本就是天差地别。总之,多做准备总是好的"。

被问到"如果能够重回求是学院就读,会做出什么改变"时,俞州的答案让人钦佩——"我想要再选一门辅修专业"。她想选一门偏工科方向的专业,这始终如一的求知欲让人佩服!

采访结束时,俞州给大家送来了殷切寄语:

"学习,不只是课堂上的学术上的知识,还来自身边做人做事、待人接物的道理。这些东西同等重要。诸位应当好好学习,多往外看看。学好了,你可以给自己很多机会。"

——文/潘晗希  侯欣宇  蒋嘉雯

# 翩然舞青春之风采，温然向世间之美善

## ——访浙江大学法学专业 2016 届本科生陈雅冰

**陈雅冰**　女，中共党员。浙江大学光华法学院法学专业 2012 级本科生，光华法学院 2016 级硕士生。2012—2014 年就读于求是学院丹青学园。曾获润禾奖学金、浙江大学学业优秀三等奖学金、浙江大学优秀学生三等奖学金、浙江大学文体优秀奖学金，获浙江大学优秀研究生、三好研究生、优秀研究生干部、优秀学生、优秀学生干部、优秀团干部、优秀团员、五星级志愿者、光华法学院优秀共产党员等荣誉称号。

读书时期　　　　　　　　　　近照

温文尔雅，冰清玉洁，陈雅冰人如其名。她热爱舞蹈，舞协燃动了她大学青春的热情。她投身学生工作，负责与坚持令她收获了成熟与稳重。她诚心感念，不忘求是。她认为自己不够优秀，然而优秀的定义早已在其不经意间得以诠释。

## 机缘巧合入舞协,摩登相伴舞青春

陈雅冰与交谊舞的接触始于大一的军训,当时,她碰巧认识了一名浙江大学学生交谊舞协会的成员。"每个女孩的内心都住着一位小公主,等待着被发现。然后我就开始了与交谊舞、摩登舞相伴的五年。"陈雅冰对于交谊舞可谓"一见钟情",她学习之,并热爱之。明暗交汇的灯光、盛装打扮的舞者、古典雅致的音乐、曼妙动人的舞姿,为她的大学生活抹上了绚丽的色彩。

对陈雅冰来说,这个选择改变了她对大学生活的理解、规划和待人接物的方式。"如果不加入舞协,我的大学生活可能是另一番景象。"每个人的生活中都应该有点爱好,爱好让志同道合的人走到一起,爱好让人拥有不尽的前行动力,爱好让人更深刻地体会生活的乐趣。交谊舞就是陈雅冰寻觅到的令其幸福的爱好。她曾获"Just Dance 体育舞蹈公开赛"高校 A 组第二名、华尔兹第一名、探戈第一名、狐步第一名、维也纳华尔兹第二名、快步第二名等。她不仅自己享受舞蹈的乐趣,更带动他人舞蹈,让更多的人享受舞蹈的美妙。在大二担任浙大舞协会长的一年里,她负责培训紫金港校区近 80% 的舞会,将社团活跃的干部人数由 6 名拓展到了 18 名。她负责组织了各类大大小小的交谊舞培训、交谊舞舞会、表演以及志愿服务。"一部分是因为我自己真的热爱这个社团,另一部分是我觉得自己有责任把它做得更好。"在研究生期间,陈雅冰还在之江校区开设了一期交谊舞课程。

交谊舞伴着她的又何止五年,交谊舞早已渗透进她的生活,在点点滴滴间馈予她美好与幸福。

## 赤子之心为同学,热情负责得人心

陈雅冰热爱学生工作。在大一期间,陈雅冰便加入了浙江大学经济学院团学联。大三时,她成为浙江大学光华法学院学生会的副主席,分管文艺部与权益服务部。她把带领社团的经验运用到法学院的各项活动中去,与成员们成功举办了歌手大赛、舞会、摄影大赛、金秋晚会等活动,为同学们的大学生活带来了无数的精彩时刻与欢乐时光。研究生一年级期间,陈雅冰担任浙江大学光华法学院挂职团委副书记,负责对接校团委,协助处理学院各类事务,分管院团委文体科技部。

丰富的社团经历与学生工作经历让她接触了更多的人，也让她积累了更丰富的工作经验。在学生工作方面，她对于团队建设格外重视。她提到，要想团队进步，首要的就是了解这个团队，真诚聆听团队成员的心声，了解这个团队真正想要什么。对于平衡学习与工作，她也表示，"学业是首要的，但也不能只关注学习。学习、兴趣、学生工作三者其实是相辅相成的。虽然说后两者会占去一部分时间，但是与你最终的收获相比，一切的付出都是值得的。对于学生工作，要么不做，要做就应该知道自己承担的责任。哪怕再小的职位，也需要对老师负责，对同学负责"。

学生会数年的烦琐工作培养了她的工作能力，提高了她的综合素质，她的真诚负责与热心善良更令她收获了一大批优秀的伙伴。陈雅冰特别乐于助人，热衷于志愿服务。她曾参加校庆的志愿服务、马拉松的志愿服务、科学小课堂的志愿服务等，还曾获得五星级志愿者荣誉称号。

"超级棒的学姐，耐心，踏实，就是让人很想亲近。""人美心善学习好，做事认真、待人亲切，总是会有默默的关心和小温暖。""为热心而善解人意的学姐'打 call。'"……这都是同学们给陈雅冰写的留言，我们窥一斑也可知全豹了。

## 心系浙大念校情，不忘求是抒真情

乌鸦反哺，羔羊跪乳。浙大传授了陈雅冰专业知识，培养了其学术能力，浙大更传授了陈雅冰为人处世之道，培养了其交际能力、领导能力与创新能力。作为一名光荣的浙大学子，陈雅冰愿不负校恩，日后回报母校。

于浙里，于求是，陈雅冰曾经历最感动的事，曾遇上最难忘的人。日常的点滴汇聚成对学院割舍不断的情感。问及最感谢的人，第一个浮现在陈雅冰脑海中的就是安宸毅——陈雅冰大学军训时的副指导员。作为第一位带领她走进社团生活的人，他是学长，更是师长，在社团管理、舞蹈、人际交往、学习方法等各方面给予了她许多帮助。

对求是的情，最根本的便是对求是学院各位老师、各位同学、各位宿管等求是人的情。念念不忘，陈雅冰始终心怀感激。

## 留言求是

陈雅冰寄语学弟学妹:"2012年初入丹青园,学园给我们的祝福是'做一个明媚的女子,不倾城,不倾国,以优雅姿势去摸爬滚打''做一个丰盈的男子,不虚华,不浮躁,以先锋之姿去奋斗拼搏'。今日将此祝福转送给学弟学妹,希望你们不忘初心,方得始终。"

她同时寄语求是学院:"国有成均立求是,开物前民育高才。"

——文/王宣懿

# 从人群中来，到人群中去

## ——访浙江大学国际经济与贸易专业 2018 届本科生卢昊

    **卢昊**  男，中共党员。浙江大学经济学院国际经济与贸易专业 2014 级本科生，已保研至本校经济学院金融学专业，2014—2016 年就读于求是学院丹青学园。曾担任浙江省青年联合会副主席、浙江省学生联合会主席、浙江大学学生会主席、丹青学园学生会副主席。曾获唐立新奖学金、唐立新优秀学生干部奖学金、浙江大学优秀学生三等奖学金、浙江大学学业三等奖学金等，获浙江大学优秀学生干部、优秀团员、优秀学长、优秀参训干部、"丹青之星"年度人物等荣誉称号。

读书时期                 近照

    看到卢昊照片的人，大概都会嘴角扬起笑容。他比我们大不了几岁，眉宇中既有一个青年人的蓬勃朝气，又有着成熟稳重的翩翩风度，带着一些可爱和率真，十分吸引人。

    浓浓的社会责任感让卢昊在公益方面迈出了属于自己的步伐。作为浙江大学第二十届研究生支教团团长，他热心公益，心系教育，毕业后将赴贵州省黔东南苗族侗族自治州台江县支教一年，在偏远的地方燃烧自己的青春,绽放自己的光彩。

## 有所经历有所得

伴随着大学四年的生活渐渐走到尾声,回忆起为期两年的求是学院时光,卢昊感慨良多。"求是学院的两年承载了我最多的美好回忆。"卢昊说,"第一次担任班长、第一次加入丹会、第一次评奖评优、第一次跟书记和校长面对面交流、第一次'刷夜'、第一次谈恋爱、第一次跟朋友们骑行西湖看日出……这一切都深深写入我的生命里,永远难以忘怀。"求是学院的这两年课业压力相对没那么重,卢昊有更多的机会和时间去接触校园里丰富有趣的活动,提升自己各方面的能力,积累全方位的资源,去了解未来发展的多种可能性,为自己未来的职业规划做准备。两年时光,太多难忘的经历,太多难忘的往事,第一次站在400多名学生代表面前进行学生会主席竞选演说,第一次去省级层面的座谈会代表广大同学发言,第一次跟书记、校长一起包饺子,第一次拍摄MOOC新生攻略视频,第一次以参训干部身份参与新生军训……无数个第一次尝试、第一次挑战,拼出了卢昊在求是学院丹青学园绚烂多彩的缤纷时光。不积跬步,无以至千里。而对卢昊来说,这无数个迈出的第一步,带着他一往无前地走向远方。

## 往昔峥嵘岁月稠

"丹青是我的'娘家',"谈起丹青学园,卢昊戏谑道,"她见证了我从一名什么都不懂的、只会玩的普通学生,到整天把'为同学服务'挂在嘴上的院系副主席,再到今天的校会主席、省学联主席。"一路成长,一路蜕变,求是学院为每位同学都提供了锻炼和成长的舞台,但能够把握机会,将资源运用到什么程度就得看每个人的取向、态度和努力。有的人挥霍光阴,安于现状,得过且过;有的人则是珍惜峥嵘岁月,奋发自信,大气有为。而卢昊显然是后者。大一上学期,作为一班之长,他承担了较多的班级事务和团总支事务,初步锻炼了组织能力和领导力;通过在丹青学园学生会办公室的历练,他学会了各项基础技能,积累了策划、组织、沟通等方面的能力,这些很难量化,但令他受益匪浅。大一下学期,抱着试一试的心态,他开始疯狂报名各种项目,哪怕有时候就为了获得面试的体验,也勇敢地去报名,去尝试。"颇有些大无畏的精神吧。"卢昊笑道。他报名了丹青学园学生会主席团,通过层层选拔,最后在学生代表大会上票数第四,担任副主席。大二上学期,他依然积极参加校级、院级层面的各种活动，也为自己增加了很多"曝光度"，这让他对学生会的组织领导有了初步的理解。大二下学期，卢昊开始通过分管权益服务部，了解学生权益服务工作，并开始有意识地提高自己的思想高度，提升政治素养，最后参加校学生会主席团竞选，尽管止步于最后的投票环节，但在准备的那几个星期里，他的政治素养、沟通表达、文字表述、交际外联，甚至是形象气质等方面，都有了质的提升。在这个过程中，他对"学生会的先进性和群众性在哪""到底什么是思想引领""如何更好地代表广大同学""主席是什么""主席需要肩负起什么样的重任"等等问题做了深入的思考。这样的思考大大拓展了他的思想深度，也为他大三进入校学生会这个大平台积累了很多资源。

说到在求是学院印象最深刻的一件事，卢昊思忖片刻后笑言："想起求是学院，几乎所有的回忆都是美好的，都是难忘的。那我就挑最后一件说吧。"大一下学期的时候，卢昊报名了新生军训的参训干部选拔。"当时幻想的是担任某连副职，风风光光地在新生面前指点江山、激扬文字。但囿于当时有限的思想高度和文字水平，留在了后勤处。"回想起那半个月，卢昊幽默地用"极度恐怖"来形容——每天凌晨四点多起床，在食堂门口协助安排就餐，然后就开始了一天的骑三轮车送水工作以及各种杂活，中午的温度接近40℃。"而且后勤处四名干事，就我一名男生。"卢昊笑得有些无奈。但那段经历给他带来的体验是非常宝贵的，极大地挑战了身体和心理的极限。同时，通过这个机会，卢昊也和学园的很多老师、学长学姐、学弟学妹进行了深入的交流，甚至通过一些偶然的宣传，成为小范围的"小网红"，为他之后的发展积累了很多潜在的资源和经验。

### 亦师亦友共成长

面对自己的种种成就，卢昊表现得十分谦虚。"不能说'最引以为傲'或者'成就'，应该说我在为同学服务方面，积累了相对较多的工作经历，所以有幸到了更大的平台，担任了一个比较特殊的'学生代表'。"一步步从一个初入求是园的学生走到现在，这一路上，卢昊想感谢的人很多，但如果让他说第一声感谢，卢昊会选择他当时的辅导员赵庭旭学姐。"刚进学园的时候我有幸担任了班长，所以多了很多跟庭姐交流的机会。在那两年，大部分关于学习、工作、生活的问题，我都会跟她请教，现在我们也常有联系。"从刚开始有点生疏与尊敬地喊她"赵老师"到后来称"学姐"，再到后来亲热地喊"庭姐姐",就能看出他们的关系已从师长转变为挚友。每当卢昊遇到困惑时,赵庭旭学姐都会结合她本科四年积累的经验,非常耐心地给他建议。"从学长组、参训干部到丹青学园学生会主席团和'丹青之星'评选,毫不夸张地说,如果没有她的倾囊相助,我不会有今天的成长。所以我最想感谢的还是赵庭旭——亲爱的'庭姐姐'。"卢昊感慨地说。

谈及"重新回到在求是学院就读的时光,会做出什么改变"时,卢昊回答道:"想起求是学院,几乎所有的回忆都是美好的,除了一点遗憾。"若有机会回到求是园,卢昊表示会更好地协调学习与工作的关系,平时花更多的时间好好学习,"我记得所有的考试压力都集中在最后一两周,回想起来还是心有余悸"。也基于此,卢昊以现任校学生会主席、浙江省青年联合会副主席的身份,同时也以一名求是学子的身份,与学弟学妹分享了自己的观点:"大学不是皓首穷经的象牙塔,也不是可以放肆胡为的伊甸园。它应有所学,有所玩,有所经历。好好珍惜在求是学院学习的经历,并尝试抓住每次机会,在这个平台上蜕变、绽放。无论今后的职业规划如何,在求是学院一定要好好学习,扎实积累专业知识!"同时,他也提出了大学四年不能没有的三次经历:加入至少一个学生组织或社团;重走浙大西迁之路;祭扫于子三烈士墓。

"大类培养是我校探索建设中国特色世界一流大学的大胆尝试,求是学院是应运而生的产物。从我个人的发展来看,大类培养和求是学院都是一剂有效的改革妙方。我衷心地希望求是学院能越办越好,有空我要多回来看看!"这是卢昊对求是学院的祝愿,也是求是学院所有人的共同祝愿。

——文/陈逸飞

# 对外交流

# 瑰瑰美玉,玲玲祺然

## ——访浙江大学动物医学专业 2016 届本科生严玉祺

**严玉祺**　女,中共党员。浙江大学动物科学学院动物医学专业 2012 级本科生,并于本科期间攻读浙江大学国际设计研究院工业设计专业,获双学位。2012—2014 年就读于求是学院云峰学园。2016—2017 年,在堪萨斯州立大学攻读兽医学预科;2017 年至今,在爱荷华大学兽医学院攻读兽医临床博士学位(DVM),同时在爱荷华大学公共卫生学院攻读公共卫生硕士学位(MPH)。

读书时期　　　　　　　　　　　　　　　近照

面对学习，她严谨自律；面对父母，她永怀感恩。她是严玉祺，一个爱说爱笑，不放弃任何一种可能性的女孩。

## 确立目标，培养习惯

回想起高中到大学的过渡期，严玉祺条理清晰地给学弟学妹提出了两点建议。"一是要明确目标，二是要养成好习惯。"进入同一所大学，乃至同一个专业，新生的水平总是不相上下，而几年甚至只要一学期过后，大家的成绩就会有比较显著的差异，这是因为每个人在大学期间所做的选择不同，有些人仍把重心放在学习上，有些人则更看重社团活动对自己的能力锻炼，还有极少数人一时"刹不住车"，在游戏的世界里"放飞"自我。要做对选择、减少遗憾，低年级的过渡期就显得尤为重要。严玉祺认为，高中和大学的最大区别在于，高中期间有很强的外界学习压力，老师、父母的监督鼓励都会激发我们的学习动力，而且大家在面对高考时，心中都有很明确的学习目标，也就自然而然地会有着很强的自我约束力；可是到了大学，没有人逼着我们学习，刚进大学的时候，大部分同学的自我定位和目标都不明确，在很长一段时间内都搞不清楚自己到底想要什么，因此学习缺少了主观能动性，有同学甚至开始敷衍上课和作业，把学习的地位一降再降，置于游戏、享乐之下。严玉祺还记得自己入学三个礼拜后才通过朋友知道了"原来学校里面还有自习室，并且竟然还有挺多人在自习室里学习"。从那以后，她就常走出寝室，来到自习室学习。在自习室学习的效率也比在寝室里要高得多。因此她建议大学新生要给自己定下明确的目标，有了目标，做任何事情才会有动力，也不容易对学习产生倦怠。除此之外，还要尽量延续高中的作息，培养一个良好的学习习惯（包括睡眠习惯）。进入大学，我们的注意力也不再只聚焦于学习，各种新鲜的课外活动、社团工作都会占用我们的时间。而面对这种情况，严玉祺仍然一直把对知识的追求摆在第一位。也正是由于一直有着明确的目标和良好的习惯，严玉祺才能够在本科期间顺利完成双学位的修读。大学期间的自由时间很多，如何利用这些时间就成了每一名大学生所必须思考的问题。不论是学习还是工作，都会伴随着自我能力的提升，可要是把时间白白浪费在无益的事物上，只怕将来会追悔莫及。人生没有回头路，青春年华转瞬即逝，要珍惜、把握在求是学院学习的机会，永远不要停下前进的脚步。

## 心存梦想,披荆斩棘

　　问及到目前为止取得的成就,严玉祺显得有些羞涩,她说:"我还谈不上取得了什么成就。令我比较骄傲的一点是,我通过自己的努力,取得了美国兽医学院的录取资格,正在 DVM(Doctor of Veterinary Medicine,兽医临床博士)项目中学习,并从事着我热爱的专业。"美国兽医学院对于申请者的要求极为苛刻,对本国学生如此,对国际生更甚,甚至美国 30 所兽医学院中,有将近一半的学院明确规定不收国际生。而严玉祺又是如何在众多申请者中脱颖而出的呢? 对此,她这样说道:"在我的大一、大二学习生涯中,一直让我心存感激的一点是求是学院的大类培养方式以及综合性教育。这与我现在能被美国兽医学院录取有密不可分的关系。"美国兽医学院对未来兽医学生的选择并不基于专业知识是否精通,临床技能是否达标,因为他们认为这些专业方面的知识技能都能在兽医学院的学习过程中得到提高。相较于专业知识,他们更关注申请者是否具备作为一名未来兽医的潜能。他们看重的是申请者的沟通表达能力、团队协作力、逻辑思维、领导力、主动性、创造性等一系列需要在日常生活中不断历练、积累才能习得的能力。而严玉祺在求是学院求学期间,从社团组织和一系列领导力活动中获得的经验和阅历,都成为她通过兽医学院面试的基石。在浙江大学学习期间,她也充分利用学校资源,取得了设计创新班的双学位,通过学校的高平台获得了更广阔的视野,而这也是她被选入由白人主导的兽医学院的重要原因。

　　在接受本次采访期间,严玉祺还在兽医学院学习。大洋彼岸的这边正在欢度春节,一片祥和,而她还在遥远的美国每天早出晚归地学习着,准备着每个星期一门到四门不等的考试,就连在休息时间也会有会议和实操训练的"轮番轰炸"。又由于英语是她的第二语言,她需要付出双倍的努力去学习,常常觉得一天 24 小时根本不够用。高强度的学习不仅是对头脑的挑战,更是对身体素质的巨大考验。谈到这里,严玉祺说,"真希望当时的自己睡眠能更加充足一点"。而目前的学习状态也让她发现,人的身上真的有无限的潜力。因此,如果可以再回到大学时光,她会更多地挖掘自己的潜在能力,尽量在有限的时间内再多参与一些活动来增长见识。在美国兽医学院上课过程中,她还发现很多美国同学都有极强的动手操作能力,他们大多有丰富的实践经历,所以她也对自己从前没有充分利用寒暑假时间去实习以增强自身实力而感到遗憾。严玉祺对自己的经历和心路历程的分享也是给学弟学妹的参考和提醒。

## 父母之恩，永怀于心

"我最想感谢的人，还是父母吧。"作为杭州本地人的严玉祺即使回家很方便，也很少往家跑。她的父母总是很体谅她，知道她由于攻读双学位经常没有双休日。而挂念女儿的他们经常会到学校来陪她一起吃饭。现在她出国了，半年多见不到父母。想起以前的时光，总是希望自己当时不要拿忙当借口，应该抽时间多陪陪父母。父母亲情，本就是人类最原始、最难割舍的情感，他们陪着我们长大，注视着我们一天天地成熟独立起来，又默默目送我们走向遥远的未来，而我们能给予他们最好的礼物就是陪伴。有时候，一通短短的电话、一句简单的问候、一份小小的礼物都会成为父母生活中的大惊喜。

## 说给学弟学妹

"在今后的道路上，即便心存困惑也不要放弃任何一种可能性，即便遇到重重困难也不能自我厌弃。只要心中有热爱，就要勇于为它开疆拓土，创造机会，总有一天你会发现这些努力都是值得的。"严玉祺是这么说的，也是这么做的。在自己所热爱的动物医学领域，她付出了比别人更多的努力，也收获了比别人更好的成绩。前行路上，哪有什么一帆风顺，多的是荆棘遍野。拨开迷雾，等待在前方的终将会是光明。如果因为畏惧艰险就选择放弃，那你只能得到一时的轻松；而当你跨过重重障碍，杀出重围，拨云见日的那一刻，你会懂得曾经辛苦付出的意义。"不放弃任何一种可能性"，要如人生的勇士一般，为自己的理想披荆斩棘。

—— 文 / 留怡勤

# 登泰山而后知天地浩渺

## ——访浙江大学机械工程及自动化专业
## 2015 届本科生牛小淼

**牛小淼**  男，中共党员。浙江大学机械工程学院机械工程及自动化专业 2011 级本科生，2015—2016 年赴英国帝国理工学院（Imperial College London）修读先进机械工程专业并获科学硕士学位，浙江大学机械工程学院机械制造及自动化专业 2016 级博士研究生。2013—2015 年就读于求是学院蓝田学园。历任机械工程学院团学联副主席、团委副书记（挂职），曾获浙江大学优秀青年志愿者称号。目前在机械工程学院就读，博士课题为金属材料的增材制造。

读书时期

近照

越是前行,越是谦恭——如果要说出一个感受,这就是牛小森给我最深的印象。孔子登泰山而小天下,而对牛小森而言,更高的平台除了让他看到更加广阔的世界,也给了他继续前行的激励。不妄自菲薄,也不自恃过高,一步一个脚印地做好眼前的事情。这份赤子之心伴随他从浙大校园走向更加广阔的舞台。

### 只愿君求称君心,定不负大好韶华

"高中时大家可能都学得如鱼得水,但上大学后就突然找不到方向了。"牛小森说这样的问题几乎难以避免,"这不只是你一个人的问题,大家都面临着同样的困境。"

迷茫并不可怕,可怕的是失去了走出迷茫的勇气。牛小森在迷茫的时候,就去找老师或者同学、学长聊聊天。当你把悲伤或者不快说出来时,悲伤就减少了一半。在和他人交流的过程中,你会发现自己面临的那种不知所措更像是大学生活的一个阶段,就像零件制造的某些工序一样,是种磨炼,安然度过之后你会更加强韧。此时勇敢做出改变,积极进取,才能拨开迷雾。

走出迷茫,最重要的就是找到自己努力的方向。但要找到自己真正感兴趣的事情并不容易。牛小森说:"这是一个过程,你不一定马上就能找到最适合自己的方向,中途会换好几次主意。你也可能会遇到一些挫折,这些都十分正常。有时候,你失败的次数越多,可能你最终找到的方向就越准确。"牛小森其实一开始也没有太明确的目标,对出国也没有什么规划,但他抓住了大四时联合培养的机会,通过努力获得了令人满意的成绩。他说:"多向优秀的人学习,其实我也很羡慕这些目标明晰的人。但大多数人还是像我一样,不清楚自己将来想要什么,不知道自己感兴趣的点在哪里。那就多去找找吧,失败了也没关系。"

不难注意到,牛小森从本科到硕士再到博士都一直坚守在机械及自动化专业。问及缘由,牛小森说:"专注源于热爱。"大一没有细分专业,通过一年的学习,结合一些专业性比较强的课程,他发现自己对机械制造这一方面很感兴趣。他喜欢自己动手,享受设计一个零件或者说设计一个器械,把它实实在在做出来的过程。心怀热爱,也就无所谓坚持了,过程再艰难也是一种享受。能够找到一个自己感兴趣的专业,学习自己感兴趣的东西,实为人生一大幸事。

他说："在大学里，迷茫也好，失败也好，只要你在努力寻找自己喜欢的事情、想走的方向，去努力就好，不要浪费光阴。"

## 突破自我自伊始，无畏挑战功方成

"比技能更重要的是能力，"牛小森说，"你不会画电路图，可能你自己在网上找一些教程，研究两三天，也就研究清楚了。你不会算一道微积分题，可能你稍微多花些时间来计算也能做出来。这些就是一些基本的技能性的东西。你能把一件事情做好，和你能把你做好的这件事情讲出来并且讲好，是两个完全不同的概念。"他认为，大学注重的并不是教会你画一个电路图，加工一个零件，完成某些复杂的计算，而是让你在这些过程中获得做演讲、展示的能力以及写作的能力、阅读的能力、独立思考的能力、批判性思考的能力。把一道题做出来可能只要花一分的努力，但如果你作为一个老师，将它完完整整并且清晰地讲出来，让大家都理解，这可能要花十分甚至是一百分的努力。

学工科的人往往更加追求实干，认为做事情比讲事情和记录事情更加重要，其实不然。学术研究和论文写作亦是如此：如果你能将这个成果做出来，那当然是十分优秀；但如果你能将它的背景、意义以及研究的过程讲出来，让全世界的学者都能看到，是十分难能可贵的。

初入大学时，牛小森自我感觉是一个比较内向的人，平常也不太爱讲话。他觉得自己应该做些改变，于是就参加了社团，社团里的学长学姐给了他很多的鼓励。在社团工作中他收获颇多，说话做事方式以及思维方式都有一些改变。

## 入我浙大门，知我情谊深

牛小森说自己记得最清楚的一件事是大学的毕业典礼。四年的师生情谊、同学情谊在毕业分离的场合喷薄而发。巧的是，那天刚好是牛小森的生日。典礼结束后，辅导员带着几个学生干部出去吃了一顿饭。回来的路上，大家谈着过去，谈着未来，越讲越激动，辅导员竟然声泪俱下。同学们也忍不住了，离别的泪水伴着感动一起流下，留在了归往校园的路上。

谈及在英国的那段时光，除了学习，牛小森说得最多的就是他的同伴们。一个人在陌生的国度求学，或多或少有些惆怅，有时候更是清晰地感受到因离家万里而产生的思念和伤感。幸运的是，与他同一届在欧洲求学的浙大人并不少。或许本不熟识，或许刚开始只是点头之交，但同在异国他乡、同是浙大人，他们的心紧紧连接在了一起。于是大家约着一起旅游，欣赏不同文化的魅力，浓烈的思乡情在同伴们的共同分担下便没有那么磨人了。牛小森说，除了本就有着这样一层渊源的伙伴，学校里来自五湖四海的同学也给了他莫大的鼓励和帮助。大家出生地不同、语言不同，却因着某种缘分得以一起学习，一起交流自己国家、民族和地区的不同文化习俗，见识到了一个更加广阔而又丰富多彩的世界。

每个人都是一束独一无二的烟火，能够在自己的天空绽放独特的光芒。别人的人生无可复制，但他们的优秀值得学习。采访的最后，牛小森说："希望大家早日找到心中的理想，努力奋斗，取得成功。"

——文／寻志立

# 志愿服务

# 业精于勤，心怀浩瀚

## ——访浙江大学机械电子工程专业 2015 届本科生秦翰

**秦翰**　男，中共党员。浙江大学机械工程学院机械电子工程专业 2011 级本科生，2011—2013 年就读于求是学院蓝田学园。2015 年前往美国纽约大学攻读硕士学位，主修金融工程。现为中国证券股份有限公司投资银行部经理。

读书时期

近照

秦翰的声音很温柔，说话也很有逻辑，"首先""其次""然后"是他回答中出现的高频词。他并不像典型的工科男一样少说一句是一句，而是很仔细地回忆着自己的求是时光，将自己的故事娓娓道来。

从工科到金融，从浙江到纽约，秦翰在大学的求学生涯中，为自己打造了一张漂亮的名片。他给人的第一感觉，是踏实。不管是刚入学时制定目标，还是一步步执行自己的计划，你都会觉得他一直在稳健地走，没有跑，也未曾休息。正如龟兔赛跑里的那只乌龟一样，能够谦虚稳健、坚持走到终点的人，才是最后的赢家。

谈及求是学院，秦翰提到了大类培养的机制。他说这是一个接触不同机会、发现自己更多可能性的一个平台。从高中到大学的角色转换非常迅速，很多同学并不了解自己喜欢什么、擅长什么。这种大类培养的机制，可以让大家发现自己身上更多的可能性，通过大一、大二一些基础课程的学习，了解自己真正的兴趣爱好，在大三、大四就能够有的放矢，根据自己的专长、兴趣有所发展。大类培养的另一个好处，就是可以接触不同领域的知识技能和不同领域的人。虽然从大学一开始就专注于一个方向，可以很快进入状态，但个人的眼界也会有所限制。在求是学院学习的时候，一个寝室的人可能是来自不同大类的，或者是一个大类不同专业的。与不同的专业接触后，可以了解到各个科学领域的发展状态，使自己的视野开阔起来。

## 志不强者智不达

很多同学刚步入大学，都会有一段时间的适应期，秦翰也是如此。但他的适应期并不长，原因在于他有一个非常清晰明确的目标：出国留学。制订计划是很重要的。当他还是大一新生的时候，就把目标限定于美国前三十的高校，一边选择合适的学科，抓好基础学科，一边准备外语。在大一他考过了托福，大二一次性通过 GRE（美国研究生入学考试），成绩都很理想。

目标固然重要，行动也是必不可少的。回想起来，准备 GRE 考试的那个暑假是他大学里最辛苦的一段时光。那时他留在紫金港校区，借住学长的宿舍，每天早上六点钟起床，吃了早饭之后就去东区教学楼自习，一学就是一整天。直到晚上十点半，悠扬的《梁祝》乐声响起，他才离开教室。看书时间长了头会发晕，他就去操场上锻炼一下。每当自己没有动力的时候，他会看看外面正在军训的新生，听着他们的口号声就觉得斗志昂扬。"如果有目标的话，那就一定要做计划，做了计划就一定要有执行力。"正是靠这样一步一步脚踏实地的努力，秦翰在研究生阶段如愿出国，进入世界排名 34 位的美国纽约大学深造。国外求学的经历，不仅提升了他的知识水平和自理能力，也为他之后的就业创造了极有利的条件。

选专业一直是同学们很纠结的一件事。初来浙大的秦翰选择了工学大类，既考虑到浙大本身是一个工科立足的学校，也出于希望以后的工作能够理论性和实践性相结合的想法。面临专业的抉择时，他又考虑到机械电子工程是一门交叉性较强的学科，综合了工科很多专业的知识，比如说机械类的机械制图、机械设计原理，电子类的模电数电，还有力学的理论力学、材料力学、流体力学。这样，不管以后是做什么事、从事什么行业，都有发挥的余地。

选专业时需谨慎，而对于学习，他也有自己的方法。最关键的，是计划性和克制力。课程的确很多，关键是要知道哪些课程是重要的，比如一些大类的基础课程和一些有潜质的专业课程。对于相对次要的通识课、思政课，既不能完全放水，也不要投入太多精力。一定要有重点地抓学习，按照计划预习和复习。

### 公益润物细无声

在秦翰目前工作的公司里，他是所在部门公益小组的牵头人，经常去拜访一些民工子弟学校，组织一些捐赠旧衣旧书的活动。最近他们公司在带实习生，他又是实习生考察组的组长。每次带实习生的时候，他都会想到在求是学院学长组带新生的感觉。

刚进大二的时候，他和另外四名大二的同学组成一个学长组，对接一个大一新生的班级，带他们熟悉大学环境，教他们如何选课，介绍各个专业的情况，分享自己学习和生活上的经验。责任，使他对这次经历印象深刻。进入学长组，就意味着自己不再是一个只知道从别人那学东西、请教别人的毛头孩子了，而是要把学到的东西传递给别人。如何把自己掌握的经验利用起来、传递给别人，教得好不好、传达得好不好、能不能把新生带好，都是自己无偿承担的责任。

大学期间，秦翰也参加了很多其他的志愿活动，比如科普小课堂——组织一批本科生或者硕士生走进西湖小学、浙大附小，给小学生们举办科普知识类的讲座。小朋友不喜欢听枯燥的理论，给他们讲课时要把一些高科技的东西讲得生动有趣；小孩子问问题没什么逻辑，什么问题都会问，所以和他们交流会有些困难；也有时候他们会害羞，有不懂的地方也不一定会问。因此作为科普讲师和活动组织者的秦翰，在这些活动中一方面提升了组织能力，另一方面也提升了自己的口才和沟通能力。

一路上的志愿活动历程，对秦翰来说，亦是一种成长，在潜移默化中对人的性格养成，对人的社会责任感的强化，都有一定的影响和帮助。"我们学习不仅是为了自己的未来发展，有时候也是为了传授知识，传授能力，同时也为社会做些贡献。"秦翰说。

### 谆谆如父语，殷殷似友亲

回想起往事，秦翰特别提到一个人，就是他所在大类班的辅导员——赵天祥老师。赵老师当时也是刚刚本科毕业，自己的事情都忙不过来，还要抽空看看同学们，从学习、生活、心理、个人品德方面给他们传授经验，做一些指导。在学生组织方面，赵老师也很上心，时常为同学做引荐，并对一些学生工作做出指导，为秦翰和其他同学扫除了工作上的障碍。

特别让人感动的是，在秦翰军训的时候，作为他们连的指导员，赵老师组织同学们去排练合唱。虽说训练很辛苦，他自己也很累，但他还是每天晚上风雨无阻地带同学们去排练，所以他带的连队在歌咏比赛上也获得了好成绩。"他是想通过这次比赛告诉同学们，在大学里一点都不能松懈，以后的学习生活也要像军训期间这样，争取让每天都过得充实饱满。"

所谓老师，不仅仅是传道授业解惑，更重要的是教我们做人处事的道理，像大海里的灯塔般为迷失的游船指引方向。秦翰用自己的经历告诉我们大学期间与老师交流的重要性，而我们，也应该记得感谢老师，就像秦翰对赵老师心怀感恩一样。

### 青出于蓝胜于蓝

关于最后一个问题——对学弟学妹有什么寄语，也许是出于不舍，也许是对母校有太深的感情，秦学长说得格外多，每一句都包含了他满满的真诚。

首先，他提到现在很多同学太关注目的和事情的结果，比如选的某门课的老师给的成绩高不高，选的某门课是不是很容易挂科，或者是参加某个活动有没有好处，能不能当上会长、当上主席。有时候我们过于关注过程带来的结果和好处，反而忽略了实现这个过程本身该有的乐趣。所以在求是学院给了我们这么多接触不同事物的机会的条件下，我们一定要好好把握。只有把握住每个机会，积累了一些东西之后，才能获得比较大的进步。

就像电影《无问西东》所呈现的一样，既然你觉得这件事情是合理的，那么就听从内心，不用太在意它可能带来的结果。人生道路很长，你并不知道现在的选择会对未来造成什么影响；等你真的走到那一步，才会知道很多之前看似没有价值的东西，却是对你有所帮助的。所以现在最重要的就是不断学习，不断积累，把握机会。

第二条寄语就是要心怀感恩。秦翰说自己特别幸运，在本科阶段以及工作之后，他身边的同学、老师和同事都非常好。所以大家要处理好人际关系，尤其是与学长学姐和老师的关系，要知道他们帮助你，并不是他们的本分。如果想从他人那里得到资源或帮助，还是要凭个人魅力的。

最后，就是要学会展示自己。从研究生阶段一直到工作之后，秦翰感觉到浙大的学习偏向于低调踏实。但现在社会竞争这么激烈，就业也很难，很多时候要学会展示自己的闪光点。在校期间就是一个韬光养晦的阶段，先把自己的写作能力和沟通能力锻炼好，同时及时总结自己的优点和经验，再想想如何去展现自己，把最好的一面展现给大家。

可以说，秦翰是一步一个脚印，稳健地走到现在这个位置的。他的成功，得益于他的勤奋努力和持之以恒。他的经验，亦是一笔宝贵的财富，值得我们悉心听取，运用于自己的大学生活中。我们期待，未来会有更多像秦翰一样优秀，甚至是比他还要优秀的求是学子步入社会，成为社会之精英、国家之栋梁。

——文／胡一川

# 聪敏贤能，灿烂如虹

## ——访浙江大学化学工程与工艺专业 2014 届本科生郑贤虹

  **郑贤虹** 女，中共党员。浙江大学化学工程与生物工程学院化学工程与工艺专业 2010 级本科生，化学工程与生物工程学院工业生态与环境研究所 2014 级硕士生。2010—2012 年就读于求是学院丹青学园。曾任化学工程与生物工程学院挂职团委副书记、兼职辅导员、助理班主任，化学工程与生物工程学院社会实践与志愿服务中心总负责人，浙江大学学生就业与职业发展协会（SCDA）公共关系中心成员。曾获浙江大学研究与创新一等奖学金、大连化物所奖学金、浙江大学学业二等奖学金、浙江大学优秀学生二等奖学金，获浙江大学优秀研究生干部、优秀研究生、优秀团干部、五星级志愿者等荣誉称号，并获浙江大学社会实践单项奖、浙江大学 2014 年暑期大学生社会实践活动先进个人、"ZEDC 杯"浙江省第七届大学生化工设计竞赛特等奖、"中国石化—三井化学杯"第七届全国大学生化工设计竞赛三等奖、浙

读书时期

近照

江大学第二届大学生化工设计竞赛一等奖、第八届全国残疾人运动会优秀志愿者等荣誉。目前在 P&G-博朗（上海）有限公司担任工艺工程师。

红白相间的腊肉在房檐下挂着，倒着的福字贴满了窗棂，值此春风送暖辞旧迎新之际，结束了今年工作的郑贤虹学姐，还没来得及喘口气就接受了我们的采访。连线彼端的她疲惫中透露出孩子般的欢喜愉悦，一句笑嘻嘻的感叹——"终于不用加班啦！"——给有些严肃的氛围注入了轻松俏皮的元素。

## 广泛涉猎，撷一喜而精

怀着对大学生活的憧憬，郑贤虹在 2010 年夏天来到浙里，成为求是学院丹青学园的一员。初来乍到的她选了很多社科、理工科的公选课，没有选上的就去旁听。当别的同学做完作业开始看剧的时候，她埋头撰写实验报告、绘制工程图到深夜，甚至周末也选修了实验类的通识课。渐渐地，她发觉相比于背书或者分析报表数据，实验室里神秘莫测的反应和一笔一画将构想变成图纸的过程更令她着迷——转专业的念头就这么自然而然地诞生了。得益于她大一学年优秀的成绩，这个过程可以说是轻而易举。谈及印象最深的事情，她的语气中透露出怀念和感恩："我跟家人简单地商量了一下，爸爸只说了一句'自己做的选择，不要后悔'，然后我就把预确认的金融学专业改成了化学工程与工艺，从社科转到工科。"说起这段往事，郑贤虹的经验是，大一的时候可以多选择自己感兴趣的课程，同时了解这些课程所对应专业未来的大致方向，从而找到适合自己的专业。她还补充说，就算有些课程因为容量有限选不到，旁听也是一种非常有效的方法。"如果你喜欢的老师的课正好在你有空的时间段，就可以去听。一门课可以选择性地听两遍，你会发现收获还是蛮多的。我还是推荐大家选择教学水平高的老师，而不是一味追求给分高的老师，因为越到后面就越明白，学到知识是最重要的。"说完她笑了笑，微微叹道："没能去听苏德矿老师的微积分，大概是此生一大遗憾了。"

## 社会实践,且行且收获

说起社会实践,郑贤虹可以说是"身经百战""驾轻就熟"了。可是这么一位社会实践的"老人",最初加入化工学院社会实践与志愿服务中心的目的却只是想多认识一些人,融入化工学院这个集体。作为社科大类转过来的"新人",这份经历对她来说也可谓是"无心插柳柳成荫"。最初作为实践的执行者,郑学姐在学期中走访敬老院陪伴老人、到附近学校采访调研等;作为服务中心的组织者,她和小伙伴一起在寒暑假翻新精品项目,比如走访名企、访谈知名校友等,安排学生在返乡的时候采访相关企业、校友,帮助他们了解化工行业的职业环境,充分挖掘校友资源,为以后的就业做准备。活动面向的对象主要是化工学院的学生,但也有许多其他学院的学生踊跃参加。说起遇到的挫折,她笑笑,"大二的暑假去走访企业,没有规划好路线,一行人顶着大太阳在马路上走了三四小时才到公司,大家都累坏了,导致采访的时候只是简单地问了些问题,拍了几张照,和学长匆忙地聊天后又马不停蹄地赶到下一个地点"。这次教训让她明白,做任何事情之前一定要做好规划,出行如是,工作学习亦如是。

大四的暑假,郑贤虹作为总负责人,挑起了化工学院社会实践与志愿服务中心的大梁。她不但要搜集企业的资源、规划好每一次活动的流程,更要和企业打好招呼确保参与者不会被拒之门外。"如何减少被拒的次数"也是她常常思考的问题。"整个暑期社会实践一共设立了 14 个团队,院内外总人次达到 707 个。我当时因为担心安全问题,天天悬着一颗心,24 小时待命。"郑贤虹谈起那段经历如在昨日,那种责任感、紧张感以及骄傲、欣喜仿佛仍然回荡在心。"还要注意新闻稿的时效性,每篇交上来的稿子都要当天审阅并投到学院和相关的平台。"——真可谓兢兢业业、恪尽职守。除此之外,作为浙江大学大学生就业与职业发展协会(SCDA)公共关系中心成员,郑贤虹和她的小伙伴们一方面负责承办企业的宣讲会,另一方面每年举办两次大型的面向全校的求职培训,比如"名企之路",邀请学长学姐返校分享求职经历、面试技巧以及如何规划自己的职业生活等,帮助学生就业。

郑贤虹满满的荣誉和获奖经历也让人敬佩。除了对科研的兴趣之外,认真对待本科生科研训练计划(SRTP)项目、多去实验室、参加大学里丰富的竞赛等都是筑梦路上踏实的台阶。在她看来,SRTP 项目对于以后想要从事科研工作的同学会有帮助:在低年级阶段接触科学研究,在导师和学长学姐的指导下开展简单的科研工作，可以非常有效地锻炼自己的科研能力。值得一提的是，在这一时期，升学压力、就业压力并没有那么大，也不需要承担像学长学姐那么重的科研压力，因此她建议学弟学妹有机会就多多尝试。而说到这些大大小小的竞赛，她认为自己获益匪浅："首先，你会知道化工学院的科研是什么情况，研究生的生活是怎样的，同时可以把课上学到的知识运用到实际中，算是一种巩固。其次，你能够了解到实验室的生态环境，比方说一些实验独有的反应条件是非常苛刻也非常危险的。"幽默的她为了突出这一点还特意举了一个"拿生命在做科研"的例子——记得有一次做一个催化反应的实验，突然之间反应器"警铃大作"，大家都飞快地跑到实验室外"逃命"，指导老师"冒着生命危险"进入实验室解决问题。这次经历也让她认识到化学实验的危险性，从此以后对实验的操作规范更加严格遵守。

### 环境转变，友谊常相伴

每个人都有放在心底默默感激的对象，对于郑贤虹来说，她想感谢的人不止一位——是他们用友爱、用温暖，接纳她、拥抱她，让她适应浙里，最终爱上浙里。首先是她的同班同学。"我非常庆幸自己被分在社科 1008 班这样一个优秀的班级中，班里的同学无论在专业学习还是社团活动中，都是同届同学中的佼佼者，是我学习的榜样，他们的陪伴让我不知疲倦。"其次是化工学院社会实践与志愿服务中心的学长学姐。由于大一一年没有参加社团活动，郑贤虹坦言那时基本不认识工科的同学。转到化工专业后，为了尽快融入新的集体，她第一次加入社团，是学长学姐教会她很多办公技能，带她参加了许多社会实践和志愿服务活动，也在专业课的学习和竞赛上给了她许多帮助。最后是她的室友们。"大二有次带病上课到晚上 9 点，发热发到意识模糊，一踏进寝室门就被她们仨'押送'到了校医院，她们得知我要住院观察，帮我搬来了起居用品，每天给我送饭，直到我出院。这是我人生中唯一的住院经历，实在是很幸福。"

人生就像一列车，总有人不断地上来，也有人不断地离去。虽然环境变了，周围陪伴的人也在更替，但友谊永远是我们勇往直前的动力。当新的名字变成老的名字，当老的名字渐渐模糊，又是一个故事的结束和另一个故事的开始。在不断的相遇和错过中，留下的是那一份份感念。

## 暖心寄语，愿来人志满

问及对学弟学妹的寄语，郑贤虹说道："在过去的时日，我一直拿两句话激励自己，这里也送给亲爱的学弟学妹。一句是'博观而约取，厚积而薄发'；另一句是'Keep calm and carry on'。"大家刚刚来到浙里，面对新环境，也许惶恐不安，也许如鱼得水；也许误入歧途，也许成长飞速。但她相信，能来到这个大家庭的都是优秀的学生，不妨静下心来看看自己的本心，或许未来的方向也会渐渐明朗。

总之，浙大的菜肴美味，风景秀丽，藏书丰富，文化自由开放，老师同学亲切可爱，正如郑贤虹所说："这一切都是使我爱上浙里的催化剂，感恩一切。"在求是学院求学的过程，更多的是打基础和沉淀，希望大家每一步都走得坚实，回忆往昔的时候不留遗憾。

——文／王建平

# 莞尔求是，文质相长

## ——访浙江大学汉语言文学专业 2014 届本科生陶安娜

**陶安娜**　女，中共党员。浙江大学人文学院汉语言文学专业2010 级本科生，2010—2012 年就读于求是学院丹青学园，后前往香港中文大学攻读硕士学位。本科期间，曾任浙江大学统战部外聘记者、浙江大学党委学生工作部"求是潮"新闻资讯中心记者、高级编辑，党支部组织委员，人文科学试验班 1002 班团支书；学业结束后，曾任浙江大学控制科学与工程学院辅导员，现任浙江大学人文学院辅导员。曾获浙江大学学业优秀奖学金（多次），获浙江大学优秀本科毕业生、优秀团员、三好学生、优秀学生干部等荣誉称号，并获得浙江大学 2014 届本科生优秀毕业论文等荣誉。参与编写多部著作，组织开展浙江大学学生工作创新奖项目，参与浙江大学"211"工程项目社会学调查研究。

读书时期

近照

阳光温暖明媚,映衬着那间宁静而又古朴的办公室,平添了几分温馨可人。陶安娜一见到我们就十分热情地打招呼,她笑容甜美,语气轻盈流畅,这是她给我们的第一印象,而她的人生经历也让人感觉到恬静而精彩。

### 理想友情,齐蕊共绽

忆往昔岁月,陶安娜最先想起的就是她大学期间的好朋友。在大一期间,她就遇到了一个让她极为难忘,乃至影响一生的朋友。这个人就是她的室友。

陶安娜的这个室友是舟山人,她们一起就读于人文大类。平时经常一起去图书馆自习,互相探讨、交流学业上的问题。那时候,她们为了节约时间学习,经常吃"学霸餐",却从未有过抱怨,怀揣着自己的理想,把日子过得如诗如画。教室内不方便就餐,她们就经常在外面走廊上站着吃。夏天蚊子很多,只要站着一会儿不动,腿和胳膊就会被蚊子叮咬,让人很无奈。因此,她们站着吃饭的时候总是一边吃一边跺脚,互相打趣逗乐,让短暂的艰难和烦恼都变成云淡风轻般的惬意。

她的室友对于完成任务有一种执着,坚持"今日事今日毕",且对完成质量要求很高。比如准备课堂展示或演讲,她会提前准备稿子,一遍又一遍地删改,不断调试语句的流畅与自然程度。为了不打扰其他人休息,这位室友会站在阳台上,借着窗户反光来练习演讲表达。有一次,陶安娜在房间里没有找到她,掀起窗帘,才发现她正在阳台上声情并茂地演讲,两个人相视后都笑了。

室友勤奋刻苦的品质给予了陶安娜精神上的陪伴和鼓舞,她们一同浇灌着理想的长河。直到如今,回忆起当年的时光,陶安娜直言能在求是学院交到一位知心的朋友,一同奋斗,是自己人生一笔无价的财富,将一生珍惜。

### 体人凤美,品悟求是

陶安娜在本科生期间,曾在求是学院的组织下前往浙江金华武义支教,她对那段经历极为珍惜和怀念。

当时,那里小学环境比较艰苦,她和同伴只能住在一间小平房,地表全都是土,只能在上面铺草垫子睡觉,虽不能说"如卧针毡",但确实难以安然入睡。那里卫生条件很差,没有条件让她们洗澡,她身上又起了很多的红疹子，十分难受。她坦言，直到后来读了《习近平的七年知青岁月》这本书才知道，那些疹子是跳蚤引起的。或许那些疹子就是那个艰苦时代的印记吧，能够亲身去经历也算是对过去艰苦岁月的一种缅怀。

陶安娜表示，支教的经历虽然遇到了很多困难，却是一个锻炼人的好机会，值得珍惜和回忆，那种艰苦奋斗的生活也值得一代代的青年学生去体验，从而挖掘出隐藏在自己骨子里的求是情怀。同时，她还去尼泊尔首都加德满都做过国际慈善志愿者，在那里一所慈善学校当老师。她觉得，这些支教的经历对她来说意义很大。她深切地感受到，在我们身边有很多需要帮助的人，我们应该伸出自己的双手，尽自己所能去帮助那些人。一个人的力量固然微不足道，但是百川归海，大江东去，仁爱之举汇聚起来，将成为一股强大的力量，推动社会的发展和进步。

## 见贤思齐，提升自我

在读书期间，陶安娜还曾经在浙江大学统战部和浙江大学党委学生工作部"求是潮"做过记者，那段时间她采访了很多人，这些经历给她留下了深刻印记。通过听别人讲述的故事，陶安娜受到了很大的启发，学到了书本上得不到的知识，所以她十分享受这段过程。

她曾经采访过时任浙江大学医学院附属邵逸夫医院副院长的蔡秀军教授。蔡教授的家就在医院边上，84平方米，走路3分钟左右就可以到。他一直不愿意搬家，就是为了能够在病人需要救治的时候，第一时间赶过来。有紧急的病人时，他一边走路询问病情，确认好手术过程和细节安排，一边赶往医院。5分钟之后，人已经进手术室了。身兼多个要职的蔡教授平时很忙，有很多科研和行政会议，但他尽量每天都去查病房、看门诊。他是一位非常敬业、为人民着想的好医生，也是浙江省人大代表，从来也没有因为身居要职而坐享其成，始终坚持以人民利益为重，参加"两会"时所提的提案全部有关民生。

正是因为大学期间采访了许许多多这样真实的服务在一线的杰出人士，见证着他们的人生经历和崇高追求，陶安娜常常觉得自己也身入其中，感受到激情和活力。这些经历也同时成就了她，使她前进的脚步走得更稳健。

## 坚定理想,严于律己

在被问及如何在兼顾社会工作的同时,将大学的学业学好时,陶安娜分享:高中的学习是一种"流水线式"生产的模式,大家都是按照已经安排好的一个大纲去努力地拼搏奋斗,没有很多让自己去消化和体悟的机会与过程;大学的学习则是"私人定制"模式,学校会根据你的需求和兴趣来提供各种各样对口的优质平台,让你能够按照自己的想法把自己培养、塑造成理想的状态,从而为步入社会打下坚实的基础。但同时,大学的约束效应相对来说就会松散很多。如果没有详细的规划,每天都将是迷雾一般的生活。这就更加需要我们有强大的自制力,要有一个长期积累和不断学习的规划。

面对那些自己不太感兴趣的学科,陶安娜建议大家也要不折不扣地去完成它,尽力做好。"如果态度足够认真的话,在探索和挖掘过程中,你就会发现很多以前从来都没有感受过的东西。而那些看起来很艰难生涩的东西,其实也并没有想象中的牢不可破。一切困难的征服都只不过是水到渠成的事情。不过那段克服困难、取得突破的经历,倒是最让人难忘的。"在这个过程中,我们收获的不仅仅只是专业知识,还有一种宝贵的长期坚持学习和实践的能力。我们会珍惜每一个可以成就自己的机会,也会认真踏实地处理每一件事情。凭借这个能力,我们可以不断突破越来越多的瓶颈,实现更多的可能,见证更多的精彩和不期而遇的人生契机。

对于现在从事的学生工作,陶安娜的自我要求很高,她的很多工作经验与方法,都得益于她在本科阶段课外自己所学习的心理学知识。当时她学习心理学相关课程,仅仅出于兴趣,不曾想过在今天会发挥出如此大的作用。"其实知识最奇妙的地方就在于它的'无用之用',它不会立刻向你展示出它的全貌,而是在生活中的点滴之处,向你展现它妩媚动人的款款情态。"她坦言。蕴大雅于无形,绘天地而有声,知识就是这样,它就在那里,切切实实地存在,等待你的造访与倾听。

## 求是情浓,诲尔谆谆

在访谈的整个过程中,陶安娜一直表示很怀念在求是园里读书的时光,当她知道我们才大一就开始了采访工作时,表示很期待我们未来的发展。

她希望我们能够珍惜在求是园里的宝贵时光，尽可能地充实自己，认真地结交一两个能够交心的朋友，共同进步，相伴而行。同时，要对自己的大学生活有长期和短期的规划，以足够的执行力去一一落实，不让自己留下遗憾与失落。最后，要坚持体育锻炼，有一两项自己喜欢的运动，以强健的体魄和昂扬的斗志去迎接每一个充满希望和挑战的黎明。

离开的时候，陶安娜把我们送到了门口。一声声的道别里，我们成了她目送远去的背影。走廊里很静，就像她写在求是园里的那几年光阴，悄然而宁静，致远而流深。

——文／陈浩宇　姚泽辉

# 钟情于浙，坚定前行

## ——访浙江大学博物馆学专业 2016 届本科生张钟

**张钟** 男，中共党员。浙江大学人文学院博物馆专业 2012 级本科生，2012—2014 年就读于求是学院丹青学园，辅修竺可桢学院公共管理强化班。曾多次获得浙江大学学业奖学金，获浙江大学三好学生、优秀学生干部等荣誉称号。本科毕业后在浙江大学人文学院文化遗产与博物馆学研究所攻读硕士学位。曾在浙江省民政厅民间组织管理局实习，在浙江省金华兰溪市诸葛镇（国家级中心镇）担任镇长助理。

读书时期

近照

他与求是学院的故事，化作文字和声音在手机上飞舞低吟，勾画出了一个温和爽朗、自信沉稳的求是人形象。

### 全心权益，良友指路

对张钟来说，浙大学生会权益服务部是个特殊的存在。作为他在求是学院时期唯一加入的组织，那里有太多令他难忘的回忆和重要的人。他曾经和伙伴一起去电信营业厅为同学们解决闪讯业务霸王条款的问题。虽然这只是件小事，但那种为了同学权益而奋斗的信念，却在他心里留下深刻的印迹。

他还记得，在"新年狂欢夜"这一大型活动中，他和同学一起帮助学校后勤的保安大叔排演舞蹈节目。这是个很有挑战性的任务，大叔们总是很害羞，放不开手脚，都不敢跳。他们只能自己先一遍遍地带领，最后表演很成功。张钟笑着说："他们真的很可爱，你跟他们深入沟通了解过就会知道。"

谈到大学里对他有过帮助的人时，他提到权益服务部的部长给了他许多帮助。不论是社团工作上，还是在平时的学习生活中，部长都给了他很多真诚有用的建议，包括后来参加公共管理强化班（UPA），也是部长推荐他去试一试。

张钟说，在求是学院的这两年，他做的每一件事都让他有所成长，于他而言都是极富意义的。虽然有些经历很精彩，有些很平淡，但就像一条珍珠项链，无论是夺目的珠子还是朴实的珠链，都是串成项链的必需品。同样，这些人和事也是他的成长和生活里不可缺少的。

### 积极探索，破除迷茫

高中和大学有很多的不同。初入大学，难免受高中习惯影响难以适应新的大学生活。张钟也经历了一段漫长的过渡摸索期。他的亲戚里没有同龄人，因此对如何适应大学生活，也缺少了参考对象，只能靠他自己摸索，慢慢适应。刚进入大一时，张钟没有想过未来毕业要做什么，他觉得自己还没有真正准备好进入专业知识的学习，他想要先探索大学生活，所以他的大一在忙碌的社团工作和学习中度过。

不过令他庆幸的是，当时他选择了以一种积极主动的态度去面对新的环境，比如加入校学生会权益服务部，参加对外交流协会、校内舞会等，还常常和一些外国朋友交流。辅导员、权益服务部的学长学姐也给了他很多指导和帮助，让他平稳度过了这漫长的适应期。

### 不断积累，寻求突破

刚开始张钟没有确定的目标，但他考虑到自己热心的性格，想要为同学们多做点事情，因此他加入校学生会权益服务部，参加相关活动讲座，主动学习公共事业发展方面的知识。渐渐地,他在尝试中探索出属于自己的道路。不论是选专业、辅修公共管理、担任兼职辅导员、担任中国人民革命军事博物馆主任助理,还是去浙江省民政厅实习、在金华兰溪市诸葛镇担任镇长助理,都是张钟出于对自我性格的认识和对未来方向的规划而做的选择。他觉得最重要的是要尽早地认清楚自己的目标和方向,不能等到即将毕业找工作时,才开始想自己做什么合适。

谈到如何积累,张钟给出了"有志者事竟成"的回答。但这只是一方面,他还强调了环境、良好学习氛围的重要性。他举例道:"如果你有每天都在埋头苦读的室友,你也会奋发向上。如果你有一个一天到晚宅在寝室打游戏的室友,那么你有可能也会玩游戏。幸运的是,我大学四年一直在一个向上的环境里。"环境会影响选择,但他强调如果觉得身边环境恶劣,那就应该及时去调整自我和带动他人,去主动营造出一个良好的氛围,不能以身边人的懒惰为借口放纵自己,只有努力拼搏,才能收获自己想要的成果。

努力过,拼搏过,他也能淡然地面对取得的成绩,坚定地向着自己的目标走去,因此他的眼里总是闪耀着梦想的光芒。

### 追忆往昔,寄语学子

回看求是学院时光,张钟觉得低年级时自己还比较稚嫩和茫然,但他觉得这是一个成长的过程。当问到如果重来想改变什么的时候,他说希望自己再努力一点,让自己的大学生活更充实。他一遍又一遍地强调"努力再努力"。如果能够回到过去,他将弥补留下的遗憾。他还提到要多跟朋友们相处交流,因此毕业后才发现大家会各奔东西,天南海北,难以再见。如果能梦回当年,他一定会更珍视这些感情。

当问到有什么建议要给学弟学妹的时候,张钟笑着分享了自己的心得体会。他说要常怀感恩乐观的心,然后积极勇敢地去尝试。大一、大二无所谓失败,只有经验累积。"大雪压青松,青松挺且直",在失败的激励下,我们也许能走得更稳。

大一、大二看不清自己想做什么是绝大部分人的常态,在最初的时候便认定了自己的方向,然后坚持不懈地去努力,这不太符合大部分人的实际情况。只有在不断的尝试和积累中,才能发现最适合自身发展的方向。这不是一个简单的过程,首先需要把握自己和认清自己想做的事,清楚自身能做什么、会做什么，最后是了解自己的长处并清楚自己的长处适合在哪些方面发挥。

此外，张钟还建议大一大二新生们，尽情享受大学生活，这段美好时光一旦逝去，便再无重来日。在大学读书学习就是一个寓学于乐的过程。

张钟质朴真诚地介绍了自己的经历，他的大学生涯折射出了一届届求是学子的成长经历的倒影。在浙青年，不事声张，稳稳前行。在这片我们共同钟情的求是学院里，张钟打下坚实的基础，走向风华未来。

——文／王依菲

# 不忘初心，他在路上

## ——访浙江大学临床医学（五年制）专业
## 2017 届本科生蒋佳焕

    **蒋佳焕**　男，中共党员。浙江大学医学院临床医学（五年制）专业2012 级本科生，2012—2014 年就读于求是学院蓝田学园。曾任浙江大学学工部绿社宣传部部长、浙江大学医学院学生会副主席、共青团浙江大学委员会社会实践指导中心主任助理等职。曾获国家励志奖学金、浙江大学文体活动奖学金等，获浙江大学优秀团干部等荣誉称号。曾在浙江大学 120 周年校庆、"善行 100"劝募等活动中担任志愿者；参加绿社与暖春社共赴安徽阜阳颍东支教活动以及赴丽水市缙云县新建小学暑期支教活动。现支教于贵州省遵义市湄潭县；2018—2021 年将在浙江大学医学院攻读肿瘤学硕士学位。

读书时期

近照（右一）

我是医学院2012级本科毕业生党员蒋佳焕，

毕业后，我将奔赴贵州湄潭，

一支粉笔、一块黑板、三尺讲台，

用一年的时间做一生难忘的事！

——《不忘初心，我们在路上》（片段）

## 感受落差，沉淀自我

泥泞崎岖的山路，破烂漏雨的教室，只有米饭与咸菜相配的午餐……同大多数人一样，最初在蒋佳焕眼里，前往支教的学校应该是这般模样。

大一的暑假，那群青年怀揣着有大作为的志向，来到安徽阜阳颍东当地一所学校支教。蒋佳焕正是其中的一员。

但是来到支教点的时候，他发现眼前是四通八达的水泥路，学校是水泥浇筑的小平房，学校也已经普及免费午餐政策。尽管在来之前做了很多策划，最后发现自己在短短的时间里能带给孩子们的东西少之又少，不过是陪他们做游戏，教他们自己学到的部分知识。相反地，受益最大的却是前来社会实践的支教团。

支教期间，他们深受学校老师的照顾，较为轻松地度过了一段美妙的时光。但是这对于他而言，心理上的落差才是最大的困扰。理想与现实，给予与接受，落差感让他无所适从。

"我们自己是想要做出很多大事，马上做出一些成绩，但是支教、扶贫，或者是国家某些大的政策，它都需要很长的时间与大量的精力投入，才能做出大的成绩。"

自此，他开始重新审视自己一路追逐的志愿服务，寻找更加合适的途径。落差带给他的最大馈赠或许是变得沉稳。他愿意用很长的时间等待，却不会放弃。他意识到，当那颗奉献的心火热时，要想让自己的价值最大化，最需要沉稳的思考准备。

后来去支教团，是他经过很多前期的调查准备后做的决定，他对于湄潭当地的人文环境有了非常多的了解。定点帮扶是一个持久的项目，这些年来渐有成效。

落差也好，曲折也罢，那些在求是学院中生活的小小插曲，像是树枝上的伤口，风干成疤后，吐出新的嫩芽。

## 学会取舍，掌控时间

初入象牙塔的他，就曾一口气加入了医学院学生会、绿社和精武协会三个组织和社团。过多的学生工作让他一度失去了平衡,以至于大一的学习成绩并不理想。那时他的辅导员是张威老师,也是他在求是学院求学期间给予他最大帮助的人。看到他的成绩波动,张威老师找他谈心。继那次谈话后,蒋佳焕开始明白学业与学生工作之间最为恰当的关系。

"我们做社会公益、志愿者活动固然是重要的。但我们进大学的首要任务,还是把我们的专业课学好。当你没有这些专业技能的时候,即使你有这份炽热的心,想要去做好事,却没有能力,很多事情会遇到巨大的阻力,而且停留在不完善的状态。"就像今天他回过头看自己当初关于支教的报道,就发现有很多不完善的地方。正是因为如今的他已经具备了本科期间所需掌握的专业技能知识,才会有不同于以往的认识。

步入大二的他,学会了取舍,懂得更多时候要倾听自己的声音。问问自己哪些是必须去做的,哪些是真的想要的。当明白自己所有行动的出发点后,再细细调整时间安排,尽可能地提高效率。"人生不管在哪个时刻,都要不断学习努力。所以我在平时就把最大的精力投入学习当中,绿社的公益活动尽可能地安排在周末。而学生会的工作可以锻炼自己的管理能力和人际交往能力等,其完全可以借助现在的科技产品来处理,例如线上会议、线上任务分工,就能在某种程度上提高效率。"

在求是学院读书期间,他也是张威老师的办公室助理。在帮助老师审核一些资料的时候,他了解到了很多学长学姐的故事。他们中的一些人,家庭条件并不是很好,但是在学校里做出了很多成就,不仅成绩优异,学生工作也十分出色。受到学长学姐的影响,他更坚定了自己的目标。

在支教期间,在做好自己本职工作的同时,他还利用周末时间去附近中学做青春期讲座,去湄潭医院帮忙。他认为,这既是对自身专业知识的巩固,也是在尽自己所能去实现个人价值。

## 医师同源,为仁为善

"学医先学做人。"

"不一定要年轻有为,只要做对这个社会有用的事情就可以了,很多事情不能用金钱来衡量。"

医学专业的培养周期很长,蒋佳焕最开始选择医学,家人也反对过。每个医学生都有一颗救死扶伤的赤子心。在与蒋佳焕的交流中,能感受到他具有很强的社会责任感。他做出的每个选择,总是把他人与社会放在最前面考虑。即使在短暂的电话交流中,他也不时地询问有没有不懂的地方。

刚进入大学，他就报名加入以公益和国学为主的组织——绿社，组织与参加过"善行100"劝募活动。在求是学院求学期间，他参加了绿社与暖春社共赴安徽阜阳颍东支教活动以及赴丽水市缙云县新建小学暑期社会实践活动。自此以后，他的志愿服务一直没有停下。从"中国人代谢综合征的分子营养机制及干预研究"项目被试志愿者、第六届全国高等医学院校大学生临床技能竞赛志愿者、校庆志愿者到研究生支教团，这一路，他不曾止步。

对他来说，学医和支教都有相同的初衷。这也是医学专业占据支教团"半壁江山"的一个原因。"这可能是因为医学生具备的一种情怀与心理吧。本科医学研读期间，专业课老师教授的不单单是医学知识，更多时候反复强调的是一种人文关怀的精神，如对病人的隐私的保护、对病人的合理关怀等。"

一年时间的支教工作，不同于几天的社会实践，更不同于简单地组织一场游戏活动，而是用自己的青春年华跨越大半个中国，竭尽全力去影响那么一个、两个甚至更多人，去改变那一方窄窄的讲堂甚至于那一方广袤的土壤。支教，在他的眼里，是医生梦与教师梦的美丽交织。

在选择专业时，他曾在医学与教育学中左右徘徊、踌躇不定，那时，他选择的只能是其中一条路，而在五年后，当另一个曾经落空的梦想再度降临时，他当然会义无反顾地选择抓住它。

## 赤诚奉献，勇敢去闯

除了医生、老师，蒋佳焕还有一个身份，那就是优秀党员。在年少时，他认为成为党员是一种优秀的象征，受到家中长辈的影响，而向往成为其中一员。

但后来，他慢慢发现，更多的时候，党员是一种信仰，你未必是那个最优秀的，但你需要一颗上进的心。当你去了解了那些党员的红色故事后，就会去慢慢理解他们为什么会那么做——一切皆源自他们的信仰。作为一名优秀党员，他也是如此践行，怀揣着一颗奉献的赤子心。

对于学弟学妹，蒋佳焕也给出了自己的建议："当浙大生活到来的时候，锐不可当。你们自五湖四海汇聚而来，看校友林肆意生长，尘埃与曙光在启真湖升腾，老和山崛起为峰，天地一时，无比开阔。一日之计在于晨，求是学院就是你们丰富多彩的起点，细心规划，勇敢去闯！"

——文／谢琦蔚

# 温文尔雅，初发芙蓉

## ——访浙江大学法学专业 2015 届本科生余雅蓉

**余雅蓉** 女,中共党员。浙江大学光华法学院法学专业 2011 级本科生,2011—2013 年就读于求是学院丹青学园。曾获浙江大学社会工作奖学金,获浙江大学优秀研究生、优秀研究生干部、社会实践先进个人、优秀团干部、优秀学生干部、优秀团员、光华法学院优秀共产党员等荣誉称号。

读书时期

近照

　　如果说人生经历是一笔财富,那么余雅蓉已经"大赚了一笔"。活跃在光华法学院的她,不仅在学习上取得了耀眼的成绩,也在各个组织中丰富了自己的人生经历,更是在支教过程中收获了一段特殊的经历。

　　她所获得的个人荣誉也数不胜数:浙江大学社会工作奖学金,浙江大学优秀研究生、优秀研究生干部、社会实践先进个人、优秀团干部、优秀学生干部、优秀团员、光华法学院优秀共产党员……

　　专业基础扎实,综合能力过硬,工作认真负责,为人友善乐观……她的故事,你,难道就不好奇吗?

## 校歌绕梁，情深浙大

提起求是学院，余雅蓉委婉地表示，时间过去太久，很多事情已经记不得了，但军训期间进行大合唱比赛的场景还历历在目。

"军训的时候有一个大合唱比赛，印象还挺深刻的。白天训练，晚上就在教室练唱歌。军训期间学唱的正是浙大校歌，虽然歌词深奥难懂，我们也是似懂非懂地唱，但却感觉歌词记得特别牢，有很深的感触。虽然最后因为唱歌水平不行，没有代表连队去参加比赛，但是练习唱歌那会儿还是很开心的，而且发现多唱校歌能增加对浙大的感情。"

余雅蓉在采访中还讲述了这样一个小故事：她在凉山支教时，有天晚上与大家聊天聊到浙大，不禁唤起了心中的思念之情，就拿出团旗唱起了校歌。"歌单里都有它。可能对校歌的这种感情，也有很大一部分是后来慢慢积累的对浙大的感情吧。"

## 求是学院，梦想起航

值得一提的是，余雅蓉和室友从刚入学时关系就非常好。四个人本来都是社科大类的，后来一个去了法学院，一个去了公共管理学院，一个转去了心理系，一个转到能源工程学院。

"我觉得这可能就是求是学院最特别的地方，大家身上似乎有大类专业的标签，但是如果确定了自己想要的方向，那还是有机会做一些改变。求是学院按照学科大类培养人才，学习内容丰富多样，比如社科大类的学生，经济学、管理学课程都要学。这些综合性的知识，对今后的工作是有帮助的。"正是在学院的前两年里，余雅蓉确定了努力的方向，并在之后大展身手。

"求是学院是我在浙大学习、生活的起点，她告诉我大学是什么样，浙大是什么样，作为一名浙大学生应该什么样。感谢求是学院！也祝福求是学院，能成为更多求是学子梦想起航的地方！"

## 乐于奉献，支教西部

当问到自己最引以为傲的事情或已取得的成就时，拥有众多荣誉的余雅蓉却出乎意料地回答是支教。

"支教那一年我收获了很多，成长了很多，而且也尽我们最大的努力为当地做了一些事情。"她还在求是学院的时候，就了解并关注了支教团这个项目。

余雅蓉认为,支教是一种幸福。说不累是假的,有时候一天的课上到嗓子都快冒烟,有时身体也不好,下乡坐车晕车,回家吐得厉害。但她感受更多的是幸福——"听到孩子们喊你余老师,看到孩子们有新衣穿开心的样子,就会觉得什么都值得。而且当地的老师对我们也非常好,还有支教团的其他同学,都像家人一样。"这也许就是亲身经历过才能有的特别体会吧。

余雅蓉还提到一次下乡与村小的老师一起吃饭时,有个年轻的男老师问她是否认识以前浙大的某位支教老师,他说他正是受这位浙大支教团老师的影响。巧的是他说的那位支教老师正好是法学院的一个学长,余雅蓉就把学长的微信推送给了他。

去支教之前,余雅蓉也收到过这位学长的一些建议。他说去了之后,可能不能改变很多孩子,但是只要能改变其中一些,那些人自然会再去改变别人,去建设家乡。而村小老师的事情,证明了学长的观点,也让余雅蓉由衷地为浙大支教团在昭觉十几年的坚守感到自豪。

余雅蓉说当初想去支教是因为想亲眼看看西部和少数民族地区的发展面貌,也想借这个机会奉献自己。她认为,现在许多短期的支教,可能不能给孩子们带来太多的改变。但是,浙大支教团的支教活动,都是按学年进行,每年都有传承,保证了教学上的连贯性。这么多年在昭觉支教下来,浙大支教团获得了当地人的普遍认可,这大概能说明支教的意义。余雅蓉表示:"只要确实是想去帮助当地的孩子们的,到当地能把支教工作做好的,我觉得都可以接受。起码准备要充分,准备充分之后有没有实效则另说。如果连态度都很敷衍,那就是坏的表率。孩子们也感受得到的,他们会难过的。"

## 良师益言,指明方向

余雅蓉取得的成功离不开她自己的努力和坚守,但是遇到兰荣杰老师,可能是她成长路上最想感谢的"小幸运"了。

作为雅蓉大一、大二的班主任,兰老师很有风度,很绅士,对学生也很用心。兰老师每周来紫金港上课的那天,都会让班上的生活委员提前安排好一两个同学吃饭聊天。他说他希望用一个学期的时间,跟班上所有同学都见面都聊过,尽量帮助大家。有时周末的时候,他也联系同学一起出来谈心,有一次兰老师就带着余雅蓉一起爬老和山,去青芝坞吃饭,解答她很多关于大学生活、关于学习和专业选择的困惑。"有两点我记得很清楚，一个是兰老师说在大学一定要珍惜图书馆资源，多读书；另外一个是，在大学要多尝试，给自己更多可能。"

兰老师是法学院的老师，当时被安排到求是学院任职。兰老师的出现，让余雅蓉增加了对法学院的好感，而她后来也选择了法学专业。巧合的是，余雅蓉大三、大四到法学院后，兰老师又成了她的班主任。兰老师得知她在学生会工作后，特别推荐了一本书——《罗伯特议事规则》。这本书让余雅蓉懂得了如何议事，认识到规则、程序的存在是为了让集体的意见能被更好地表达和整合。

生活的轨道源于个人的选择与追求，余雅蓉的经历为我们实现个人价值提供了参考。在采访的最后，她寄语学弟学妹："希望学弟学妹能适应和喜欢在求是学院、在浙大的学习生活。希望大家在专业学习之外，能多去尝试，给自己更多可能。祝愿学弟学妹在浙大心想事成、有所作为！"

——文／吴静岚

# 文体活动

# "百灵鸟"将歌声从浙大唱到世界

## ——访浙江大学建筑学专业 2014 级本科生郭相宁

**郭相宁** 女,中共党员。浙江大学建筑工程学院建筑学专业 2014 级本科生,2014—2016 年就读于求是学院云峰学园。曾任班级文体委员、文琴合唱团女高音。曾获浙江大学优秀学生三等奖学金、南都三等奖学金、浙江大学文体活动奖学金、华汇领雁奖学金,获建筑工程学院"建工之星"、首届云峰学园十佳大学生等荣誉称号,获第四届全国大学生艺术展演声乐甲组(合唱类)一等奖、浙江省大学生艺术节声乐甲组(合唱类)一等奖第一名、浙江大学云峰学园十佳歌手大赛冠军等荣誉。曾在 2017 年赴香港理工大学交流学习。

读书时期

近照

在学生节演出、新年晚会、唱歌大赛等大型活动中都可以听到她清脆嘹亮的民族之声,她向社会诠释了不一样的浙大人:我们不是死板的书生,我们也有独特的魅力。

### 勤学苦练,传承民乐

"身边的那片田野啊,手边的枣花香,高粱熟来红满天,九儿我送你去远方……"这首由韩红原唱的伤感民歌《九儿》难度极高。要唱好这首音调不断提高的高难度歌曲,不是一般人能够做到的。可是有位活泼可爱的女生却凭着扎实的基本功和敢于挑战高难度的精神唱响了这首歌曲,还参加了各种比赛。尤其是在俄罗斯青少年唱歌比赛中,她凭借高亢的歌声,圆润的歌喉,博得了在场观众经久不息的掌声,赢得了评委的一致认可,这个女生就是郭相宁。

俗话说:"不经一番寒彻骨,怎得梅花扑鼻香。"郭相宁取得的优异成绩正是她苦练十多年的结果。她的父亲精通民族唱法,受到父亲的熏陶,她从小就喜欢民族音乐,练习民族唱法。

但是练习的过程不是一帆风顺的,郭相宁也遇到过一些挫折。例如:为了克服破嗓这一难题,她不知下了多少功夫。在父亲的指导下,她一次又一次地练唱,练到嗓子发炎,声音沙哑,可她还不放弃,直到唱好为止。

她和那些学习京剧、昆曲的同学抱有一样的梦想与憧憬——希望将民乐传承下来,保留住中国的艺术文化遗产。虽然现在的她是学校里的"小名人",但她一点也不骄傲,她说将以宋祖英、汤灿等歌唱家为榜样,一如既往地练习唱歌,用自己的歌声感染更多的人。

### 求是而笃志,创新而进取

大家都知道,建筑学与医学是最累最苦的两个专业,深夜一两点回寝室是家常便饭。全身上下布满"艺术细胞"的郭相宁刚迈进浙江大学的校门就下定决心学习建筑。

在周末走进建筑专教(专门为建筑专业学生熬夜学习准备的教室),无论白天还是黑夜都可以看见郭相宁的身影。她可能在伏案画图,也可能在切木块做模型。被铅笔芯弄黑的手、切木头而红肿的手、额头上细细的汗珠,一切的一切,给她留下的是痛苦并快乐的回忆。

郭相宁说:"人在跑步时总会有觉得特别疲惫的时候,如果能在这个时候咬牙坚持下去,身体就会变得越来越轻松,而且还会让人觉得跑多远都不在话下,这种情况称为进入'巅峰领域'。学习也是如此,只要坚持不懈地学习,同样也能进入这种领域,而且只要进入巅峰领域,就不会再觉得厌烦与辛苦。"

她讲述自己有生以来第一次连续工作 30 多小时的工作经历:为了在有限的时间里用木条制作一个房屋模型,她进行了为期一周的高强度作战,以至于废寝忘食。她觉得每次和同学熬夜学习与工作是一种享受,这些是她生命中不可或缺的一部分。虽然口口声声抱怨学习的繁忙与疲惫,但是在采访中明显能感受到她对建筑专业强烈的爱。

说到创新，就不得不说郭相宁参加的"2017 全国高校竹设计建造大赛"。方案前期，不同于以建构为出发点的思维方式，如何更好地诠释竹构的在地性，使其与场地完美结合是设计团队着重考虑的问题，创造有功能价值和空间体验趣味的小品，提高周边居民的生活品质是设计师追求的目标。场地优先，随形就势，以直代曲，最终实现表皮、形体和结构三者的高度统一。选竹、切竹、洗竹、防腐、刷漆等，整个过程郭相宁都参与其中，她也在这次比赛中明白协作的重要性，它既体现在团队成员之间，也体现在现场施工全过程中。只有团队中所有成员团结起来，办事效率才会有明显的提升。

## 常怀感恩，关怀后辈

问到"最感谢的一个人是谁"时，郭相宁的回答让人动容。她说："在我成长的过程中，有太多的人需要感谢，关爱我的家人、教导我的老师、支持我的同学等等。我遇见的第一个浙大的老师就是军训的指导员，在他红色思想的触动下提交了入党申请书，提高了自己的思想觉悟。我也想感谢辅导员老师，因为常常和他谈心，所以从高中到大学形成了良好的过渡。"

郭相宁说，浙江大学有数不胜数的通识课程与社团，每个社团都是一个小型社会，每位同学在组织中都扮演着不可或缺的角色。在社团工作，可以像在工作岗位一样，获得多个方面宝贵的经验。比如，郭相宁说她在文琴艺术团合唱的时候，逐渐明白合唱不是一个人的表演，而是整体的演绎，观众的感受也是由整体影响的。

她希望大一新生在不影响学习的情况下多参加有意义、有价值的活动，培养自己多方面的能力。在各个领域探索的过程中，自己会逐渐明白到底喜欢什么，因此可以选择适合自己的专业。回忆起大学生活的点点滴滴时，她感叹自己没有充分利用浙江大学丰富的多学科资源，如果能够重新回到求是学院读书，她一定要在更多领域有所涉猎。

听君一席话，胜读十年书。郭相宁用真诚而质朴的语言告诉我们"百灵鸟"的羽翼是如何丰满的。而拥有天籁般高亢动听声音的郭相宁，也正向着她弘扬中华传统文化的目标努力前行。

——文／赵嘉成

# 浩瀚星海，步履不停

## ——访浙江大学动物科学专业 2016 届本科生蒋瀚霆

　　**蒋瀚霆**　男，中共党员。浙江大学动物科学学院动物科学专业 2012 级本科生，2012—2014 年就读于求是学院云峰学园。曾任求是学院云峰学园学生会文艺部部长、浙江大学动物科学学院学生会主席，曾获 2012 年浙江大学军训师一等功嘉奖、2013 年浙江大学主持人大赛铜奖，多次获得浙江大学优秀学生、优秀学生干部荣誉称号，并获得浙江大学优秀学生三等奖学金、文体奖学金、溢多利外设奖学金等多项奖学金，浙江大学 2016 届优秀毕业生，浙江大学 2017 年暑假大学生社会实践优秀指导老师，入校后连续 4 年获得浙江大学优秀团员荣誉称号。现任浙江大学竺可桢学院团委副书记、辅导员。

读书时期

近照

在采访初期，蒋瀚霆一直忙于学校事务抽不开身，直到除夕前一天才有空开始正式接受采访。电话那边的声音干净纯粹，像是一泓泉水缓缓流淌，诉说着自己在求是学院度过的难忘时光……

## 伯 乐 相 马

蒋瀚霆在求是学院的生活像是一段"文艺工作进阶史"。正如千里马一样，他也有幸被自己的伯乐"相中"，铺开了自己在文艺工作方面的崭新画卷，并在这方面取得了不凡的成绩。

初入大学，他便加入了云峰学生会文艺部，在其中担任干事。进入文艺部后，接到的第一项重要任务就是参与策划、筹备新年晚会。冬季的工作就围绕着新年晚会如火如荼地进行着。由于晚会规模盛大，前期准备工作十分复杂琐碎，每个人都被分配了很多任务。

在筹备过程中，蒋瀚霆以其出色的工作能力脱颖而出，受到了同学、老师的一致好评。在学生工作中，他又与当时的学生会指导老师——赵越老师有着许多联系。赵越老师在与他的接触过程中，发现了他的主持才能，于是鼓励他去参加浙江大学主持人大赛，并帮助他协调了学生会内的工作，让他有充足的时间准备比赛。

决赛的现场，文艺部的所有小伙伴都在台下为蒋瀚霆加油，他也不负众望，一举夺得铜奖。正是赵越老师的鼓励和支持，让蒋瀚霆迈出了大学文艺工作中最关键的一步，也从此翻开了他在文艺舞台上展现自我的新篇章。

在校级舞台上用实力证明了自己的蒋瀚霆很快又担任了新年晚会的主持人。如今五六年过去了，他参与主持、导演过的大型晚会已经不下十场，他还成为2017年浙江大学120周年校庆晚会导演组中最年轻的一位导演。

回想起自己在台上的自信从容，在台下的统筹安排，蒋瀚霆笑着说："感谢赵越老师。"如果说在后来的比赛中过关斩将，在工作中圆满完成任务，蒋瀚霆凭借的是自己的才能，那么让他迈出第一步的人就更加值得感激。

千里马常有，而伯乐不常有。赵越老师就是发现千里马的伯乐。后来蒋瀚霆还受到赵越老师的影响，毕业后选择"2＋2"模式辅导员保研。谈起这段经历，蒋瀚霆还想告诉大家：有梦想就要敢于尝试，不去试试怎么知道不会成功呢？每一次的选择都是人生轨迹的改变，说不定，在一次尝试之后，你的人生又会大不相同，又可以遇见一个不一样的自己。

## 调整步调，孤中致远

虽然大学生活不同于高中生活，但是二者又有着莫大的相似之处。不同的是上课方式、生活环境，相似的是课业压力和自我要求。蒋瀚霆认为："要适应新生活就要找到适合自己的步调。"

大学生相对比较独立，家长、老师不再近距离"掌控"，因而有了较多的自我选择权，所以更要学会自我管理、自我安排，在学习、社团工作与休息娱乐中找到最合适的步调。

也许，一开始你会觉得孤独，"高中的同学都考到了天南海北，过去的朋友圈都散开了，刚进大学总是一个人吃饭，一个人上课，难免会产生心理落差和不适应。但要相信，久而久之你就会找到自己热爱的事物，找到自己喜欢的生活方式"。从某种程度上说，孤独更是一个与自己相处的机会，在独自一人的时间里，我们可以更好地了解自己与世界，做不同的尝试，去找到自己的"调"。

## 勤勉耕耘，方可收获

"其实我曾梦想当一名建筑设计师。"蒋瀚霆笑着说。虽然对平面设计十分感兴趣的蒋瀚霆未能沿着自己梦想的路走下去，但是在平面设计方面积累的知识却为他打开了另一扇窗。

擅长制作PPT的蒋瀚霆在求是学院期间曾被云峰学园的老师邀请去做一个关于PPT制作的讲座。为了这场讲座，蒋瀚霆开始更加深入地了解、学习平面设计的基础知识，也借课余时间一直在不断地学习前沿的设计理念，并活跃在各种艺术设计展览现场。讲座那天，丰富的专业知识和清晰的语言表达让大家一下子就记住了这个阳光的男孩儿。

随着经验的积累，他开始为学校领导、老师的重要会议制作PPT，他在PPT制作方面的独到见解更是影响了整个学校。小有名气的背后，是他在此之前无数的积累与尝试。"我可以很自信地说，从本科到现在，我参与的所有展示，里面需要的PPT都是我来做的。"

在学习任务重、工作事务多的时候，做PPT称得上是一个重担，而蒋瀚霆却把它当作自我成长的机会，正是因为他把握住了一个个小机会，他才有足够的能力去握住大机会。在外人看来，他很幸运。可也只有他自己知道，幸运背后是长时间的默默学习、思考，是无数个熬了又熬的深夜，是数不清的修改与提交。功夫不负苦心人，过去流下的汗水都成了他梦想的滋养。

## 无悔过去，珍惜当下

谈起过往，人们总是会有各种遗憾想要弥补，有许多改变来不及行动。而蒋瀚霆却说："我没有什么特别想改变的。"

在他看来，人生是一次体验的过程，在这其中我们会做出无数个选择，对错皆人生。塞翁失马，焉知非福？

大一确认专业时，蒋瀚霆误打误撞进了动物科学学院，主修动物科学。起初，这并不是他最感兴趣的专业，可一段时间过后，他却在学习中发现了这个专业的独特魅力。后来，又凭自己的能力当上了动物科学学院学生会主席，拿了多项奖学金，还顺利保研。如果不是当初的误打误撞，蒋瀚霆的人生轨迹也许同现在大相径庭，可不到最后一刻，谁又会知道遗憾是真的遗憾，还是只是幸运的另一个模样呢？

人生是一次永不回头的体验，抓住现在的一分一秒，每一个选择都是最好的安排。追忆过去可以看到自己的不足，但不必为已经过去的事懊悔，生活不是已成定局的过去，也不是尚未来临的将来，而是此时此刻。

## 永远年轻，永葆热情

蒋瀚霆最想送给学弟学妹这样一句话："祝你们永远年轻，永远热泪盈眶。"也许你会经历迷茫，也许你会感到疲惫、失望甚至绝望，但永远不要忘记这只是人生的一小段，当你拨开云雾，看见阳光的那一刻，会发现过去的一切都是值得的。"希望每个人可以珍惜在求是学院生活的日子，在这个大家庭中能够得到自己想要得到的东西。"永远保存真心，不去太多地过问利益，不去太多地考虑得失，以自己喜欢的方式去体验独一无二的人生。

蒋瀚霆，秉持着自己的人生宗旨，在这样的人生信念下，永远保持年轻的心，一路高歌向前！

——文／留怡勤

# 以天下为己任，用所学服务人民

## ——访浙江大学植物保护专业 2012 届本科生苏健

**苏健**　男，中共党员。浙江大学农业与生物技术学院植物保护专业 2008 级本科生，公共管理学院社会保障专业 2013 级硕士生。浙江大学求是学院第一届学生，2008—2010 年就读于求是学院云峰学园。目前作为中央选调生，在全国总工会组织部工作。在校期间，综合成绩名列前茅，获得过两次校级奖学金，获浙江大学三好学生、浙江大学优秀学生干部、2010 年浙江大学暑期社会实践先进个人、浙江大学优秀共产党员、浙江省优秀共产党员、浙江省优秀毕业生等多项荣誉称号。本科期间先后担任过农学院学生会常务副主席、校学生会主席、中华全国学生联合会副主席、浙江省学生联合会主席、浙江省青年联合会副主席、浙江省第十三届党代会代表等职务，研究生期间挂任湖州市安吉县人力资源与社会保障局局长助理。本科期间赴贵州从江、浙江湖州、江西泰和、井冈山社会实践，本科毕业后入选浙江大学第十四届研究生支教团赴四川省昭觉县支教一年。

读书时期

近照

"中央选调生"这个名头讲给谁听都能产生不小的震慑力，不过苏健的标签却不仅仅如此，曾经的与现在的多重身份让他的生活更加充实与有趣。

## 创意改革，服务学子

"苏健！那个校会主席！"提起苏健这个名字，老师们都会立马将这个名字与"校会主席"挂起钩来。原来，从大三担任校学生会主席开始，苏健就相继提出过许多富有开创性的举措，大大改变了老师与同学们对校学生会的固有印象。

比如校园十佳歌手大赛，"我一直觉得，浙大这样一所名校，应该有全校性的歌唱比赛，给同学们提供更大的舞台"。回忆起当时创办的首届校园十佳歌手大赛，苏健说，在海选现场，当一个带病来参赛的大四学生说自己等这个比赛等了四年时，他深切地感受到创办这个活动的意义，"满足同学们的需求就是我们学生会奋斗的目标"。

又比如直到现在仍然活跃在 QQ 空间、微信推文与新浪微博的浙大校学生会吉祥物"权福侠"和"来福妞"，也是苏健任校学生会主席时设计的。"我觉得需要让同学们知道，我们学生会就在大家身边，只要你有需要，随时都可以找我们。"

为了拉近学生会与同学们的距离，加强学生会的服务职能，破除同学们对学生会的固有印象，吉祥物"权福侠"这个形象被率先提出并很快推广开来。赋予人性化角色后，校学生会的维权服务在很短时间内被同学们广泛接受，维权服务工作打开了新局面。

为了实现校学生会的"不仅要维护同学权益，更要为同学们创造丰富精彩的校园生活"这一目标，2012 年，苏健和校学生会团队就打造了如今很流行的"CP"概念——增添女性角色"来福妞"。至今，不断交替着的一届届"权福侠"和"来福妞"们，仍一直在通过紧跟当下潮流语言，为同学们提供权益保障途径和生活便利，满足同学们的各方面需求。

因此就不难理解，历届校学生会主席名单里，苏健这个名字为何如此令人印象深刻。

## 中央选调，服务人民

都说英雄不提当年勇，虽然曾经在浙江大学有着数不清的辉煌事迹，但如今身为中央选调生的苏健，却丝毫不敢躺在功劳簿上。他一直虚心工作，继续走在为人民服务的路上。

说起报考中央选调生的经历,苏健显得真诚而谦逊。他说自己不是学霸,更不是"考神",当时报考时也没有十足的把握。不过,在研究生毕业季大家都投简历忙着秋招的时候,他的确是踏踏实实静下心来,钻研复习了很长一段时间,最终"侥幸"进入录取名单。

作为选调生,苏健进入中央机关后就被安排到武汉市挂职锻炼两年。2015 年 9 月,苏健到武汉市江岸区总工会挂任办公室副主任。进入工作岗位后,他说最大的不适应就是"找不到活干":"每个人都有自己的任务,你不了解,也插不上手,更找不到可以帮忙体现自己名牌大学研究生的价值感。"

为了尽快适应新环境,苏健摆正心态,利用没有正式工作任务的时间,仔细翻阅档案室里的历年工作资料,了解每个部门的职责和当前工作的入手点。结合时下热门的"互联网十"概念,他为江岸区总工会打造了互联网服务职工体系,获得了领导与同事的好评与信任。"找到自己能够发挥特长的地方,真的很开心!"

说起挂职经历中最令他感到骄傲的一点,他想到了在武汉市裕大华纺织服装集团与工人同吃同住同劳动的半个月。时任武汉市委常委、市总工会主席的李述永给苏健布置了一个"作业":用职工感兴趣的方式做好职工的思想政治工作,把枯燥的理论知识讲活讲生动。

经过一星期的构思与设计,他提出了"体验式游戏教学"设想,将历史、理论和游戏结合起来,用个人体验和生动的历史故事来强化对理论的理解。在驻企的最后一天,苏健将他的想法变成了现实,职工们觉得他讲的理论课很有意思。由此,武汉市总工会多次邀请他到中建幕墙有限公司、武汉市市政工程机械化施工有限公司、武汉龙净环保工程有限公司等公司讲课,"体验式游戏教学"也成为武汉市总工会加强职工思想引领的一大创新,被《工人日报》《湖北日报》《长江日报》多次报道。

"我们年轻人,就是要用所学的知识,自己的创新意识去解决现实中的问题!"

## 学会规划,享受学习

问及最喜欢的角色,苏健说,自然还是"学生"。当然,是求是园的学生。

校园里总有那么多能够把学习与社团活动、社会实践、公益服务都处理得很好的同学,若问起如何安排时间,恐怕都是和苏健一样的回答——规划、自律。

"我从高中起就养成享受学习过程的习惯，因此初入大学没有什么堕落时期。不过我是真的很感激求是学院，两年来不断强调规划的作用。"求是学院的通识教育让苏健接触了不同专业的很多优秀的同学，也让他了解到了每个专业不同的魅力，最重要的，是他对自己的生涯开始有了规划。

他说，今天的这点小成绩，很大程度上要感谢求是学院让他了解到自己的兴趣所在，并提供了很多平台与资源，让他不断有机会接触新事物甚至深入学习。正是在求是学院的两年中，他发现自己真正的兴趣在公共领域，于是便报名参加了浙江大学竺可桢学院公共管理强化班（UPA）。苏健怀揣着坚定的信念，在校期间便加入中国共产党。从那时起，他就树立起了服务人民、服务社会的远大志向。

不同于很多纠结徘徊于学生工作和学业压力的同学，苏健一直劳逸结合，把学生工作看成一种紧张后的休闲与放松。"当时我是在公关部，主要负责拉赞助。我会在学累了以后，走出自习室，打几个电话，拉拉赞助。"如果要说重要性，苏健说，学生以学习为天，没有扎实的基本功，未来的路一定走不坚实。他一定会将学习放在其他事情之前，当然，如果重要的撞到了紧急的，自然因事而异。

不论是曾经的校学生会主席，还是现在的中央选调生，苏健一直以阳光积极的心态和脚踏实地的做事风格不断前行。而在他的心中，学习是终身的事情，他喜欢永远尝试新鲜的事情，从更多方面服务社会，践行公管学院"以天下为己任，以真理为依归"的精神。相信他在求是园的"学生"本质，能让他在社会理想实现过程中一路畅通。

——文／程皓月

# 博观约取，厚积薄发

## ——访浙江大学药学专业 2015 届本科生赵芳

**赵芳** 女，中共党员。浙江大学药学院药学专业 2011 级直博生，2011—2013 年就读于求是学院蓝田学园。曾担任医药大类学生会主席、药学院团学联主席。2012 年被评为浙江大学优秀学长，2014 年获得唐立新奖学金、唐立新优秀学生干部奖学金，2011—2014 年获药学奖学金、药学二等奖学金，并多次获得浙江大学学业优秀奖学金、优秀学生奖学金，同时多次被评为浙江大学优秀学生干部、浙江大学优秀团干部，2015 年被评为浙江省优秀毕业生、浙江大学优秀毕业生。

读书时期

近照

回顾在求是园时期的青涩时光，她表示要珍惜这一段美好的青春，不负韶华。

### 于工作中充实

对于赵芳来说，她在求是学院的记忆要追溯到五年前。她表示，自己的本科时光总体来说就像一条波澜不惊的河流，但依然有几件让她印象深刻的事情。

大二时期，她所在的医药大类学生会要举办一场形式为知识竞赛的学术性活动。当时对活动观众人数的预算是 300～500 人，因此临湖报告厅是首选的活动场地。但是，他们的指导老师找到担任主席的她，希望他们可以将活动场地调换成蒙民伟楼较小的报告厅。赵芳说，他们的活动学术性很强，表现形式上也没有特别新颖之处，老师会有观众方面的考量也是很正常的。但是她并没有直接要求这次活动的执行者改变方案，而是在和部长团进行商量以后，转而征求干事的意见。"因为这次活动的舞台要求较高，而且'小朋友们'的策划都是按照临湖报告厅去设计的，如果我强行更改活动场地，很可能会挫伤他们的积极性。"商量之后，他们一致决定不更改活动场地。于是，她找到指导老师，表达了不愿更换场地的意愿。老师最后也同意了，并积极帮助他们申请场地。她还对老师给予他们团队的信任和理解表达了感谢。"其实不调换场地也可以看成是'小朋友们''不懂事'的执念吧，老师也给予了我们足够的包容。"最后，活动的举办也达到了预期效果。"'小朋友们'也会有很大的压力，所以他们在前期宣传的时候投入了大量时间和精力。"

她认为，学生工作中最重要的一点就是沟通。担任部长或是主席的人需要与活动的执行者有充分的交流，因为作为非执行者，很多时候是无法代替执行者去处理一些即时的问题的。如果事先不与他们进行商量而擅自做主，很有可能打击他们的积极性，影响整个团队的合作。"与老师的沟通也十分必要，在面对老师提出的意见时，如果直接回绝，很可能会给指导老师留下'这个组织不够成熟'的印象。"此外，她还分享了举办活动的一些心得体会。她提到，要在实现指导老师对这个活动的预期的基础上添加更契合学生内心想法的创意，使活动吸引更多的同学，让参与活动与举办活动的双方都觉得有趣，同时让执行者有丰富的获得感。当谈到她为什么会被选为学生会主席时，她很谦虚地表示是运气的眷顾。但是从谈话中可以看出，是她的个人魅力征服了大家。

如果能重新回到求是学院，她希望能够在大一时期就接触学生工作。"我是在大二的时候才加入学生会的，我觉得组织工作还蛮有趣的。"她表示，参加组织能够锻炼自己的团队协作能力、沟通能力以及领导能力，此外还能够接触各种各样有趣的人。"还是要早一点做一些有意义的事情呀!"

## 于学术上精进

谈及为何选择药学这个专业,赵芳很明确地表示是兴趣使然。"我在高中的时候就特别喜欢化学,而药学这个专业比较偏应用,而且有很多交叉学科,最重要的一点当然还是喜欢。"问到是否在本科时期做过职业生涯规划,她很坦然地表示并没有。她现在是一名直博生。她说,药学这个专业在择业上对于学历的要求较高,如果想要找到很好的工作,本科的学历是远远不够的,所以她希望通过读博来让自己变得更加专业。在攻读完博士学位以后,她会选择进入国内外的企业工作。

在采访中,她很谦虚地表示自己在科研方面还是"学术小白"。她现在的研究方向是制药过程的线性控制,她表示,研究这个方向其实并没有遇到什么太大的困难。"因为这个方向比较偏应用,做出来的数据一定是有用的,就会比较有干劲,如果出现了问题,那一定出在自己身上。"她在科研中遇到的最大困难是撰写文章,她很难组织自己的语言。"一篇文章很容易写成了实验报告,再用自己的'poor English'去修改,实际上是一件挺让我头疼的事。"

她认为,读博士或者硕士,选择一个好的导师,这个学习阶段就算是成功了一半。"如果你在找工作的时候不改变现在的研究方向,对方公司很可能会问你的大学是哪里的、导师是哪位。事实上,你找工作会和导师挂钩,所以,挑选一个好的导师是十分重要的。"她分享了她自己找导师的过程,她从药学这个大类里,找到自己喜欢并且适合的类别,再从中选择自己将要研究的方向,从而去选择自己心仪的导师。"兴趣还是第一位",并且,她在本科时期上过导师的课,觉得导师很有人格魅力,挺有学者气质。她表示,这样的博导让人信服,让人心甘情愿地跟着他。"读博其实很苦的,要坚持下去有时候需要有对博导的'盲目'信任,找一个优秀的博导真的是很重要。"

同时,她就大一、大二时期是否应该进入实验室发表了自己的看法。她认为过早进入实验室是没有必要的,"因为很多同学没有清晰的职业规划,不知道自己未来的科研方向是什么,并且大一、大二课业繁重,只能在碎片的时间去实验室。假设你并不想以后进入实验室,只想蹭一些科研经历,那么这对双方都是负担,而且还会浪费科研材料,这些材料还是挺贵的。当然,科研意识特别强烈的人除外,但很多人只是随大流"。她表示,带着师弟师妹做实验事实上压力是很大的,单独一人完成一项实验只需要一小时。

带着师弟师妹，不仅要给他们讲解，并且要盯着他们做实验，指出其中的错误，而自己什么都做不成。她认为大一、大二的同学从高中紧绷的学习状态中出来，可以花一点时间享受生活，没有必要整个周末都泡在实验室里。

## 于经历处丰富

"我觉得最让我引以为傲的方面是，在本科时期没有花费很多的功夫，却也实现了自己的目标。虽然没取得太大成就，但生活还是挺悠闲的，没有让自己太狼狈，可以算是一种中庸的状态吧。"在采访中，可以看出赵芳是一个很随性的人，同时也十分懂得享受生活的馈赠。

她表示，在求是学院，她最想感谢的人是当时的蓝田学园党委副书记吴为进老师。由于经常参加学生工作，她和吴为进老师有很多交流的机会。在接触中，她发现吴为进老师很了解学生内心的想法，明白学生想要什么、需要什么。在学生遇到困难时，他能够及时给予学生切实可行的解决方案。在刚参与学生工作的时候，由于缺乏经验，赵芳在举办活动时常常忙中出错，自信心受到了不小的打击。在吴为进老师的开导下，她逐渐建立起"我有能力带领团队完成任务"的自信。活动成功完成以后，吴为进老师给了她一个握手。"这位老师懂得肯定学生，是一种鼓励式教育。能够帮助学生增强自信心，让他们更坚定地朝着正确的道路前进。"

在高中向大学的过渡时期，赵芳的适应能力很强，通过军训，就已经能够很好地适应大学生活。她说，军训时期，和未来两年的同班同学有了接触，有了新的交友圈，对陌生的环境就不会太害怕，孤独感就会减弱，同时也成功地调整了作息。虽然在大学之前没有住过校，但是家里离学校较近，因此适应起来依然很轻松。

她还表示，交到一群靠谱的同学是十分重要的，要积极地融入集体，"不融入很容易产生一种游离感"。此外，志同道合的伙伴可以监督自己，让自己变得自律。她说，每个人侧重的圈子不同，一起的同伴可能是寝室的小姐妹，也可以是内部建设较好、凝聚力很强的社团组织的伙伴。"只要这个交友圈本身是积极向上的，自身的状态就会很好，也会有人带着你上进。"

她希望学弟学妹可以做到"博观而约取，厚积而薄发"，勤于积累而精于应用。

——文／汤琦敏

# 敢想敢做，不负年华

## ——访浙江大学英语专业 2017 届本科生张竞文

**张竞文** 女,浙江大学外国语言文化与国际交流学院英语专业
2013 级本科生,2013—2015 年就读于求是学院丹青学园。现任浙江大
学电气工程学院团委副书记,将继续在浙江大学光华法学院攻读法律
硕士。曾获浙江省政府奖学金以及浙江大学优秀学生三等奖学金、学
业三等奖学金、社会工作奖学金、文体活动奖学金,曾获浙江大学优秀
学生干部、优秀团干部等荣誉称号,多次在校级辩论赛中获得佳绩。丹
青学园辩论队组建人之一,浙江大学青年马克思主义者(学生骨干)学
院第九期学员,曾任浙江大学《创业浙大》杂志副主编、口译者协会社
长、英文系学生会副主席、党支部书记、班级团支书等。

读书时期

近照

　　曾经的她,驰骋在辩论赛的战场上,思辨与口才是她的武器,一往无前,
所向披靡;曾经的她,无惧万事开头难的艰辛,把握机遇,坚定信念,与队友

共同建立了如今风生水起的丹青辩论队。如今的她，是浙江大学电气工程学院的辅导员；日后的她，还将继续在浙江大学光华法学院攻读法律硕士。

她叫张竞文，是浙江大学 2017 届英语专业本科毕业生，于 2013—2015 年就读于浙江大学求是学院。作为求是学院芸芸学子之一的她，是平凡的，因为她与我们一样，在求学生涯中也有过后知后觉的遗憾，她的成长之路也布满艰辛坎坷；而她又是不平凡的，因为她敢想敢做、敢为人先，她用自己的眼睛去看待是非对错，她用自己的心去选择自己应走的道路，所以活得精彩，也活出了自己的色彩。

## 直面困难，敢为人先

"在求是学院，最难忘的应该就是丹青学园辩论队吧。"

张竞文在接受采访时，最念念不忘的便是这个倾注了她无尽心血的丹青辩论队。2013 年，学校第一次举办了新生辩论赛。也是在那一年，大一的她作为班里的四名辩手之一，代表班级参加了丹青学园的新生辩论赛。或许是天赋，或许是努力，又或许是四个人无间的配合，从来没有参加过辩论赛的他们，竟冲进了辩论赛的决赛，而且还获得了那一届的冠军。在获得荣誉的惊喜之余，张竞文和她的队友们又冒出了一个更大胆的念头。在 2013 年之前，丹青学园的辩论队大多是学院级的，所以他们的想法是：成立一个学园级的辩论队。

她是这么想的，也是这么去做的。一个队伍从零到一、从无到有，这不是一件容易的事情；有了队伍，如何去选拔队员，如何培养新人，更需要他们自己一点点去探索。他们明白，队伍成长的过程不会是一蹴而就的。

张竞文谈到，当时的辩论队因为是刚刚成立的队伍，经常不被人看好。有一次打比赛，对手是大四的一支实力很强的队伍。当别人知道丹青辩论队抽到的对手是他们时，几乎所有人都认定了丹青辩论队必输无疑。甚至有人认为，他们作为一支新手队伍打这样的一场比赛根本就是毫无意义的。张竞文并没有因为别人的话而畏缩，在她看来，虽然丹青辩论队是刚刚成立的，但这不代表它就一定比别的辩论队差。他们决定，好好准备比赛，好好拼一把。

比赛的最终结果，是丹青学园辩论队以 2：3 的微小差距输给了对方。张竞文说，即使知道这是队伍成长的必经之路，但那时输了比赛之后还是感到很难过。"我们都觉得其实我们的队伍并没有比对方差在哪里，可能只是差在评委的一个预先印象;毕竟作为一个刚成立的队伍,这也是难免的。"

在谈到现在的丹青辩论队时,她很骄傲——丹青辩论队经过这几年的成长和积累,现在已经发展很成熟了,近几年在各辩论赛中也是收获颇丰,都能取得傲人的成绩。

### 长路漫漫,感恩相随

无论是在辩论的赛场上,在创建丹青辩论队的过程当中,还是在张竞文个人的成长历程中,她都不是孤军奋战。

辩论是一个需要团队配合的活动,她的队友陪伴她从场上走到场外,一起完成辩论队的创建,每个人都在很努力地为辩论队争取资源。而除了队友们,张竞文也很感激当年学园对辩论队的支持。丹青学园不仅提供了一间办公室,让他们可以不用为讨论的场地而奔波,还给了经费支持,让辩论队可以走出校门,到更大的舞台上去比赛。无论辩论队遇到了什么样的困难,学园都能给予最大限度的支持,不管是当时的学园主任、指导老师,还是一些学长学姐,都让她在这条路上感受到温暖。

"最感激的,应该就是当时的辅导员吧。"张竞文说。每当遇到事情时,她第一时间就会想到去跟辅导员聊一聊。关于职业生涯、人生规划、时间分配等,辅导员的很多建议给了她启迪,让她的人生少走了不少弯路。正是因为当时辅导员的影响与感染,张竞文在大四毕业后也同样选择了当一名辅导员。她希望用自己的光与热,在这个平凡而又不平凡的岗位上,继续将辅导员的教诲与引导传递给更多的学子。

印象最深的,是辅导员经常跟她说的一句话:"多做尝试,早做打算。"功夫永远要做在别人前面,因为机会永远都是留给有准备的人的,不要等到问题出现时才发现为时已晚。特别是在浙江大学,学校能够为大家提供许多平台与机会,一定要去尝试;不要把好的想法停留在脑海里,拿出实际行动去实践,才是更重要的。

### 把握机遇,不枉青春

"如果让我重新回到求是学院的话,我可能会在大一开始的时候就抓住这些机会。"她说自己是到了大二、大三时才渐渐意识到,其实学校有很多优质的资源,只不过一直被自己忽视了。比如社会实践,应当利用这个机会去做一些真正有意义的事情，而不是随波逐流地应付过去。大一的时候去参加社会实践，大二的时候可以考虑出国交流，大三的时候就可以去实习，这样的规划就会让大学生活过得很充实。

在以大类培养为特色的求是学院里，她每天接触的不仅仅是本专业的同学，更多的是其他专业和大类的同学。党支部会将不同的专业组合在一起，而不同专业都有着不同的特点、不同的思维方式和知识储备，她从中可以学到更多、了解更多；同时，大类培养的模式可以让她认识更多优秀的人，这也鞭策着她不断向前，成为一个更加优秀的人。在求是学院的两年，她的视野更加开阔，眼界更加宽广。

### 想说的话

张竞文给学弟学妹的寄语是：敢想敢做，不负年华。浙江大学是一个特别好的平台，蕴藏着丰富的机会，充满着无限的可能。机会总是留给有准备的人，这不仅仅是指要有一双发现机会的慧眼，更是指要有一双抓住机会的双手。所以一定要去做，敢想敢做。

——文／韩婧洁

其他

# 修身精研，能担大任

## ——访浙江大学土木工程专业 2018 届本科生康祺祯

**康祺祯** 男，中共党员。浙江大学建筑工程学院土木工程专业
2014 级本科生，2014—2016 年就读于求是学院云峰学园。曾获浙江大
学学业二等奖学金、浙江大学优秀学生二等奖学金、2017 年度茅以升工
程教育学生奖（全国 9 人）、浙江省政府奖学金等十余项奖学金，获首届
云峰学园十佳大学生、建筑工程学院 2017 年"建工之星"等荣誉称号。
曾负责、参与 2 项浙江省大学生科技创新项目，1 项本科生科研训练计
划（SRTP）项目；参加全国大学生岩土工程竞赛、浙江大学"挑战杯"大
学生课外学术科技作品竞赛、"未来·工业"创意设计大赛并分获一、
二、三等奖，在省级和校级各类学科竞赛中均有不俗的成绩。现任浙江
大学学生会副主席、美国土木工程师学会浙江大学国际学生分会
（ASCE@ZJU）主席等职务。

读书时期

近照（右二）

他全面发展，在学习、科研、工作三方面都做出了不可忽视的成绩；他怀着赤子之心，希望成为祖国的栋梁。他便是以追逐者姿态奋斗的时代弄潮儿！成绩优异的他以追逐者的姿态和高昂的斗志感染着身边的每一个人。他就是康祺祯。

## 追赶，只为成为更好的自己

康祺祯说他高中毕业于一所一般的中学，这所中学在他们那一届没有考上清华、北大的，他觉得自己能够考上浙大已经是非常幸运了。刚入大学，康祺祯就把自己放在一个很低的位置，他认为能考上浙大的同学都非常优秀，很多同学的起点在一开始就比自己要高很多，自己要持"殊死一搏"的学习精神去奋斗，去义无反顾地追赶优秀同学。

即使现在评选上了十佳大学生，在他人眼中，他可能已经是人生路上的领跑者，可是他依旧觉得自己需要学习的东西还有太多，比他出色的同学还有太多。他总是谦逊地说："人生路上的追赶者才是我的角色。"

康祺祯有一句座右铭——修身精研，功夫到家，公忠坚毅，能担大任。他反对大学生一毕业就工作赚钱的做法，他认为能担大任的人一定是认真做科研的人。只有在自己的专业领域学精学专，在国家需要的时候才能挺身而出。

他觉得这三年的努力，就是不断在向着这样的目标前进。也许在很多人看来，将学生工作与学习科研都做得如此卓越是一个非常大的难题，但是他确实做到了，因为在他看来，其实这都是在做一件事，就是以自己所学，尽自己所能，去为学校的发展、社会的发展做出自己的贡献。

## 全面，只为成为优秀的浙大人

"全面"最能概括他三年多的大学生活。

校学生会副主席、美国土木工程师学会浙大分会主席、土木卓越班班长，这一个个光环与责任落在一人身上，任谁都会觉得重担千钧，学习和工作，难免会顾此失彼，可是面对这样的难题，康祺祯给出了让人满意的答案："我个人觉得作为一个学生，学习乃学生之本。从大学开始到现在，电脑上没有游戏。这可能因为我自己把学生工作当作学习之余的调节和娱乐吧。还有就是一定要培养自己的执行力，不要去压'deadline'，一件事做完之后就可以投入另一件事，这样就会形成一种良性循环。而且，一件事做好之后,内心就会有成就感,这种感觉是非常好的。"正是全身心投入的工作状态,让他没有顾此失彼,而且在学习成绩遥遥领先的情况下,于组织工作中也能有所建树。

康祺祯说多年的学生工作带给他最大的改变主要在四个方面:"第一,学生工作带给我了一个更大的格局,学习是考虑一个人的问题,学生工作考虑的就是一群人的问题,一个学院、一个学校的问题,当服务的对象与范围更大的时候,思考的问题也就更多,这个过程是对自己格局的一个发展。第二,锻炼了复杂关系中的协调能力,各种事务缠身的大三是我过得最辛苦的一年,我会将要做的事做一个优先级排序,然后再去执行。其实这个能力也是随着我自身格局的改变慢慢锻炼出来的。第三,在学生工作的过程中,我变得从容不迫与自信了。最后,在工作的过程中,真的会收获一群好朋友,收获宝贵的友谊,大家为了一个目标共同努力是一件很幸福的事情。"

康祺祯在学习土木工程知识之余,还辅修竺可桢学院公共管理强化班。他希望做人生路上干劲十足的追赶者,去追赶人生的每一个可能,保持追赶的姿态,尽可能通过不同维度增加自己在社会中的竞争力。如果他继续保持追逐者的姿态,不断丰富自己、提升自己,一定会成为一颗耀眼的星辰。

### 送给学弟学妹的话

他说:"新生一定要利用好学长学姐这种难得的资源。"

有一篇文章这样赞美学长学姐:"现在我大一,你大二,什么事情我都问你,你都教我。以后我大二,你大三,我照着你的样子教别人。后来我大三,你大四,可能我们偶尔会见一面,聊聊天,聚聚餐。最后我大四,你走了,我们可能就没机会见面。最后的最后,我也走了,可能也会有这么个人在想我吧。"

当你迷惑不解时,不要犹豫,学长学姐是最好的帮手。他们在选课和选老师方面也有宝贵的经验,只要你开口,他们就会毫无保留地指引你,帮助你。康祺祯觉得他自己就没有利用好这一资源,在大一、大二期间总是埋头苦干,有的时候发现努力与收获不成正比,心里还蛮难受的。

康祺祯希望学弟学妹珍惜大学时光,珍惜身边的幸福;以一名追赶者的姿态上路,当然也不要忘记人生路上的驿站,因为追赶的脚步决定你在人生路上可以跑多快,而驿站决定了你的人生能够走多远。

　　自信、从容、理性、能干、睿智,这就是康祺祯。他总是希望将自己的能力与国家需要结合起来,实事求是,专心科研,为中华民族的伟大复兴做出自己的一份贡献。

　　　　青春涌动激情燃,
　　　　胸怀祖国心飞翔。
　　　　实现理想宏愿望,
　　　　建设祖国做贡献!


　　　　　　　　　　　　　　　　　　　　　　——文/赵嘉成

# 万千世界，精彩纷呈

## ——访浙江大学软件工程专业 2016 届本科生李泉来

**李泉来** 男，浙江大学计算机科学与技术学院软件工程专业 2012 级本科生，毕业后赴美国加州大学伯克利分校攻读计算机硕士。2012—2014 年就读于求是学院云峰学园。曾获淡马锡亚洲青年奖学金、国家奖学金、唐立新奖学金、蒋震海外交流奖学金、创青春创业大赛金奖等，获浙江省优秀毕业生、浙江大学优秀毕业生等荣誉称号，是浙江大学十佳大学生候选人。目前在美国加利福尼亚州旧金山 Uber 总部工作。

读书时期

近照

当我说明采访意图后，李泉来谦虚地说自己身边也有很多优秀的人，觉得自己并不足够优秀，被采访是一件出乎意料的事情。采访时间是北京时间 12 时左右，此时的美国已是晚上 8 点，而李泉来才加班结束，正坐地铁回家，传过来的语音中也透露出了他的疲惫和突然接受采访时的一丝紧张。

## 点滴小事,最为难忘

编程,是每个学习信息类专业的学生都要接触的。不少同学刚入大学,在编程上一窍不通,经过了长时间的摸索才最终掌握。这一过程中势必会遇到许多当时觉得棘手、无法解决的问题,同学们往往会花很长一段时间才能解决它。

李泉来也遇到过这一困境。"印象最深的事情应该是解决一道编程题目吧。有一次上编程课的时候没有仔细听,结果课后就碰到了一道编程题。一开始毫无头绪,不知道从何处下手。后来花了一个晚上,熬夜查找资料,做了各种各样的调试。做的过程中一直觉得自己做不出来,一直担心自己这门课要挂掉了。最后终于把问题完美解决了,那种油然而生的成就感真的难以忘怀。"李泉来说,"最后这门课也是蛮意外地得到了 99 分。"

当被问到最想感谢的人时,李泉来思考了许久。"最想感谢的应该是我大学期间的导师,"李泉来说,"导师给了我很多的机会。最初是希望我到他的实验室去读研,我没有去;后来出国交流、到著名的伯克利大学继续学习,这些过程中导师给予了我莫大的帮助。可以说我现在取得的成就离不开导师的照顾与帮忙。"

## 四年时光,不断成长

如何快速地适应大学的生活是每一个刚入学的大学生所要面对的难题。"这其实是一个很难回答的问题,毕竟每个人的情况都不一样,没有一个百搭的适应方式。但有一点是我认为应当做的,那就是认真仔细地学习学校下发的学生手册的内容。最开始有一门形势与政策课不及格,就是因为学生手册没有仔细研读。认真学习学生手册,还能够帮助你在刚入学时更好地了解大学的具体规则,这样你就能更早地调整自己的生活与学习习惯,更好地适应大学生活。"李泉来说。

除此之外,李泉来还提到在大学阶段一定要重视社交。"求是学院是一个很开放的平台,给学生们提供了很多了解相关专业的渠道,而在了解的过程中,必不可少的便是和其他人打交道。初入大学,尤其是没有分具体专业之前,多了解、多询问是极其重要的。一定要多交一些新朋友,多和他们交流,不论是通过参加社团组织认识还是在通识课上认识。同时,也可以上一些不同专业的课程。了解得越多,你对自己的专业规划就越明晰。"

## 以人为鉴，砥砺前行

谈及现在取得的成就或最引以为傲的一个方面，李泉来并没有说自己有多么优秀，而是提起了他身边优秀的人。"说起来我真的不知道有哪些事情可以让自己引以为傲。最初刚入伯克利大学时，觉得自己好厉害。后来发现身边有很多比自己更加优秀的人，就觉得在伯克利求学不是什么值得骄傲的事情。"李泉来说，"如果真的要说一件最引以为傲的事情，那就是现在我被人记起来，成为其他人眼中的优秀学长，接受了一个学弟的采访。"

人生总是充满遗憾的。当被问及如果能回到求是学院会做什么改变时，李泉来毫不犹豫地说："如果能回到求是学院，我想我要做的改变实在太多了。当时没有很好地注意健康问题，没有充分地锻炼，现在看来体育锻炼是十分重要的。另外，现在想来，当时我也有很多的自由支配的时间和精力，完全可以再辅修一门经济学，因为现在发现自己所做的工作包含很多的经济学知识。"

## 长路漫漫，风景旖旎

除了在校的学习，李泉来还参与了一些对外交流的项目。在大一到大二的假期，李泉来报名参加了在印度进行的支教项目。"现在想来，出国交流是必不可少的。比如我在印度支教的过程中了解了一个我所不知道的世界，那时我才发觉世界原来这么大。现在跨国公司很多，人口流动也很大，会有很多的外籍工作者，如果有过对外交流经历、了解他们国家的风情，聊天也聊得开，工作上合作也很愉快。"李泉来说，"我很推荐大家力所能及地争取这些对外交流的机会，因为有学校的支持，对外交流的机会也是蛮多的。以我个人的经历来说，对外交流可以为未来发展做铺垫，不论是生活方面还是工作方面，它都给我带来了很大的益处。多了解一些东西并没有什么坏处，站得高才能看得远。"

从走出陕西，千里迢迢到浙大求学，到漂洋过海地赴美国伯克利，再到供职于 Uber，这确实是一个很辛苦的过程。"有时我也觉得自己真的太辛苦了，要是我的父亲是一个国王，我是一个王子，那么我就不用这么辛苦了。"李泉来打趣说，"当然玩笑归玩笑，该好好学习还是要好好学习。不过在大学所能做的不只是学习，还有很多事情可以去尝试，参加社团组织、社会实践，发展兴趣爱好，等等，只要是有益于自己的发展的，都不妨去尝试一下。"

——文／胡浩铖

# 君子不器，王者之风

## ——访浙江大学信息与通信工程专业 2014 届本科生王哲

**王哲** 男，中共党员。浙江大学信息与电子工程学院信息与通信工程专业 2010 级本科生，后至北京大学信息科学技术学院攻读通信与信息系统硕士。2010—2012 年就读于求是学院云峰学园。曾多次获得浙江大学优秀学生奖学金、浙江大学学业优秀奖学金，获 ISEE 新人奖、浙江大学暑期社会实践先进个人、浙江省优秀毕业生等荣誉称号。现就职于中国建设银行。

读书时期

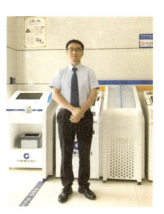

近照

王者归来。

这是王哲的微信名和 QQ 昵称，巧妙地利用了"王哲"和"王者"的谐音，宣告了自己的身份："我是王哲，我，也是王者。"这便是王哲给人留下的第一印象。

## 三点一线，最终破茧成蝶

高考前，整日沉浮在课本和试卷里的你，是怎样想象大学的呢？是橙色活力的社团、学生会，是蓝色自由的寝室生活，还是玫瑰色浪漫的校园恋爱？但现在已走进大学校园的你，发现大学生活的主色调了吗？不论你是北街期末"刷夜"达人，还是图书馆每日自修"VIP"，不能否认的一点是，学业仍是大学生活中最重要的一部分。但并不是每位同学都能承受从高中按部就班的学习模式过渡到大学自由自主的学习模式所产生的阵痛。

王哲也认为从高中到大学确实要经历一个较大的转变，从每天非常明确的目标导向——"我要考上一个好大学"——到没有人管、没有人督促。没有了来自父母、老师的外界压力，大学时期的自我要求和明确目标就显得尤为重要了。拿他自己的亲身经历来说，大学的大目标就是在学业方面继续深造，至于是外推还是留校、出国，刚进大学时还没有完全考虑好，但正是这个大目标的存在使他时时刻刻记着要好好对待每天每门科目的学习，因为最后的成绩对目标的实现至关重要。同时，他的小目标是在选择专业的时候被心仪的第一志愿录取，避免因为成绩不够而没有选择的余地，而这个小目标实现的前提也是学业成绩的优异。综合大目标和小目标，王哲毫不犹豫地将自己大学生活的第一要务确立为继续勤奋刻苦地学习，取得优异的成绩。

大部分人都会给自己制定目标，但优秀的人之所以优秀，就是他们有去践行的勇气和坚持的毅力，用王哲的原话来说就是，"食堂、自习室、寝室三点一线，基本上是过起了高四的生活"。站在时间轴上的现在回头看，从高中时的"我要考个好大学"、大学时的"我要继续攻读研究生"，到研究生期间的"我要找个满意的工作"，王哲的确顶住了压力和诱惑，不断努力，出色地完成了自己的目标。破茧成蝶，王哲想送给学弟学妹的一句话是："天下没有白费的努力，成功不必在我，而功力必不唐捐。"

## 新的起点，书写新的篇章

在王哲的获奖经历中，作为工科生的他却两次斩获校中文演讲比赛一等奖。在向王哲询问细节时，他谦虚地"自嘲"道："作为一个理工科学生，没怎么参加各类数模、程序设计大赛等，总是参加中文演讲还老获奖，可能也算是独一份了。"

　　这还得从头讲起。大一上学期,王哲在严格的自我要求下取得了优异的成绩。之后,他觉得不能辜负大学的大好时光,决定在不影响学业的前提下丰富课余生活。他偶然在学校论坛上看到校团委社会实践指导中心纳新的信息,这成了他通向自己大学新天地的阶梯。

　　王哲第一次报名参加社会实践是在大一的寒假,当时他与几个高中同学组成一支实践队伍参加校团委社会实践指导中心组织的"红色寻访"社会实践。浙大在全国精心遴选了12个重点红色基地区域、30条红色精品线路、308个红色教育基地作为活动的重点区域,他们的路线是去陕西西安参观张学良故居。王哲也因此对校团委社会实践指导中心这个负责对全校寒暑假社会实践进行组织、考评等一系列工作的组织有了粗浅的了解,加之自己对学生工作的热衷,他最终选择了加入这个组织。当时正值建党90周年,在加入校团委社会实践指导中心后,王哲积极参与一系列活动的组织策划。其中令王哲印象深刻的一件事是随校团委组织的"红色之旅"报告团一起走进社区、走进企业、走进中小学,结合"红色寻访"活动经历,讲述一路的所见所闻和心得体会。伴随着爱国热情的真情流露,王哲出色动人的演说在各地都引起了反响。后来他和校团委的同学们一起把这些活动组织和开展的情况整理成文,上报给时任国家主席胡锦涛,字里行间满是浙大青年激情澎湃的爱国心声和崇高的思想感悟。此信获得了中央领导的高度重视和充分肯定,甚至还登上了央视的《新闻联播》。说到这里王哲不好意思地笑了一下:"信末的十几个人署名中有我的名字,新闻上虽然一闪而过,不过还是被亲朋好友关注到了。"

　　而正是在"红色寻访"活动中获得的真挚感悟和在报告团中锻炼出的演讲能力,让王哲两次信心十足地在演讲台上讲述自己的社会实践经历,并都获得了校一等奖,他总结道:"所以说艺术来源于生活是很对的,能打动别人的必定是真实的。"

　　问及如何协调兴趣爱好、组织工作和学业的关系,王哲认为,需要多挤时间,部门例会、值班、参加活动必不可少地会占用一些时间,但相比高中,大学的时间可以更自由地支配,少打游戏、坚持每天学习。他会在平时多用功,考试周虽然也会做题巩固,但他平时就会把课堂知识学懂弄懂,而不是完全把希望寄托在那一两周的突击上。

## 君子不器，展现王者之风

《论语·为政》中有言："君子不器。"意思是说作为君子，不能囿于一技之长，不能只求学到一两门或多门手艺。

正好谈及工作的话题，本科和硕士学习的都是信息与通信工程的王哲，却放弃从事与本专业相关的工作，选择加入中国建设银行。对此，王哲强调了在求是学院就读期间的文体活动经历对他的影响很大。一方面，他喜欢做组织、协调、管理类的工作，大一在学习之余开始接触社团、组织，给了他机会锻炼自身的组织协调能力，他的综合能力得到了一定的提升；另一方面，就如王哲在接受《中国教育报》采访时所说的，大一时参加的"红色寻访"活动改变了他的人生轨迹，正是在求是学院的那段时间里，他深刻地理解了自己心中的家国情怀和身为浙大学子身上肩负着的责任。中国建设银行作为大型国有银行，恰好为他提供了实现个人价值的平台，比如助力精准扶贫、普惠金融等国家大政方针的实现等，使王哲能够服务社会，承担更多的社会责任。选择中国建设银行，不仅是他对自己各方面能力综合考虑后的结果，更是他君子之行和爱国之情的体现。

相信王哲能在自己坚持的道路上一展属于他的王者之风。

——文／胡 妍

## 梦启"浙"方,智驭未来

### ——访浙江大学财政学专业 2012 届本科生郭叶君

**郭叶君** 男,中共党员。浙江大学经济学院财政学专业 2008 级本科生,2008—2010 年就读于求是学院丹青学园。曾任浙江大学学生三农协会会长、浙江大学启真人才学院组织委员、2008 级社会科学大类团总支书记、2008 级社会科学大类第一党支部副书记、经济学院兼职辅导员、经济学院挂职团委副书记、社会科学大类 0804 班班长等职务。曾获浙江大学优秀共产党员、浙江省社会实践先进个人、浙江大学十佳学生社团干部、浙江大学优秀学生干部、浙江大学五星志愿者等称号,所在团队曾获全国大学生参与新农村建设十佳团队、浙江大学"感动同窗"先进事迹等荣誉。现就职于物产中大公用环境投资有限公司,担任投资三部总经理。

读书时期

近照

长长的荣誉编织的仅仅是郭叶君个人履历的一部分。但是这一个个轻飘飘的铅字组合成的沉甸甸的奖项,无一不在诉说着他在求是学院求学的真诚与付出。要收获就要耕耘，要成就便需要付出，可以想见，郭叶君在求是学院的几年是如何勤奋地学习以夯实基础的，又是如何追求突破以全面发展的。甚至当问他"如果可以重新回到在求是学院就读的时光，会做出什么改变"时，他依然希望"用更多时间加强专业学习"。真正优秀的人从不会停止学习，这样求知若渴的态度和精神，正是他屡创佳绩的原因。

## 浙里，是成长

在郭叶君的印象中，求是学院是那个开启了他新奇的大学生活的地方，因为求是学院秉承自由开放的办学理念，学习生活丰富多彩。他这样描述自己在求是学院的求学生活："得益于浙大交叉复合培养的模式，我们不仅建立了自己的专业基础，还能学习到其他专业领域的知识，真正培养了开阔的视野。这里的同学来自五湖四海，专业方向各自不同，不同地域、不同专业、不同性格的同学之间能相互学习，对于我们人文素养的培养有很大帮助。"和不同性格的人来往，可以让自己心胸更加豁达。在求是学院，不同的文化和思想发生碰撞，让我们的生活和学习都格外的精彩，这是求是学院给我们最好的礼物。

工作以来，郭叶君一直从事投资并购工作，涉及医药、物流、农业、水务、环保、房地产等多个领域，投资区域覆盖全国多个省份以及国际市场，所投项目均取得甚至超过预期回报，其间他还作为项目组成员成功完成浙江物产集团整体上市工作。能够取得这样傲人的成绩，他将大部分功劳归于求是学院的栽培，"求是学院首先让我建立了比较扎实的专业基础，建立了触类旁通的知识体系，事实上也收获了对不同专业的基础认知。其次，求是学院丰富的学生活动，增强了我的团队合作能力和社会交往能力，培养了我对工作的耐心、细心和信心"。

## 浙里，是青春

回忆起自己在求是学院生活的经历，郭叶君的表情和语气忽然就柔软起来，仿佛青葱岁月的光芒在穿越过六年的磨砺沧桑之后，又重新细细地洒在了他的脸上。

"在求是学院最特别的经历是新生军训。军训时我们所在的连队凑不齐男兵方阵，只能让女生参加阅兵，男生学太极拳做表演操；女生学踢正步，男生做后勤保障。"女子军参与阅兵成为当年阅兵式上的一大亮点，也让大家看到了浙大女生的豪迈英姿。

"还有一个就是海峡两岸暨香港、澳门大学生文化交流营,这个活动是我们团总支承办的,和来自香港、澳门、台湾的学生一起交流,由我们带领他们去乌镇、绍兴、横店等地领略祖国传统文化,我们也可以从他们那里知道港澳台的最新发展。"这个活动也让郭叶君收获了很多,他从中拓宽视野,也更加深化了对香港、澳门和台湾的认识。

这一件件大事小事,串联起了郭叶君在求是学院两年的青春时光。这两年里,他感受到求是学院开放包容的文化,在学业上打下了坚实的基础,在生活中更是勇于尝试,全面地发展自己。他最想感谢的人是当时的辅导员陈铦老师。"陈老师性情温和,在她的指导下做学生工作踏实从容,只做有意义的事,工作也有条理,不会急功近利。另外,陈老师信任学生,那时候辅导员大多兼任团总支书记,陈老师则放手让我们自己去负责团总支的事情。"经师易遇,人师难求,与陈铦老师相处的点点滴滴对郭叶君影响深远。

## 浙里,是希冀

求是学院——每个曾在浙里求学的学子心头挥不去的白月光。谈及求是学院的未来,郭叶君希望学院可以继续坚持自由开放的办学风格,坚持交叉复合的培养模式,为学生提供更多开阔视野的机会,也更加注重人文教育和人格培养。"青春正是最美的年纪,希望学弟学妹能够坚守学习的本业,同时更加关注社会、关注国家、关注世界,去探寻永恒的真理,去守卫美好的道德。祝学弟学妹前程似锦,也祝学院培育出更多国家栋梁,越办越好!"

——文/程 昱

# 附　录

## 采访学生信息

| | |
|---|---|
| 曹　滢 | 药学专业 2017 级本科生 |
| 陈浩宇 | 文物与博物馆学专业 2017 级本科生 |
| 陈佳祺 | 软件工程专业 2017 级本科生 |
| 陈　琳 | 预防医学专业 2017 级本科生 |
| 陈梦媛 | 农业工程专业 2017 级本科生 |
| 陈如港 | 土木工程专业 2017 级本科生 |
| 陈　曦 | 海洋工程与技术专业 2017 级本科生 |
| 陈逸飞 | 统计学专业 2017 级本科生 |
| 陈紫雯 | 临床医学（五年制）专业 2017 级本科生 |
| 程皓月 | 政治学与行政学专业 2017 级本科生 |
| 程　昱 | 金融学专业 2017 级本科生 |
| 杜禹侃 | 电子信息工程专业 2017 级本科生 |
| 付诗寒 | 俄语专业 2017 级本科生 |
| 傅雨婷 | 植物保护专业 2017 级本科生 |
| 韩婧洁 | 法语专业 2017 级本科生 |
| 何方仪 | 材料科学与工程专业 2017 级本科生 |
| 侯欣宇 | 心理学专业 2017 级本科生（竺可桢学院） |
| 胡浩铖 | 计算机科学与技术专业 2017 级本科生 |
| 胡　妍 | 电子科学与技术专业 2017 级本科生 |
| 胡一川 | 电气工程及其自动化专业 2017 级本科生 |
| 胡玉屏 | 园艺专业 2017 级本科生 |

黄　蕾　　　农业资源与环境专业 2017 级本科生

黄天炜　　海洋工程与技术专业 2017 级本科生

黄义博　　光电信息科学与工程专业 2017 级本科生

蒋嘉雯　　心理学专业 2017 级本科生

蒋　炜　　临床医学(5＋3)专业 2017 级本科生

金玲吉　　广播电视学专业 2017 级本科生

李　浩　　市场营销专业 2017 级本科生

刘启星　　材料科学与工程专业 2017 级本科生

留怡勤　　动物科学专业 2017 级本科生

卢亦泰　　信息与计算科学专业 2017 级本科生

宓　锐　　口腔医学(5＋3)专业 2017 级本科生

潘晗希　　心理学专业 2017 级本科生

潘莱珂　　心理学专业 2017 级本科生

裴夏雨荷　植物保护专业 2017 级本科生

宋　丹　　国际经济与贸易专业 2017 级本科生

汤琦敏　　药学专业 2017 级本科生

汤希珍　　国际经济与贸易专业 2017 级本科生

童智威　　水利水电工程专业 2017 级本科生

王　敢　　电气工程及其自动化专业 2017 级本科生

王建平　　高分子材料与工程专业 2017 级本科生

王启弦　　电子信息工程专业 2017 级本科生

王偲琪　　药学专业 2017 级本科生

王宣懿　　心理学专业 2017 级本科生

王依菲　　编辑出版学专业 2017 级本科生

王泽宇　　临床医学(五年制)专业 2017 级本科生

吴静岚　　心理学专业 2017 级本科生

项梓轩　　电子科学与技术 2017 级本科生

谢琦蔚　　电气工程及其自动化专业 2017 级本科生

徐嘉樱子　地理信息科学专业 2017 级本科生

寻志立　　电气工程及其自动化专业 2017 级本科生

杨柳青　　临床医学(5＋3)专业 2017 级本科生

姚泽辉　　信息资源管理专业 2017 级本科生

袁楚凡　　政治学与行政学专业 2016 级本科生
曾灿煦　　园林专业 2017 级本科生
章贝宁　　工业工程专业 2017 级本科生
赵嘉成　　土木工程专业(卓越班)2017 级本科生